南京稀见文献丛刊

灵谷禅林志

（清）甘熙 编修
（清）谢元福 增辑
（民国）佚名 增补
点校 何孝荣

南京出版传媒集团
南京出版社

图书在版编目（CIP）数据

灵谷禅林志 /（清）甘熙编修；（清）谢元福增辑；佚名增补 .-- 南京：南京出版社，2019.9

（南京稀见文献丛刊）

ISBN 978-7-5533-2613-9

Ⅰ.①灵… Ⅱ.①甘… ②谢… ③佚… Ⅲ.①佛教—寺庙—史料—南京 Ⅳ.① B947.253.1

中国版本图书馆 CIP 数据核字（2019）第 148823 号

丛 书 名：南京稀见文献丛刊
书　　名：灵谷禅林志
作　　者：（清）甘　熙　（清）谢元福　（民国）佚　名
出版发行：南京出版传媒集团
　　　　　南 京 出 版 社
社址：南京市太平门街53号　　邮编：210016
网址：http://www.njcbs.cn　　电子信箱：njcbs1988@163.com
天猫1店：https://njcbcmjtts.tmall.com/　　天猫2店：https://nanjingchubanshets.tmall.com/
联系电话：025-83283893、83283864（营销）　025-83112257（编务）

出 版 人：项晓宁
出 品 人：卢海鸣
责任编辑：杨传兵　余世瑶
装帧设计：王　俊
责任印制：杨福彬

制　　版：南京新华丰制版有限公司
印　　刷：南京工大印务有限公司
开　　本：890毫米×1240毫米　1/32
印　　张：11.875　插页1
字　　数：240千
版　　次：2019年9月第1版
印　　次：2019年9月第1次印刷
书　　号：ISBN 978-7-5533-2613-9
定　　价：48.00元

天猫1店　天猫2店

总　序

南京是我国著名的七大古都之一，又是国务院首批公布的24座历史文化名城之一。有将近2500年的建城史，约450年的建都史，号称“六朝古都”“十朝都会”。南京的地方文献是中华历史文化资源的一个重要组成部分，是研究我国政治、经济、军事、文化和民风民俗的重要资料。为了贯彻落实党的十九大精神和习近平新时代中国特色社会主义思想，配合南京的经济发展与城市建设，深度挖掘历史文化资源，做好历史文献整理出版工作，不仅有利于传承、弘扬南京历史文化，提升南京品位，扩大南京影响力，也有利于推动物质文明、政治文明、精神文明、社会文明、生态文明协调发展。

长期以来，南京地方文献还没有系统地整理出版过，大量的南京珍贵文献散落在全国各地的图书馆和民间。许多珍贵的南京文献被束之高阁，无人问津，有的随着岁月的流逝而湮没无闻。广大读者想要查找阅读这些散见的地方文献，费时费力，十分不便。为开发和利用好这一祖先留给我们的文化瑰宝，充分发挥其资治、存史、教化、育人功能，南京出版传媒集团·南京出版社组织了一批专家和相关人员，致力于搜集整理出版南京历史上稀有的、珍贵的经典文献，并把“南京稀见文献丛刊”精心打造成古都南京的文化品牌和特色名片。为此，我们在内容定位上是全方位、多视角地展示南京文化的深层内涵和丰富魅力；在读者定位上是广大知识分子、各级党政干部以及具有中等以上文化程度的人；在价值定位上，丛书兼顾学术研究、知识普及这两者的价值。这套丛书的版本力求是国内最早最好的版本，点校者力求是南京地方文化方面的专家学者，在装帧设计印刷上也力求高质量。

总之，我们力图通过这套丛书的出版，扩大稀见文献的流传范围，让更多的读者能够阅读到这些文献；增加稀见文献的存世数量，保存稀见文献；提升稀见文献的地位，突显稀见文献所具有的正史史料所没有的价值。

“南京稀见文献丛刊”编委会

导 读

《灵谷禅林志》十五卷、卷首一卷，清朝道光年间甘熙编修，光绪年间谢元福增辑，民国年间佚名增补，是一部记述千年名刹南京灵谷寺沿革、山水、建置、寺产、名僧以及诗文等各方面状况的志书。

一

灵谷寺位于现今江苏省南京市玄武区紫金山东南坡下，在中山陵以东约 1.5 千米处。初名开善寺，本是南朝梁时为“神僧”宝志所建塔寺，原址在定林寺前岗独龙阜（今明孝陵一带）。

宝志，又作保志，“自说姓朱”“其生缘桑梓，莫能知之”[①]。也有传说他是金陵（今南京）人，宋文帝元嘉十三年（436）“示迹东阳市古木鹰巢中”，被朱姓人家抱归抚养。他长相不同于常人，“面方莹彻如镜，手足皆鸟爪”[②]。少时出家，住于京师（今南京）道林寺，师事僧俭，修习禅学。宋明帝泰始年间（465—471），他言行怪异，“居止无定，饮食无

① （梁）陆倕：《志法师墓志铭》，见（唐）欧阳询：《艺文类聚》卷七十七《内典下·寺碑》，景印文渊阁四库全书本。

② （明）葛寅亮撰、何孝荣点校：《金陵梵刹志》卷三《钟山灵谷寺·寺志·宝志公行实》，南京出版社，2017年版。

时，发长数寸，常跣行街巷，执一锡杖，杖头挂剪刀及镜，或挂一两匹帛”。齐高帝建元年间（479—482），他举动神奇，“数日不食，亦无饥容，与人言语，始若难晓，后皆效验。时或赋诗，言如谶记”，有卜算预言之能。传说他还能同时分身数处，引人进入地狱，又曾“现真形，光像如菩萨像焉”。齐武帝、梁武帝和王侯士庶视其为“神僧”，十分推崇，“士女恭事者数不可称”。天监十三年（514）冬，宝志声言“菩萨将去”，不久“无疾而终”。梁武帝“厚加殡送，葬于钟山独龙之阜，仍于墓所立开善精舍”[①]。对此，宋代张敦颐《六朝事迹编类》记载：“梁武帝天监十三年，以钱二十万，易定林寺前冈独龙阜，以葬志公。永定公主以汤沐之资，造浮图五级于其上。十四年，即塔前建开善寺。”[②] 即梁武帝出钱二十万购得定林寺前冈独龙阜为其葬地，永定公主捐钱建造五层佛塔于其上。次年，在塔前修建了开善寺。

开善寺建成后，梁武帝敕令名僧智藏居之。智藏为当时知名的成实师，大力弘扬《成实论》，开善寺闻名于世。其后，陈朝至唐朝中期三百余年间，开善寺的相关记载不多，未见显名。至唐僖宗乾符年间（874—879），开善寺改名为“宝公院”。南唐烈祖昇元年间（937—942），徐德裕重修寺。南唐元宗保大七年（949），元宗李璟追谥宝志为“妙觉”，塔名“应世”。北宋太祖开宝三年（970），割据江南的南唐后主

---

① （梁）释慧皎撰、汤用彤校注：《高僧传》卷十《梁京师释保志传》，中华书局，1992年版。

② （宋）张敦颐撰、王进珊校点：《六朝事迹编类》卷十一《寺院门·蒋山太平兴国禅寺》，南京出版社，1989年版。

李煜改寺名为“开宝道场”。宋太宗太平兴国五年（980），改赐寺名为“太平兴国禅寺”。不久，据说在一处发现宝志秘谶石篆，“记圣祚绵远之文”，宋太宗大为振奋，再加谥宝志为“宝公妙觉”。宋英宗治平初年，改谥宝志为“道林真觉大师”。宋仁宗庆历二年（1042），建康府尹叶清臣“奏请为十方禅院”[①]。不过，虽然在梁朝时就是一所敕建佛寺，并得到南唐、宋朝皇室眷顾和赐额加封号，但早期的太平兴国禅寺（开善寺、宝公院、开宝道场）仍只是钟山众多小寺小刹之一，规模、影响都不大。宋神宗熙宁年间（1068—1077），罢相的王安石闲居金陵，常游钟山（即蒋山），见“钟山有寺七十所，齐、梁以降，递有废兴”，遂“并诸小刹于太平兴国寺”[②]。这样，太平兴国禅寺一跃而为钟山首刹。

南宋初年，宝志信仰兴盛。遇到雨涝旱旸，地方官员经常来寺做法事，虔祷宝志，祈晴求雨，据说“无不立验”。宋孝宗、宋宁宗、宋理宗闻知，遇雨逢旱，也会派人来建祈祷道场，“皆获灵验”，太平兴国禅寺声名远播，不断修建和扩充，“每更作，辄加宏广，日葺岁增”[③]。

元文宗即位前曾住于集庆（即南京），适逢太平兴国寺圮废，遂带头出资重建，各色人等纷纷响应，殿堂、铸钟先后而成。天历元年（1328），元文宗即位，命加宝志谥号为“道林真觉慧感慈应普济圣师”“封名香以礼祀之”。元文宗又

① 《六朝事迹编类》卷十一《寺院门·蒋山太平兴国禅寺》。
② 《金陵梵刹志》卷三《钟山灵谷寺》附《灵谷并括旧寺》。
③ （元）虞集：《道园学古录》卷二十四《集庆路重建太平兴国禅寺碑》，景印文渊阁四库全书本。

赐寺院住持守忠禅师以钱帛,“俾成寺之役,蠲寺田之赋”[①]。太平兴国禅寺在元朝再次有了敕建身份,规模大增,成为南京著名大刹。

明初,太平兴国寺改称“蒋山寺”。对于这座首都大寺,明太祖朱元璋十分重视,对于“神僧”宝志也很是崇信,并加以利用。自洪武元年(1368)至五年,明太祖“诏征东南戒德僧,数建法会于蒋山”[②],在此举办规模宏大的国家佛教法会,超度祈福。洪武五年七月,明太祖又下令,将南京另外两所古刹天禧寺、能仁寺“应有旧日常住田土,并寺家物件”,以及僧人等,都归并入蒋山寺[③],进一步壮大了蒋山寺的经济、佛教实力。

洪武九年春,明太祖召高僧仲羲为蒋山寺住持。仲羲认为,寺塔离皇宫过近,“前瞻宫阙,仅一里许”“非惟吾徒食息靡宁,亦恐圣师神灵有所未妥”,于是奏请迁于他处“近地”,明太祖“从之”[④]。实际上,蒋山寺迁徙的真正原因,是明太祖看中了寺基,欲在其地修建陵寝。寺先徙建于钟山左胁朱湖洞南,明太祖以旧太庙所遗留材木施之,又派遣亲军五万余人迁徙志公塔附于寺。新寺将要建成,但是有位看相的说那里“湫隘”,即低下狭小,没有皇家寺院气度。于是,洪武十四年九月,明太祖下令把在朱湖洞南兴建了大半

---

① 《道园学古录》卷二十四《集庆路重建太平兴国禅寺碑》。

② (清)张廷玉:《明史》卷一百三十九《李仕鲁传》,中华书局,1974年版。

③ 《金陵梵刹志》卷二《钦录集》,洪武五年壬子。

④ (明)徐一夔:《始丰稿》卷十一《敕赐灵谷寺碑》,景印文渊阁四库全书本。

的新寺放弃，而再重新选址钟山东南独龙冈之左，大加修建，“拓大其规制，令可容千僧”[①]。一年以后，寺成，明太祖赐额“灵谷禅寺”。原来的独龙阜之地，后来被建为明孝陵。新建成的灵谷寺“葱蔚深秀，中宏外拱，胜甲天邑，山门敕书‘第一禅林’”，明太祖“命赡僧千人，赐田独倍他寺”[②]。

洪武年间，灵谷寺与天界寺、天禧寺、能仁寺、鸡鸣寺并为皇家修建的“京刹大寺”[③]，号称国家五大寺。明太祖、明成祖多次在灵谷寺举办大规模的佛教法会。永乐迁都以后，灵谷寺与天界寺、大报恩寺并称为南京三大寺，加上鸡鸣寺、能仁寺、栖霞寺、弘觉寺、静海寺五次大寺，合称南京八大寺，为明朝国家寺院。八大寺寺僧皆由所谓“钦赐田地”供养，享受国家给发的薪俸、口粮，地位高于一般佛寺。明朝后期，确立南京寺院统属管理体制，灵谷寺统属次大寺1所（栖霞寺）、中寺11所（铜井寺、兴善寺、观音阁、佛国寺、翼善寺、定林寺、光相寺、三禅寺、广惠寺、法清寺、草堂寺）。作为敕建大寺，灵谷寺在明朝尤其是明初繁盛达于顶峰，在南京乃至全国佛教界都有重要地位。

清初，灵谷寺因兵燹再次圮废，“惟塔与无量殿存”。寻经重建和整顿，殿堂逐渐恢复，“道风大振”。康熙四十六年（1707），康熙帝南巡幸寺，御书“灵谷禅林”寺额及对联赐寺。明代灵谷寺一直传禅宗临济宗。明末，临济宗汉月法

---

① 《始丰稿》卷十一《敕赐灵谷寺碑》。

② 《金陵梵刹志》卷三《钟山灵谷寺》。

③ 《金陵梵刹志》卷二《钦录集》，洪武二十一年戊辰。

藏三峰派盛行于江南，“灵谷宗派，皆承三峰矣”[1]。至雍正年间，查禁三峰派，灵谷寺受到影响，一度“宗风败落，钟板不鸣，寺之凌替极矣”。雍正十二年（1734），名僧万清奉敕来为住持，“整顿风规，寺乃中兴，嗣后遂为曹洞宗”[2]。乾隆十六年（1751）以后，乾隆帝六次南巡，幸灵谷寺，皆赐御制诗及御书碑额、匾额等。其他年份，乾隆帝亦曾赐以佛经、图画、如意等。清朝前、中期，因为康熙帝、乾隆帝的眷顾和崇重，灵谷寺尚能维持南京首刹的地位与荣耀。

咸丰年间（1851—1861），太平军占领南京，并与清军在南京周围展开殊死战斗，灵谷寺在连绵数年的战火中又一次焚毁殆尽，“禅堂、方丈悉毁于火，无量殿亦半就摧颓”[3]，僧人星散，寺田荒芜，香火几绝。战后，住持僧祢修招佃垦荒，并请两江总督曾国藩主持重建龙神庙。光绪年间，住持僧光莲“重建山门及金刚殿”[4]。但是，限于国势民力，其后寺僧再也无力修复其他殿宇，灵谷寺彻底陷于衰微境地。

民国年间，国民政府下令将残破至极的灵谷寺划入中山陵园范围，寺院佛像迁入东侧同治年间所建龙神庙，寺院原址则被改建为“国民革命军阵亡将士公墓”。此后，灵谷寺成为在龙神庙及其周围改建、增建部分殿堂，局处于明清时期原寺东隅的一所小型佛寺，规模和地位已经远非明清

---

① 本志卷八《高僧二·明·三峰》。
② 本志卷八《高僧二·国朝·际曙》。
③ 本志凡例。
④ 本志卷八《高僧二·国朝·光莲》。

时期可比[①]。

二

自梁朝天监年间至明朝初年的九百余年，灵谷寺先后名开善寺、宝公院、开宝道场、太平兴国禅寺、蒋山寺，寺院时或兴盛，常有高僧大德说法，不乏学士文人流连，但是竟无人编修过一部寺志。至明朝洪武年间，灵谷寺被建为国家首刹，在中国佛教中的地位一时无双。虽然其后明朝迁都北京，灵谷寺仍是南京国家三大寺之首。清代灵谷寺依然为南京最重要佛寺，“于金陵丛林首屈一指”。这样，随着寺院规模、地位、影响的提高，从明朝正统年间，历经明、清至民国年间，灵谷寺先后编修了六部寺志。

正统年间住持僧正映编修《钟山志》是灵谷寺最早寺志。正映，字澄渊，号洁庵，一号月泉，自称雪老，江西抚州金溪人。出家后，洪武二十九年(1396)赴南京考试佛经得度。师事僧录司左阐教、灵谷寺住持牧庵道谦禅师，得悟，领维那。洪熙改元，明仁宗“诏住灵谷”。宣德初，授僧录司左讲经。正统四年(1439)冬，“端坐而化”[②]。正映曾重建南京郭城麒麟门外普济庵[③]。他又“编集《纪胜》《宝公事实》《历代住持》《世系》暨《题咏》，名之曰《钟山志》”“是集虽以灵谷禅寺之事，而钟山形胜之奇，历代沿革之概，见者

① 参阅杨永泉、陈蕊心：《灵谷寺志》，江苏古籍出版社，2001年版，第11—114页。

② 本志卷八《高僧二·明·正映》。

③ 《金陵梵刹志》卷十三《普济庵》。

足考"[1]。可见,《钟山志》是一部典型的灵谷寺志。景泰二年(1451)十月,《钟山志》募缘"梓刊",时任南京礼部尚书仪铭为作序。该志后"佚无传"[2]。

嘉靖年间住持僧可浩编修了第二部灵谷寺志。可浩,出生、出家事迹不详。他自称"毗陵月泉沙门可浩",则为今常州人;"嘉靖乙酉岁,可浩滥膺洒扫",即嘉靖四年(1525)担任灵谷寺住持;官至僧录司右觉义[3]。又有记载称其"号月泉,灵谷寺住持。画蒲萄有生意,不减温日观之笔"[4]。所谓温日观,就是宋末元初杭州玛瑙寺僧日观,号子温,善草书,精画葡萄,自成一家。可见,可浩擅画葡萄。担任灵谷寺住持时,可浩目睹寺内宝志塔"故朽",于嘉靖五年"补葺焉"。至嘉靖十八年夏,塔"复将腐圮",他"遂谋诸耆宿",及诸居士重修,"焕然成之"[5]。时任南京御史黄河常游寺,一日叮嘱陪同的僧人满亲编修寺志。满亲"唯唯而去,乃谋于僧录可浩,汇兹山事迹若干、诗文若干,请正于缙绅先生"。嘉靖二十二年十月,"校而刻之"[6],请黄河为序。可浩编修的嘉靖寺志计二卷,"文甚简略,盖草创而成"[7]。或称该志为黄河编修[8],实误。

---

① (明)仪铭:《景泰志序》,见本志卷十一《杂著三·序》。
② (清)甘熙:《道光志序》,见本志卷十一《杂著三·序》。
③ 《金陵梵刹志》卷三《钟山灵谷寺·人物·可浩》。
④ (清)姜绍书:《无声诗史》卷六《僧可浩》,康熙刻本。
⑤ (明)释可浩:《重修宝公塔记》,见《金陵梵刹志》卷三《钟山灵谷寺》。
⑥ (明)黄河:《嘉靖志序》,见本志卷十一《杂著三·序》。
⑦ (清)甘熙:《道光志序》,见本志卷十一《杂著三·序》。
⑧ (清)永瑢等:《四库全书总目》卷七十七《〈灵谷寺志〉提要》,中华书局,1965年版。

康熙年间吴云编修了第三部灵谷寺志。吴云，字天门，号舫翁，明末江西安福人。他“幼称神童”，崇祯年间为“拔贡”[①]（即以文行兼优生员被选拔贡入京城国子监，朝考合格者可授官）。但是，不久明亡，吴云遂出家为僧，“而儒言儒行，未之或改也”[②]。晚年，他“隐居武功，苦节励学，以朱子为宗，尤精书法”[③]，为隐逸名士。康熙三十九年（1700），吴云偶来灵谷寺。因嘉靖寺志“鸟啄虫穿”“残编仅在”[④]，住持际曙（或作寂曙）请其重修寺志。吴云“诺而与门人笔削之”“因其原本，而增其近事，分类题名，别为十六卷”“两阅月而告成”[⑤]。康熙四十七年春，“捐赀镂版”[⑥]。吴云编修的康熙寺志，后人批评“门目皆因明志之旧，仅略为删补耳”[⑦]；“中多舛漏，且沿袭旧习，体例殊乖，非善本也”[⑧]。

道光年间甘熙编修《灵谷禅林志》为第四部灵谷寺志。甘熙，字实庵，号石安居士，南京人。道光十七年（1837），补县学生。十八年，中进士。以知县发往广西，后历官礼部仪制司、户部广东司兼云南司主稿、道员。咸丰二年（1852），奉命赴京复勘道光帝与孝和睿皇后陵地，寻卒于邸舍。甘氏为南京巨族，自秦汉以来，世代书香，诗礼传家，名人辈

① （清）曾燠：《江西诗征》卷六十三《明吴云》，嘉庆刻本。

② （清）施闰章：《学余堂文集》卷五《吴舫翁集序》，景印文渊阁四库全书本。

③ 《江西诗征》卷六十三《明吴云》。

④ （清）沈宗敬：《康熙间重修志序》，见本志卷十一《杂著三·序》。

⑤ （清）马益：《康熙间重修志序》，见本志卷十一《杂著三·序》。

⑥ （清）盛宏邃：《康熙间重修志序》，见本志卷十一《杂著三·序》。

⑦ 《四库全书总目》卷七十七《〈灵谷寺志〉提要》。

⑧ （清）甘熙：《道光志序》，见本志卷十一《杂著三·序》。

出。甘熙幼年饱读家中藏书，又曾师事名儒胡心斋，与文学家姚鼐等人交游，博学多闻，学术根底厚实。他勤事著述，著有《白下琐言》《建康实录》《桐荫随笔》《灵谷禅林志》《栖霞寺志》等地方志书杂记和《金陵忠义孝悌祠传赞》《寿石轩诗文集》《金石题咏汇编》等，是晚清著名文人、方志学家、金石学家和藏书家。

甘熙多次游览、停宿灵谷寺，自述自嘉庆十七年（1812）"随先子策蹇来游，礼圣师塔，获睹林泉之胜，后遂数数过从，间尝假宿山堂，挑灯煮茗，与诸衲子叙谈往古，辄中夜不倦"，因此对灵谷寺很熟悉，"以故山中事迹，得诸目见耳闻者甚稔"。而灵谷寺自康熙年间吴云编修寺志以后，尤其是雍正年间全寺改奉曹洞宗，至道光年间寺院已"多所更易"，物是人非。道光二十年（1840），住持僧祖慧遂请甘熙再修寺志。甘熙"搜采群书，重为厘定，与监院悟开往返旬月，咨询参校。阅半载，书成，付诸剞劂"[①]，名《灵谷禅林志》。是为《道光寺志》。

甘熙编修《道光寺志》计卷首一卷、正文十四卷。卷首《宸翰》《钦颁法物》《朱批奏折》及《寺图》，《宸翰》记康熙帝、雍正帝、乾隆帝几次赏赐灵谷寺御书匾额、对联、御制诗等，《钦颁法物》记乾隆帝先后赏赐灵谷寺佛经、绘画、如意、法帖等物，《朱批奏折》收录雍正帝朱批住持僧万清举择住持奏折一份，《寺图》则是清代道光年间灵谷寺位置和殿堂

① （清）甘熙：《道光志序》，见本志卷十一《杂著三·序》。

分布示意图；卷一《沿革》，记灵谷寺前世今生简史；卷二《山水》，记灵谷寺周围内外山水之胜；卷三《建置（塔院附）》，记灵谷寺殿堂房舍、僧人塔院兴废；卷四《旧迹》，记灵谷寺故物、前人遗迹；卷五《寺产》，记灵谷寺田产及捐施；卷六《灵感》，记历代有关神僧宝志及寺中“灵异”之事；卷七、卷八《高僧》，记历代高僧生平，上堂说法语录间亦登载；卷九至卷十四《杂著》，包括历代诏敕、祭文、榜文、碑文、游记、书、序、赞、跋、疏、诗歌等。时人称该志“体例分明，辨证博洽，其大指在抉择醇雅，而不语怪也”“不冗不滥，刊俗语之丹青，归于雅正”[①]，成为后来《光绪寺志》《民国寺志》的基础。

光绪年间谢元福增辑《灵谷禅林志》是第五部灵谷寺志。谢元福，字子受，号绥之，广西临桂（今桂林市）人。咸丰十一年（1861）中举，同治十年（1871）中进士二甲第八名，授翰林院庶吉士。同治十三年，授编修。后外放为广东试用道。光绪六年（1880）七月，因两江总督刘坤一奏请，谢元福被调至江南，“差遣委用”。他先为江苏候补道。光绪十二年八月，“以办理洋务尤为出力”得“奖叙”[②]。光绪十六年，为江苏淮扬海道，驻淮阴（今淮安市）。其后，因“黄河两届安澜”“捐办江苏山阳、清河等处灾赈”，谢元福获“优叙”“传旨嘉奖”[③]。光绪二十五年七月，以“纵容兵弁，屡酿命

① （清）朱绪曾：《道光志序》，见本志卷十一《杂著三·序》。
② 《清德宗实录》卷二百三十一，光绪十二年八月戊子。
③ 《清德宗实录》卷三百三十、卷四百三十六，光绪十九年十一月辛卯、二十四年十二月戊申。

案，不胜监司之任"，他被"开缺送部引见"[1]。光绪二十九年正月，谢元福又因"勾串外人，罔利生事"罪名被革职[2]。光绪三十二年，病卒于淮安。谢元福也是一位学者和书画家，编辑有《粤西五家文钞》《灵谷禅林志》《盐城县志》《训女医学》等，书画作品至今流传。

如前所述，咸丰年间，太平军占领南京，与清军展开激战。清将、广东梅州人张国梁率部自广西尾追镇压，历官总兵官、江南提督，"帮办江南军务"，是清军江南大营的主要战将。张国梁部自南京朝阳门进攻，死伤累累，"阵亡病故官兵，多葬于灵谷寺右"[3]。时灵谷寺住持僧祢修帮助官军，"凡阵亡及军营病故者，皆书之于册，俾后人有所稽考。枯骸在野，拾而葬之"[4]。咸丰十年（1860）四月，张国梁战死于丹阳，清廷谥"忠武"[5]。谢元福为江苏候补道时，出城至灵谷寺，住持僧光莲为"指示"其同乡张国梁部官兵"义冢，累累如北邙"。光莲又为述其师祢修事迹，及其"所守"寺志（即甘熙《灵谷禅林志》）。谢元福"因付其书于梨枣，而增入《忠义》一门，使后之览者，想见昔日之盛，而忠义亦有所激发焉"[6]，光绪十三年（1887）作序刊行，仍署《灵谷禅林志》。是为《光绪寺志》。

---

① 《清德宗实录》卷四百四十八，光绪二十五年秋七月癸丑。

② 《清德宗实录》卷五百十一，光绪二十九年春正月乙丑。

③ 本志谢元福序。

④ 本志卷八《高僧二·清·祢修》。

⑤ 《清文宗实录》卷三百二十八，咸丰十年八月戊寅。

⑥ 本志谢元福序。

谢元福在《光绪寺志》自序中称，“增入《忠义》一门”，即在《道光寺志》正文十四卷以外，增补了卷十五《忠义》，收录张国梁部阵亡病故将士名单，志末附时人陈鸣玉撰《振威将军张公新建部下阵亡将校祠堂记》。其实，不仅如此，《光绪寺志》还将《道光寺志》卷前诸序移置于卷十一《杂著三》之“序”目下，而谢元福另作自序冠于志前；对《道光寺志》已有各卷，如卷三《建置》、卷五《寺产》、卷八《高僧二》等也都增补了道光至光绪前期的内容。另外，对《道光寺志》个别卷末存在的“补刻”诗文，《光绪寺志》则依次调整到相应朝代下，去除“补刻”字样。其他内容，则一仍其旧。因此，对这部《光绪寺志》，我们称为甘熙编修、谢元福增辑《灵谷禅林志》。“中国佛寺志丛刊”第 29 册（江苏广陵古籍刻印社 1996 年版）收录本志影印本，丛书编者标注寺志为“清谢元福辑”，不准确。

民国年间佚名增补《灵谷禅林志》为第六部灵谷寺志。如前所述，民国年间，灵谷寺规模、地位与明清相比已如天渊，“年湮代远，渐失旧观”。但是，因寺处中山陵园区，“春秋佳日，游观者众”。寺僧“苦无志书，以供探讨”，而《光绪寺志》“旧版多帙，若不即加整理，且有散佚之虞”。于是，民国二十二年（1933），寺僧商请于时任国民政府主席林森（号青芝老人），“输赀重印，以资览胜之征考”，林森并为作序，“识其缘起”①。是为《民国寺志》。

① 本志林森序。

《民国寺志》以《光绪寺志》为基础，而略加增补，表现在:(1)志前新增林森序，略谈递修缘起及当时灵谷寺兴废状况;(2)将《光绪寺志》末陈鸣玉撰《振威将军张公新建部下阵亡将校祠堂记》移置于志《目录》之前;(3)卷八《高僧二》增补光绪中期以后内容，即新增僧祖慧、僧祖开、僧祢来、僧大愿传记，增补《光绪寺志》已有的僧祢修(德铠)、僧光莲传记内容。其余部分，甚至书名页“灵谷禅林志”、内封“光绪丙戌重修开雕”，《民国寺志》均沿用《光绪寺志》。因此，总的来说，《民国寺志》对《光绪寺志》作了不多的增补。至于增补寺志的寺僧，则不得其名。我们将其作者标注为:(清)甘熙编修、谢元福增辑、(民国)佚名增补。

需要指出的是，“中国佛寺志汇刊”第二辑第12册(台湾明文书局1980年版)收录民国增补本《灵谷禅林志》影印本，丛书编者标注寺志作者及版本为“清释德铠撰”“光绪十二年(一八八六)重刻本”，均误。先说作者之误，因为:(1)以《光绪寺志》与《民国寺志》对校，可知后者已对前者稍加增补，而前者为甘熙编修、谢元福增辑;(2)《民国寺志》增补刊刻于民国二十二年，其时释祢修(德铠)早已于光绪六年去世，即“庚辰九月二十一日念佛而逝”[①];(3)其所以误标注作者，当是《民国寺志》当时未署作者，而“中国佛寺志汇刊”编者将寺志(包括《光绪寺志》)卷首谢元福序中所述寺志为祢修(德铠)“所守”误以为是其所撰。至于版本之误，

① 本志卷八《高僧二·清·祢修》。

已见于作者之误辨析。“中国佛寺志汇刊”所收录《灵谷禅林志》不是光绪十二年重刻本，而是民国增补本。

综上所述，明清至民国时期，先后编修刊刻了六部灵谷寺志，这在中国历史上是不多见的。

三

（清）甘熙编修、谢元福增辑、（民国）佚名增补《灵谷禅林志》（《民国寺志》）记载了从梁朝天监年间到清朝光绪年间乃至民国年间一千四百余年灵谷寺的前世今生简史，是一部具有较高史料价值和现实借鉴意义的寺志。灵谷寺的最早前身开善寺作为宝志塔院而修建，而宝志从一位高僧逐渐被塑造为神僧，成为观音化身，终而在唐宋社会中形成浓厚的宝志信仰，产生了大量的宝志“灵异”事迹和众多的宝志著作，是中国佛教史上的重要现象和课题，这在本志中有基本完备而集中的记载。该志记载了一千四百余年灵谷寺的兴废、皇室的崇重、官民的信仰、田产的盈缩、高僧的传承、文人的吟咏，近代以后的毁废，既是一部千余年灵谷寺史，也是一部浓缩的中国佛教史、南京史，因此具有较高的史料价值。该志记述灵谷寺寺址变迁、殿堂格局、山水雄盛、诗文繁富，乃至典故传说铺陈，对于今天中国佛教、南京城市建设、旅游发展等都具有现实借鉴意义。

此前，我担任国家重大出版工程项目“中华大藏经续编（汉文部分）”编委，受制于全书收录古代寺（山）志的规定，选择了甘熙编修、谢元福增辑《灵谷禅林志》即《光绪寺志》点校入藏。这次南京出版社出版“南京稀见文献丛刊”，计划收录《灵谷禅林志》，我们则改择史料价值和现实借鉴意义更大的甘熙编修、谢元福增辑、民国年间佚名增补《灵谷禅林志》即《民国寺志》入书。我们以《民国寺志》（见“中国佛寺志汇刊”第二辑第12册收录影印本）为底本，以《道光寺志》（“金陵全书甲编·方志类·专志”收录影印本，南京出版社2013年版）和《光绪寺志》（“中国佛寺志丛刊”第29册收录影印本）为校本，在此前基础上重作他校。对于《民国寺志》与《道光寺志》《光绪寺志》收录相关诗文、记载等均出现讹误或删省而影响文意者，我们又检索相关古籍，及利用我此前点校出版《金陵梵刹志》、其他或点校或影印古籍，再加他校。同时，辅以本校、理校。凡点校改正、增补者置于[ ]内，删省者置于( )内，皆出校注。本志卷前林森、谢元福二序，原皆无题，兹补“序一”“序二”为题及作者，不加“[ ]”，不出校注，以便观览。志中异体字、俗体字，径改为正体字，不出校注。志中寺图沿袭自《道光寺志》，因刻印原因当时析为六幅，我们利用现代化手段，将其接合为一整幅。

本志的点校，一如既往地得到南京出版传媒集团副总经理、南京出版社社长卢海鸣先生和南京出版社编辑杨传兵先生的帮助和支持。《道光寺志》就是杨先生设法搜寻、寄来的。有关本志作者及版本著录的文字，我专门向天津图书馆历史文献部原主任李国庆研究馆员、南开大学国际商学院徐建华教授和中国人民大学清史研究所曹刚华教授请教，得三位专家热情指点而落实。继《金陵梵刹志》之后，江苏广陵书社编辑王志娟老师这次再度应请对我的点校作专业审校工作。对于各位领导、专家的帮助和指教，我感激于心，铭记在怀。

希望本志的点校出版，能够有助于专家学者、僧俗人等探求灵谷寺前世今生，研讨宝志“神僧”事迹和现象，追寻“灵谷八景”，更好地理解一千四百余年的灵谷寺历史以及中国佛教史、南京史，为学术发展和经济建设、文化建设作出贡献。当然，由于我个人学力所限，本志点校一定还有不少错误，恳请方家批评指正。

何孝荣

2018年12月10日初稿

2019年6月12日修改

靈谷禪林志

光緒丙戌
重脩開雕

目　录

序一 ………………………………………………………… 1
序二 ………………………………………………………… 2
凡例 ………………………………………………………… 4

灵谷林寺志卷首

宸翰……………………………………………………… 9
康熙四十六年 ……………………………………………… 9
雍正年间 …………………………………………………… 9
乾隆十六年 ………………………………………………… 9
乾隆二十二年 ……………………………………………… 9
乾隆二十七年 ……………………………………………… 10
乾隆三十年 ………………………………………………… 10
乾隆四十五年 ……………………………………………… 10
乾隆四十九年 ……………………………………………… 10
钦颁法物………………………………………………… 11
乾隆十六年 ………………………………………………… 11
乾隆三十五年 ……………………………………………… 11
乾隆三十八年 ……………………………………………… 11

乾隆四十九年 …… 11
朱批奏折 …… 11

灵谷禅林志卷一

沿革 …… 13
志法师墓志铭 …… 13
开善寺碑铭 …… 14
开善寺修志公堂石柱记 …… 15
蒋山大佛殿记 …… 16
钟山太平兴国寺碑记 …… 16
登宝公塔 …… 19
重登宝公塔二首 …… 19
宝公塔院祠堂 …… 20
宝公塔 …… 20
钟山宝公塔 …… 20
登钟山谒宝公塔 …… 20
同徐惇立游蒋山，谒宝公塔、王荆公墓，晚过草堂寺 …… 21
礼宝公塔 …… 21
宝公塔 …… 21
次韵和若愚《登宝公塔》 …… 22
宿蒋山，登宝公塔 …… 22
钟山宝公塔 …… 22
答宝公塔下高阁 …… 22
御制大灵谷寺记 …… 23

奉敕撰灵谷寺碑 …… 25

灵谷禅林志卷二

山水 …… 29
灵谷寺记 …… 29
屏风岭诗 …… 30
八功德水记 …… 32
又 …… 33
又 …… 33
题八功德水 …… 34
八功德水 …… 34
书八功德水庵 …… 35
同沈道原游八功德水 …… 35
与望之至八功德水 …… 35
题八功德水 …… 35
八功德水 …… 36
又 …… 36
题钟山八功德水庵壁 …… 36
题钟山八功德水庵壁,次陈彦育韵 …… 36
八功德水 …… 37
游钟山,至八功德水 …… 37
酬上元程大尹疏浚八功德水 …… 37
八功德水 …… 38
又 …… 38

又 …………………………………………………… 38
又 …………………………………………………… 38
寻八功德水源 ………………………………………… 39
八功德水歌 …………………………………………… 39
八功德水歌 …………………………………………… 40
登钟山谯集,望西静坛 ………………………………… 40
灵谷寺探梅记 ………………………………………… 42
灵谷寺梅花坞六首 …………………………………… 42
灵谷梅花坞五首 ……………………………………… 43
又 …………………………………………………… 43
又 …………………………………………………… 44
春日梅花坞十六绝 …………………………………… 44
梅花坞 ……………………………………………… 45
又 …………………………………………………… 45
又 …………………………………………………… 45
霹雳沟 ……………………………………………… 45
又 …………………………………………………… 46
又 …………………………………………………… 46
又 …………………………………………………… 46
流杯渠 ……………………………………………… 47
又和韵 ……………………………………………… 47
又和韵 ……………………………………………… 47
又和韵 ……………………………………………… 47
流杯渠 ……………………………………………… 47

又 …………………………………………………………………… 47

灵谷禅林志卷三

建置 塔院附 ………………………………………………………… 48
扫葺无量殿记 ……………………………………………………… 49
无量殿诗 …………………………………………………………… 50
如来出世图 ………………………………………………………… 51
如来说法图 ………………………………………………………… 51
如来拈花图 ………………………………………………………… 51
如来悟道图 ………………………………………………………… 51
弥勒布袋图 ………………………………………………………… 51
观音救世图 ………………………………………………………… 51
地藏持锡图 ………………………………………………………… 51
罗汉渡海图 ………………………………………………………… 52
宝公化身图 ………………………………………………………… 52
迦叶围衣图 ………………………………………………………… 52
阿难一诺图 ………………………………………………………… 52
达摩只履图 ………………………………………………………… 52
吴伟画廊 …………………………………………………………… 53
和韵 ………………………………………………………………… 53
又和韵 ……………………………………………………………… 53
又和韵 ……………………………………………………………… 53
重修宝公塔记 ……………………………………………………… 54
重建圣师塔记 ……………………………………………………… 55

癸卯闰三月十九日，奉旨代祠宝公，赠环中子 ………… 56
谒志公塔六首 …………………………………………… 57
礼志公塔 ………………………………………………… 58
宝公塔四首 ……………………………………………… 58
礼宝公塔 ………………………………………………… 58
宝公塔 …………………………………………………… 59
又 ………………………………………………………… 59
又 ………………………………………………………… 59
宝公塔应悉朗之招 ……………………………………… 59
宝公塔 …………………………………………………… 59
宝公塔怀古 ……………………………………………… 60
灵谷寺青林堂诗 ………………………………………… 62
白云窝记 ………………………………………………… 64

灵谷禅林志卷四

旧迹 ……………………………………………………… 66
宝公像 …………………………………………………… 68
宝公菩萨十二时歌 ……………………………………… 68
成化重洳碑跋 …………………………………………… 71
三绝碑歌 ………………………………………………… 72
乾隆丁丑春，翠华幸寺，进呈三贤碑拓本，奉旨重刊，
恭纪 ……………………………………………………… 72
三绝碑歌 ………………………………………………… 72
泰定钟铭 ………………………………………………… 73

登灵谷寺钟楼，观元泰定钟四十韵 …………………… 74
灵谷寺观辟邪钟歌 …………………………………… 75
飞来剪歌 ……………………………………………… 77
又 ……………………………………………………… 78
琵琶街 ………………………………………………… 79
又和韵 ………………………………………………… 79
又和韵 ………………………………………………… 79
又和韵 ………………………………………………… 79
又和韵 ………………………………………………… 79
又 ……………………………………………………… 79
灵谷深松赋 以一、溪、龙、影、茯、苓、香为韵 ……………… 81
灵谷五里松 …………………………………………… 82
灵谷深松 ……………………………………………… 83
灵谷深松 ……………………………………………… 83
灵谷深松 ……………………………………………… 83
灵谷深松 ……………………………………………… 84
灵谷深松 ……………………………………………… 84
灵谷五里松 …………………………………………… 84
灵谷松声 ……………………………………………… 84
灵谷松 ………………………………………………… 85
树王记 ………………………………………………… 85
树节记 ………………………………………………… 86
树君臣记 ……………………………………………… 86
树王诗 六首之四 ……………………………………… 87

灵谷竹林 …… 89

灵谷禅林志卷五

寺产 …… 91
灵谷禅林柴山碑记 …… 91
灵谷禅林柴山契券、善信姓氏功德碑 …… 92
施田碑记 …… 94
李宅施田、房碑记 …… 95
香火田示碑 …… 96
李宅施田碣 …… 97
济荒碑记 …… 98
严禁盗伐本寺前后柴山示碑 …… 98

灵谷禅林志卷六

灵感 …… 101
祈雨宝公塔文 …… 103
祈晴宝公塔文 …… 103
谢晴宝公塔文 …… 104
祈雨请宝公入城文 …… 104
谢雨送宝公还山文 …… 104
祈晴宝公塔文 …… 105
祈雨请宝公入城文 …… 105
谢雨送宝公还山文 …… 105
祈雨宝公塔文 …… 106

谢雨宝公塔文 …………………………………… 106
敕建谢雨道场文 ………………………………… 107
淳熙己亥岁三月十三日，祈雨宝公祠下，获应如响，敬以
小诗言谢 ………………………………………… 107
祷雨用陈丞相韵 ………………………………… 108
嘉定十四年庚寅仲夏二十有一日，祈雨应足，诗以
谢之 ……………………………………………… 108
宝祐戊午腊七日，祷雪蒋山二首 ……………… 108
贺建康帅余处恭迎宝公祷雨随应 ……………… 109
宝公塔祷晴有感 ………………………………… 109
和商总领大卿祷晴有感 ………………………… 109
随节相孙公诣灵谷宝公塔祷雨恭纪 …………… 112
碑文 ………………………………………………… 112
斋戒恭谒宝公塔前祈祷退水有感 ……………… 112
祈雨谢坛文 ……………………………………… 113

灵谷禅林志卷七

高僧一 ……………………………………………… 115
梁 ……………………………………………………… 115
宝志公行实 ……………………………………… 115
大乘赞十首 ……………………………………… 122
十四科颂十四首 ………………………………… 124
智藏法师传 ……………………………………… 128

灵谷禅林志卷八

高僧二 …… 132

宋 …… 132

元 …… 137

明 …… 138

国朝 …… 142

山夫老人行述 …… 143

灵谷禅林志卷九

杂著一 …… 153

诏敕 …… 153

南唐主敕 …… 153

元文宗封蒋山宝公志 …… 153

明太祖赦工役囚人诏 …… 154

明太祖命应天府谕钟山僧敕 …… 154

洪武九年赐右阐教仲羲敕 …… 155

洪武十五年赐左觉义清濬敕 …… 155

建普度斋敕 …… 156

明惠帝敕 …… 156

明成祖建普度斋敕 …… 156

明成祖封大宝法王敕 …… 157

明宣宗追谥净戒禅师敕 …… 158

明英宗护经藏敕 …… 158

明宪宗护敕 …… 158

明神宗敕 …… 159
祭文 …… 160
宋太宗遣祭宝志公文 …… 160
明太祖祭志法师文 …… 160
祭道林真觉普济圣师文 …… 161
明太祖谕祭牧庵谦禅师文 …… 161
明成祖谕祭幻居戒禅师文 …… 161
皇太子谕祭净戒文 …… 161
皇太子谕祭损庵义禅师文 …… 161
又 …… 162
皇太子谕祭无涯永禅师文 …… 162
明英宗谕祭雪峰映禅师文 …… 162
明英宗谕祭睿庵聪禅师文 …… 163
明宪宗谕祭幻居龄禅师文 …… 163

灵谷禅林志卷十

杂著二 …… 164
榜文 …… 164
御制蒋山寺广荐佛会榜文 …… 164
碑文 …… 166
蒋山寺广荐佛会碑文 …… 166
宝公救民碑 …… 169
祖道重辉碑 …… 171
游记 …… 173

游新庵记 …………………………………………………… 173
游灵谷寺记 ………………………………………………… 176
游灵谷记 …………………………………………………… 178
又 …………………………………………………………… 179
游灵谷寺记 ………………………………………………… 180

灵谷禅林志卷十一

杂著三 …………………………………………………… 182
书 ………………………………………………………… 182
答广信侯开善寺听讲书 …………………………………… 182
与开善寺智藏法师书 ……………………………………… 182
致大宝法王书 ……………………………………………… 183
序 ………………………………………………………… 186
景泰志序 …………………………………………………… 186
嘉靖志序 …………………………………………………… 187
康熙间重修志序 …………………………………………… 187
又 …………………………………………………………… 188
又 …………………………………………………………… 189
又 …………………………………………………………… 190
又 …………………………………………………………… 191
道光志序 …………………………………………………… 192
又 …………………………………………………………… 193
赞 ………………………………………………………… 195
宝公赞 ……………………………………………………… 195

又 ······························ 195
又 ······························ 195
又 ······························ 196
又 ······························ 196
又 ······························ 196
宝志公像赞 ······························ 196
又 ······························ 197
又 ······························ 197
又 ······························ 197
又 ······························ 197
又 ······························ 198
又 ······························ 198
宝志公大师像赞 ······························ 198
物先羲禅师像赞 ······························ 198
又 ······························ 198
牧庵禅师像赞 ······························ 199
定岩戒公像赞 ······························ 199
又 ······························ 199
又 ······························ 200
洁庵映禅师像赞 ······························ 200
自赞 ······························ 200
又 ······························ 200
印庵禅师像赞 ······························ 201
月泉像赞 ······························ 201

自赞 …………………………………………………………… 201
悉公像赞 ……………………………………………………… 201
跋 …………………………………………………………… 202
《广荐佛会记》跋 ……………………………………………… 202
《第一禅林碑》跋 ……………………………………………… 202
疏 …………………………………………………………… 203
圣忌荐疏 ……………………………………………………… 203
募修灵谷寺四大天王殿疏 …………………………………… 204

灵谷禅林志卷十二

杂著四 ……………………………………………………… 206
五古 ………………………………………………………… 206
开善寺法会 …………………………………………………… 206
游钟山开善寺 ………………………………………………… 206
开善寺 ………………………………………………………… 207
游钟山之开善、定林 ………………………………………… 207
同群公宿开善寺 ……………………………………………… 207
同李似之游蒋山 ……………………………………………… 208
入钟山开善寺 ………………………………………………… 208
游钟阜，呈同集诸公 ………………………………………… 208
春日游灵谷寺，分韵得组字、霁字 ………………………… 209
访月泉 ………………………………………………………… 210
赠古泉 ………………………………………………………… 210
题赠月泉上人 ………………………………………………… 210

次韵 …………………………………………………… 210
春日游灵谷寺 ……………………………………………… 211
游灵谷寺作 ………………………………………………… 211
辛卯孟夏游灵谷寺三首,兼赠晓公 ………………………… 211
游灵谷寺 …………………………………………………… 212
游灵谷寺 …………………………………………………… 212
谒明孝陵,游览灵谷寺,晤其方丈僧祇园 ………………… 212
灵谷寺 ……………………………………………………… 213
游灵谷寺遇雨 ……………………………………………… 213
丁亥三月朔日,甘梦六福招同方荼山体、瞿秩山曾辑、黄友兰屿、钮非石树玉灵谷寺设斋,荐粢、葆采二子随侍 …………………………………………………… 214
丁亥三月朔,甘梦六封君招同人游灵谷寺,次张古余观察韵 …………………………………………………… 214
访灵谷古迹,家大人命赋和张古余先生韵 ……………… 215
次张古余观察《游灵谷寺》原韵 …………………………… 215
七古 ……………………………………………………… 216
答慧泉禅师 ………………………………………………… 216
游灵谷寺,寄谢濬公,并呈董学士兼林公辅、顾文昭 … 216
赠古泉住持灵谷 …………………………………………… 217
赠灵谷月泉禅师 …………………………………………… 217
赠洌泉富上人住持灵谷寺词 ……………………………… 217
赠古泉灵谷住持 …………………………………………… 218
赠月泉 ……………………………………………………… 218

人日同曹廷尉、吴非熊诸子灵谷寺看梅 …………… 218
游灵谷寺 ………………………………………………… 219
五律 ………………………………………………… 219
蒋山开善寺 ……………………………………………… 219
和友封题开善寺 ………………………………………… 219
宿开善寺 ………………………………………………… 220
灵谷道中 ………………………………………………… 220
蒋山法会瑞应诗,应制作 ……………………………… 220
初夏访定岩禅师 ………………………………………… 220
定岩禅师方丈 …………………………………………… 221
秋日与门人同游灵谷 …………………………………… 221
上巳日与许彦明诸友游灵谷,泉上流觞 …………… 221
登灵谷浮图绝顶,题壁 ………………………………… 221
灵谷寺 …………………………………………………… 221
又 ………………………………………………………… 222
又 ………………………………………………………… 222
又 ………………………………………………………… 222
又 ………………………………………………………… 222
又 ………………………………………………………… 222
又 ………………………………………………………… 222
又 ………………………………………………………… 223
赠月泉上人 ……………………………………………… 223
灵谷寺呈浩公 …………………………………………… 223
灵谷寺 …………………………………………………… 223

赠月泉上人 …… 223
次蔡白石韵 …… 224
游灵谷,兼宿水泉禅房二首 …… 224
赠月泉上人 …… 224
游灵谷寺 …… 224
又 …… 224
又 …… 225
又 …… 225
又 …… 225
次章丘张公韵 …… 225
初夏晚坐月泉方丈漫纪 …… 226
复过灵谷,柬月泉 …… 226
入灵谷 …… 226
灵谷寺 …… 226
灵谷寺 …… 226
访月泉师 …… 227
灵谷寺 …… 227
又 …… 227
又 …… 227
灵谷寺避暑 …… 228
游灵谷 …… 228
夏日灵谷寺寻叶自中读书处 …… 228
灵谷寺 …… 228
同人游灵谷,晓公和尚留山止宿,漫赋二首 …… 228

同人游灵谷，时值上堂 …………………………………… 229
再游灵谷 …………………………………………………… 229
灵谷寺 ……………………………………………………… 229
寄灵谷寺僧 ………………………………………………… 229
灵谷寺 ……………………………………………………… 229
初夏游灵谷寺 ……………………………………………… 229
游灵谷寺三首 ……………………………………………… 230
甲午八月十二日，过灵谷寺，访圆照上人不遇 ……… 230
灵谷寺 ……………………………………………………… 230
灵谷寺 ……………………………………………………… 230
灵谷僧寮夜坐偶成 ………………………………………… 231
与静一首座夜话 …………………………………………… 231
由钟山之阴至灵谷，话悉上人 …………………………… 231
灵谷寺晚步 ………………………………………………… 231
偕甘祺仁、石安两表兄游灵谷寺 ………………………… 231

灵谷寺林志卷十三

杂著五 ………………………………………………………… 232
七律 ……………………………………………………… 232
道林寺 ……………………………………………………… 232
游开善寺 …………………………………………………… 232
御制山居诗十二首 ………………………………………… 233
銮舆春日幸钟山寺 ………………………………………… 234
春日蒋山应制 ……………………………………………… 235

寄蒋山禅师春日早朝二首 …………………………………… 235
宿毕公房 ……………………………………………………… 235
御制赐僧清濬诗，钦和十二首 ………………………………… 236
上命和《山居诗十二首》缺一首 ………………………………… 237
驾幸灵谷赐宴，上命口占一律 ………………………………… 239
赐衣，谢恩命诗 ……………………………………………… 239
上命赋诗三首，贺清濬 ………………………………………… 239
又 ……………………………………………………………… 240
洪武五年正月十五日，朝廷就寺大建法会，普济幽冥。先于四年十二月十五日，上御奉天殿，集公侯百官，宣谕建会之因，禁天下屠宰。上先斋戒一月，以严法律。
赋斋戒一首 …………………………………………………… 240
法会赋迎驾 …………………………………………………… 241
正月十三日三鼓，上御奉天殿，集公侯百官，奉上佛表，命礼部尚书赍赴钟山，启建法会，焚之。赋奉表一首… 241
十五日，上服衮冕，乘辇辂，赴法会。至日夕，迎佛，上率公侯百官临法筵，供佛，行大礼，乐用《善世》等曲。先是，十四日，微雪呈祥，寻即开霁。是夕，星月在天，风露湛寂，丝竹迭奏，灯火交辉。礼仪之盛，前古莫及。
赋迎佛、礼佛、送佛三首 ……………………………………… 241
宣谕鬼魂，赐以法食而升济之，赋谕鬼一首 ………………… 242
龙湾普放水灯，以烛幽暗，诏赋水灯一首 ………………… 242
上命赋诗三首，贺清濬 ………………………………………… 242
宿毕公房 ……………………………………………………… 243

题钟山新寺 …………………………………………… 243
题诗后二日，钦蒙圣制和章。感遇之余，谨再用韵赋 … 244
灵谷寺 ……………………………………………… 244
夏同魏冢宰、王宗伯游灵谷二首 ……………………… 244
次周学士韵二首 …………………………………… 245
次韵 ………………………………………………… 245
次韵 ………………………………………………… 245
游灵谷寺 …………………………………………… 246
次题 ………………………………………………… 246
次题 ………………………………………………… 246
雪后游灵谷寺 ……………………………………… 246
咏月泉 ……………………………………………… 246
送古泉住持灵谷 …………………………………… 247
游灵谷寺 …………………………………………… 247
甲午重游 …………………………………………… 247
赠古泉灵谷住持 …………………………………… 247
赠月泉住持灵谷 …………………………………… 248
访见山社主月泉 …………………………………… 248
游灵谷寺 …………………………………………… 248
次王浚川韵 ………………………………………… 248
访月泉社主月泉 …………………………………… 248
游灵谷寺 …………………………………………… 249
戊子夏五月十日，访卿禅月泉、古泉二上人于灵谷。是
会，西唐太常公以下八人，东园锦衣实为之主，固佳会也。

酒间联句六首，付主僧收之。虎丘逸士吴一鹏白楼、大学士南京部尚书西唐太常牛公杰、黼庵京兆柴公奇、钟石少宰费公案、毅斋光禄刘公乾、北川翰林吴公惠、泉园魏国公子徐天锡，暨乡进士顾与因八人也 …………… 249
七月望日，偕诸台丈游灵谷 …………… 250
赠古泉灵谷住持 …………… 250
游灵谷寺 …………… 251
又 …………… 251
又 …………… 251
题月泉山房 …………… 251
和阳峰宗伯韵 …………… 252
访月泉禅师 …………… 252
访月泉 …………… 252
月泉茶话 …………… 252
灵谷寺 …………… 253
访月泉禅师 …………… 253
又 …………… 253
游灵谷 …………… 253
又 …………… 253
又 …………… 254
又 …………… 254
又 …………… 254
大司空石渚马公邀饮灵谷，同三渠太宰、洞山少宰、砺峰宗伯 …………… 254

游灵谷寺二首 …………………………………… 255
访月泉禅师 ……………………………………… 255
又 ……………………………………………… 255
赠云坡上人兼住灵谷 ………………………… 255
访见山社主月泉 ……………………………… 256
又 ……………………………………………… 256
题月泉 ………………………………………… 256
又 ……………………………………………… 256
次赵克用《游灵谷》三首 …………………… 257
游灵谷寺 ……………………………………… 257
又 ……………………………………………… 257
游灵谷，书月泉禅房二首 …………………… 258
金陵多古刹，灵谷其一也。我高皇亲题第一禅林，益复称最。庚寅九月，闽将乐石华揭科、甫田少峰陈翰、漳浦梅坡许鼎、楚长沙少庐陈维藩相携往游，步自西廊，观小仙遗墨。月泉老禅具服出，延至青林，情款甚洽。已而纵览名胜，漫联二章。林中清境，未易具题。然孝陵在望，金殿辉煌，高出孤云落日之外，则所以压坤维、奠鳌极，又不特山水间矣，诗故著重云 ……………… 258
赠月泉上人 …………………………………… 259
又 ……………………………………………… 259
游灵谷寺 ……………………………………… 259
又 ……………………………………………… 259
游灵谷，次郑司徒韵 ………………………… 259

同康、虞诸子游灵谷寺 …………………………………… 260
与诸同寅游灵谷寺三首 ………………………………… 260
游灵谷寺 ………………………………………………… 260
赠月泉 …………………………………………………… 261
赠古泉 …………………………………………………… 261
游灵谷，留话古泉精舍 ………………………………… 261
访宝山瑀禅师 …………………………………………… 261
游灵谷禅林三首 ………………………………………… 261
又 ………………………………………………………… 262
灵谷寺 …………………………………………………… 262
游灵谷寺 ………………………………………………… 262
游灵谷三首 ……………………………………………… 263
住山心上人 ……………………………………………… 263
灵谷寺 …………………………………………………… 263
上巳日集灵谷寺 ………………………………………… 264
秋日灵谷寺同绍斋赵公、印川潘公偶憩 ……………… 264
灵谷寺酬吕正宾 ………………………………………… 264
游灵谷 …………………………………………………… 264
又 ………………………………………………………… 264
秋日过灵谷，忆先大夫昔游，志感 …………………… 265
秋过灵谷寺 ……………………………………………… 265
同顾孝敷、许长卿、李宠之、倪元道、朱元上、家弟用南
集灵谷 …………………………………………………… 265
游灵谷 …………………………………………………… 265

灵谷寺 …… 266
游灵谷 …… 266
正月廿七日，蔡总戎招，同黎参府灵谷观梅二首 …… 266
重游灵谷寺 …… 266

灵谷禅林志卷十四

杂著六 …… 267
七律 …… 267
游灵谷废寺 …… 267
游灵谷寺 …… 267
又 …… 267
灵谷赠晓苍和尚 …… 268
又 …… 268
晓苍和尚振起灵谷，阐扬宗风。予来游山中，留题方丈二首 …… 268
灵谷寺送春，同吴舫翁、朱字绿、王安节作 …… 268
灵谷寺 …… 269
晓苍和尚招游灵谷，题赠二首 …… 269
喜盛东田先生入山，奉和见赠元韵二首 …… 269
灵谷寺 …… 270
四月八日游灵谷，赠晓苍和尚 …… 270
游灵谷寺 …… 270
四月八日偕内弟赵圣木游灵谷，兼谒孝陵 …… 270
次韵 …… 270

偕友人童鹿游、许丹书、马镜亭游灵谷 …………… 271
又 …………………………………………………… 271
又 …………………………………………………… 271
又 …………………………………………………… 271
过灵谷,赠晓苍和尚 ……………………………… 272
灵谷寺建自梁,徙自明,沧桑代易,故址丘墟。吾淮晓
公和尚居此三十八载,芜者植,废者修,几复当年之盛。
丙戌十月,同友人至其处,晓公止宿,漫成一律 ……… 272
游灵谷 ……………………………………………… 272
奉访晓公和尚一律 ………………………………… 273
寄赠灵谷方丈 ……………………………………… 273
寄赠灵谷方丈 ……………………………………… 273
灵谷寺 ……………………………………………… 273
又 …………………………………………………… 274
试后同王卓人、王孚五游灵谷寺 ………………… 274
游灵谷寺 …………………………………………… 274
又 …………………………………………………… 274
又 …………………………………………………… 275
又 …………………………………………………… 275
又 …………………………………………………… 275
咏灵谷八景 ………………………………………… 275
秋风寄怀晓公和尚 ………………………………… 277
游灵谷寺,呈晓公上人 …………………………… 277
庚寅冬日游灵谷 …………………………………… 277

游灵谷寺 …… 277
又 …… 278
游灵谷寺 …… 278
灵谷寺 …… 278
由天坛、神乐观至灵谷，同屺公访普门师 …… 278
由灵谷寺经孝陵 …… 278
灵谷寺，用余鸿客韵 …… 279
又 …… 279
灵谷寺吊梁高僧志公 …… 279
晤灵谷僧祇园 …… 279
灵谷寺 …… 279
灵谷寺怀古 …… 280
春日同朱学圃、胡问渠、吴寿峰、孙莲亭、 …… 280
甥偕游灵谷寺 …… 280
灵谷寺怀古 …… 280
游灵谷，晤悉朗上人 …… 281
莲溪同参住灵谷，执事有年，老而弗倦，赋此奉赠 …… 281
五言排律 …… 281
灵谷寺避暑 …… 281
偕夏竹香、孙虎溪、周月溪游灵谷霹雳涧联句 …… 282
七言排律 …… 282
偕张益庄、闵蓼江、孙虎溪游灵谷联句 …… 282
五绝 …… 282
游灵谷寺 …… 282

赠月泉四首 …………………………………………… 283
题月泉图 ……………………………………………… 283
又 …………………………………………………… 283
又 …………………………………………………… 283
又 …………………………………………………… 283
又 …………………………………………………… 283
又 …………………………………………………… 284
又 …………………………………………………… 284
又 …………………………………………………… 284
又 …………………………………………………… 284
又 …………………………………………………… 284
灵谷山行 ……………………………………………… 284
又 …………………………………………………… 284
游灵谷寺二绝 ………………………………………… 285
灵谷寺夜坐纳凉 ……………………………………… 285
七绝 ………………………………………………… 285
钟山僧寺,赓单仲右韵三首 …………………………… 285
嘉靖丙申夏五月十日,群工骏奔孝陵行礼。礼毕过此,
遇雨一绝 ……………………………………………… 286
赠灵谷古泉 …………………………………………… 286
灵谷寺 ………………………………………………… 286
访月泉 ………………………………………………… 286
赠月泉二首 …………………………………………… 286
又 …………………………………………………… 287

又 …… 287
登月泉精舍 …… 287
又 …… 287
又 …… 287
又 …… 287
又 …… 288
重过灵谷僧舍 …… 288
讲经台 …… 288
赠灵谷晓公 …… 288
灵谷八景 …… 288
灵谷寺 …… 290
咏灵谷八景 …… 290
和夏竹香《游灵谷寺》 …… 291
和夏竹香《游灵谷寺》 …… 291
悟开诗僧以《灵谷楼居》诗见示,走笔奉赠 …… 291
游灵谷 …… 292
《灵谷楼居》十绝之四 …… 292

灵谷禅林志卷十五

忠义 …… 293
振威将军张公新建部下阵亡将校祠堂记 …… 316

序　一

林　森

灵谷寺于金陵丛林首屈一指,年湮代远,渐失旧观。前岁蒋公介石因建阵亡将士公墓于寺之左近,始创议重修无量殿,及兴复志公塔,疏导功德水。经营两稔,焕然一新,古迹乃因而保存。寺故有志,清季重刻,久未付印。寺僧以春秋佳日,游观者众,苦无志书,以供探讨;旧版多帙,若不即加整理,且有散佚之虞,因商余输赀重印,以资览胜之征考。爰识其缘起如此。

民国廿二年三月,青芝老人识。

序　二

谢元福

自古名山大川，幽关梵宇之胜，必有奎文雅咏为之品题，高僧真灵为之表著，而又有忠臣义士之气凭依呵护于其中，故能积久弥彰、剥而仍复也。其地以人传欤？抑人之杰者，地益灵耳？

庚辰夏，刘岘庄制府移节两江，以元福请于朝，调至金陵。金陵向多古迹，发逆后，名胜之地荡然矣。与土人话乱离事，言吾乡张忠武公攻贼东郭门，阵亡病故官兵，多葬于灵谷寺右。乃出郭访其处，晤寺僧光莲，指示义冢，累累如北邙。道其琳观玉宇，无复存者。而林木阴翳，松楸之间，犹勃然有生气。地之灵欤？人之杰欤？光莲因述其师德铠居此三十年，寇至，不去，凡忠武所部殁于王事者，悉书于册，且收其尸而瘗之，故此冢岿然存。并寺志十四卷，亦其师所守也。因急请一见，则闭关谢客久矣，惟取寺志读之。

窃念发逆之乱，金陵被害尤酷。名城大郭，摧为薪櫄。而区区一寺，传人传书兼焉。盖尝稽之于志，则宋、明以来题咏固多，而先皇帝宸翰，尤足照今烁古。且自志公以下，道行僧踵相接，宜其剥而能复也。而德铠之保有此土，以享国殇者，殆忠魂毅魄所默佑乎？一发千钧，久将失坠。因付其书于梨枣，而增入《忠义》一门，使后之览者，想见昔日之盛，而忠义亦有所激发焉。是则私心所深幸也夫。

光绪十三年岁在丁亥孟夏月，二品顶戴江苏补用道、前翰林院编修谢元福书于龙江公廨。

凡　例

一、此志凡分八门，曰《沿革》，曰《山水》，曰《建置》，曰《旧迹》，曰《寺产》，曰《灵感》，曰《高僧》，曰《杂著》，而《杂著》之中，又分别各体，以类相从。今增入《忠义》一门，共成十五卷。

一、康熙丁亥春，圣祖仁皇帝南巡幸寺，住持僧请更寺额，奉旨仍灵谷之名，特增禅林二字，赐御书扁额，故旧志曰灵谷禅林。今敬谨仍之，永志勿谖。

一、寺为金陵首刹，自我圣祖仁皇帝暨高宗纯皇帝翠华临幸，诗歌联额，翰藻辉煌，恭录卷首，永昭钦仰。其钦颁法物，并敬谨登载，以志名山光宠。

一、旧志有图。经粤寇之乱，禅堂、方丈悉毁于火，无量殿亦半就摧颓。今之龙神庙、金刚殿，非复昔时规模。而摹刻旧图，未尝改绘者，藉以见从前之盛也。

一、寺于明洪武十四年自蒋山寺移来。其源肇于开善，历历可征。乃旧志以大爱敬寺、宝林寺、崇禧万寿寺，系诸灵谷之前，意在溯源，殊无分晓。大爱敬寺，梁普通元年建，在蒋山北高峰上。唐广明元年，改爱敬禅院。南唐改广孝禅院。宋开宝七年，移入城，名寿宁寺。宝林寺，本名同行。

梁天监中，帝与志公同游此山，建之，又名圣游寺。唐会昌间，废。吴太和间，复建。后改秀峰院。宋嘉祐中，始名宝林。俱见宋张敦颐《六朝事迹编类》。又张铉《金陵新志》言，宝林寺在城西北二十五里，与明陈沂《金陵世纪》所载圣游寺合。崇禧万寿寺，元文宗泰定丁卯，另建于太平兴国寺宝公塔后。亦见《金陵新志》。一彼一此，真风马牛不相及也。兹立《沿革》一门，庶览者了如指掌矣。

一、此志为寺而作，山水之胜，固贵搜罗，尤贵抉择。如宝珠峰上有翠微寺，天气晴朗，望见广陵城。一人泉在北高峰绝顶古法云寺侧，宋熙泉近宋熙寺侧，应潮井古定林寺前，盈缩与江潮应。弹琴石在北岭中道清溪上，九日台在蒋庙松陵冈，昭明读书台在北高峰上，招贤馆在西岩下。凡兹名迹，不一而足。宋学士《游钟山记》犹历历道之。其时，灵谷未建也。及徙寺后，旧迹皆入孝陵禁内，与今寺无涉。旧志一并采录于《山水》《古迹》之内，是志钟山，非志灵谷矣。喧宾夺主，抑何取哉？明葛祠部《梵刹志》将此种旧迹，仅附诸《灵谷并括旧寺》类中，殊为有识。兹《山水》一门，悉取与寺相附者录之，余皆删汰，从其意也。

一、明初创造，规模极其崇闳。后屡被火灾，迥非旧制。顾创之固难，修之亦匪易。其历代重修、重建有可征考者，悉详于《建置》之类，无者阙之。庶前人苦心，不致湮没。

一、《旧迹》一门，专志寺中故物。自钟鼎碑碣，以至动、植之微，皆前人遗迹所关。或存或亡，一一登载，俾即物思人，不忘所自。

一、明初赐田赡僧，倍于他寺。年代久远，多湮没无征，此寺所以凋敝日甚也。今就所存者录之，以资查核。

一、国家神道设教，在所不废。凡有关民生利济者，悉列诸祀典。圣师塔乃真身瘗处，迄今千数百年，屡著灵异。每遇旱涝，祈祷尤灵，护国佑民，历历不爽。特缀其显著实迹，为异日祈祷之征，非敢侈谈荒诞也。

一、开善原为宝公塔而建，自梁迄明初，历八百六十余年，皆未迁易。则兹寺高僧，当自公始。隋唐间，罕有传人。至宋，大盛。择其中道行崇高，及有功修复者录之。上堂语录，间亦登载，以为禅门模范。旧志自宋迄国初，九十余代，悉行载入，多无事实可征，是直为僧家纂世系耳。其应诏来钟山建法会，如圆辨顺、妙辨同、普济日、慧辨琦、濮隐静诸禅师，传志具见《梵刹志》，非本山住持也，概不录。

一、古今诗文，凡专指一事者，分系于各类之下，以便稽考。其总述难以分类者，统归《杂著》之门。分别各体，按时代先后为序。但所采各作，均系与寺迹有关。至如宋陆游《游钟山寺记》、元胡炳文《钟山游记》、明宋景濂《游钟山记》，梁昭明太子、刘孝绰、萧子显、陆倕《钟山讲解》，沈约《钟山应西阳王教》，唐白居易《赠钟山韦处士》，宋王安石游蒋山诸诗，类皆统述浑举，非专为此寺作者，概不登录。

一、凡遇列代圣讳及御名应缺笔改写者，俱遵定例。其字应敬谨抬写者，用《上元县新志》式，恭照《钦定日下旧闻考》奉圣谕应敬谨三抬、二抬、一抬者，俱顶格抬写，以昭画一。

灵谷禅林志目录

灵谷林寺志卷首…………………………………… 9

宸翰 …………………………………………………… 9

钦颁法物 ………………………………………… 11

朱批奏折 ………………………………………… 11

灵谷禅林志卷一………………………………… 13

沿革 ………………………………………………… 13

灵谷禅林志卷二………………………………… 29

山水 ………………………………………………… 29

灵谷禅林志卷三………………………………… 48

建置 塔院附 ……………………………………… 48

灵谷禅林志卷四………………………………… 66

旧迹 ………………………………………………… 66

灵谷禅林志卷五………………………………… 91

寺产 ………………………………………………… 91

灵谷禅林志卷六……………………………… 101

灵感 ……………………………………………… 101

碑文 ……………………………………………… 112

灵谷禅林志卷七…………………………………… 115

高僧一 ………………………………………… 115

灵谷禅林志卷八…………………………………… 132

高僧二 ………………………………………… 132

灵谷禅林志卷九…………………………………… 153

杂著一 ………………………………………… 153

灵谷禅林志卷十…………………………………… 164

杂著二 ………………………………………… 164

灵谷禅林志卷十一………………………………… 182

杂著三 ………………………………………… 182

灵谷禅林志卷十二………………………………… 206

杂著四 ………………………………………… 206

灵谷寺林志卷十三………………………………… 232

杂著五 ………………………………………… 232

灵谷禅林志卷十四………………………………… 267

杂著六 ………………………………………… 267

灵谷禅林志卷十五………………………………… 293

忠义 …………………………………………… 293

灵谷林寺志卷首

宸翰

康熙四十六年

圣祖仁皇帝巡幸，御书扁额灵谷禅林四字；御书对联：天香飘广殿，山气宿空廊。

[雍正年间][①]

世宗宪皇帝赐臣僧万清御书对联：万松月共衣珠朗，五夜风随禅锡鸣。

乾隆十六年

高宗纯皇帝巡幸，御制诗《辛未暮春月，灵谷寺六韵》：萧梁灵谷寺，昔据独龙中。明卜元宫址，新移碧嶂东。于今四百岁，不改八禅风。垒甓攒云殿，雕琼敞月宫。蟠阶松益翠，倒井药销红。佛地何兴废，凭教万虑空。

乾隆二十二年

高宗纯皇帝巡幸，御制诗《丁丑暮春月下浣，游灵谷寺作》：钟阜东南寻道林，蔚然深秀松森森。溪光山色宛其识，钟声幡影空人心。八功德水清且泚，梵天震旦何彼此？更闻左侧琵琶街，鼓掌响应弹丝起。非神奇亦非邪淫，世尊早明示

① 据文意校补。

其旨。乾闼鼓琴，山河大地作琴声。迦叶作舞，亦复如是而已矣。

御题三贤碑额、净土指南四字。

乾隆二十七年

高宗纯皇帝巡幸，御制诗《壬午暮春之杪，游灵谷寺作》：蒋山开善寺，移置得兹名。一切有为法，本来无定评。闲花明奈苑，真树护祇城。偶读前题句，不牵今昔情。

御书扁额空籁天音四字。

乾隆三十年

高宗纯皇帝巡幸，御制诗《乙酉暮春月上澣，游灵谷寺》：孝陵卜幽宫，灵谷迁古寺。迁复阅岁古，瓦兽荆榛坠。后人惜湮灭，稍稍事檀施。岂能复旧观？百什存一二。道林与开善，谁能辨名字？一切有为法，金刚六如蔽。小憩便言旋，行云无系意。

乾隆四十五年

高宗纯皇帝巡幸，御制诗《庚子暮春下澣，至灵谷寺》：龙蟠因独据，象教以重迁。莫辨兴国迹，却殊开善缘。昔新今复旧，空是色非禅。小憩凭舆去，钟声林外传。

乾隆四十九年

高宗纯皇帝巡幸，御制诗《甲辰春闰月上澣》：建陵故迁寺，儒释典俱违。儒固(乘)[乖]忠恕[①]，释仍有是非。旧名殊杳杳，新景自依依。暂向匡床坐，那看花雨霏。

---

① 据《道光寺志》及清高宗：《清高宗御制诗五集》卷七（文渊阁四库全书本）收录该诗（名《灵谷寺》）校改。

钦颁法物

乾隆十六年

纸裱《华藏图》一轴，御书福字一幅。

乾隆三十五年

墨刻《梅花》一轴。

乾隆三十八年

《淳化阁帖》一部。

乾隆四十九年

《无量寿经》一部，墨刻《娑罗树》一轴，玉三镶如意一柄。

朱批奏折

江南江宁府灵谷寺住持臣僧万清谨奏，为遵旨举择住持事。雍正十二年二月二十日，世宗宪皇帝驾幸圆明园佛楼，臣僧万清同元信接驾，至御座前拜贺毕，曾谕万清：投子山不日降旨兴建，俟完工日，差人送你住持，尔可为中兴投子第一代住持也。万清当即谢恩。其时，元信同闻圣谕。今蒙皇上敕令河督高斌等就近询问万清，举择投子住持。谨将世宗宪皇帝始初降旨圣意，从实陈奏，不敢增减一字。若不陈奏，恐负圣意。但万清年逾七旬，视听不聪，龙钟朽迈，虽遵奉谕旨，勉力住持灵谷，已将三载，足迹从不轻入城市，惟禁足山中，日夕修持，仰报皇恩万一。今谕令举投子住持，万清久不行脚，诸山僧贤否亦不深知，不敢妄举。现今灵谷首座源慎，系万清法嗣，其人戒行精严，清修朴实，堪作投子住持。但念世宗宪皇帝始初降旨圣意,不敢刻忘。万清愚见,及期,清率源慎入院住持,三日后,交付源慎住持,庶不负世宗宪皇帝圣意。

再灵谷寺,万清已遵旨住持三载,其实龙钟,不能领众,恐负圣恩。本寺现有总理监院事僧法守,亦系万清法嗣,其人亦朴实精修,堪作灵谷住持。倘蒙圣恩准奏,不惟两寺人地相宜,亦不负皇上垂注至意。切思世宗宪皇帝见清朴实无为,故谕令举派径、洞两山住持。至今人人皆称两山得人。倘日后两山住持稍有过失,臣僧难免妄举之罪。伏候皇上圣意裁定。谨奏。

奉朱批:万清住持之旨,朕未之闻。且此旨系向禅师超盛而降者,可仍著万清住持为是。灵谷之席,可令万清于源慎、法守二人中,酌量一人可也。仍将此旨告彼知之。钦此。

灵谷禅林志卷首终。

灵谷禅林志卷一

沿革

灵谷寺，隶上元县，在城东北钟山左独龙冈麓，离朝阳门十里。自萧梁以讫前明，创始之原，迁徙之故，具载于宋张敦颐《六朝事迹编类》、元张铉《金陵新志》、明葛寅亮《梵刹志》诸书。兹特标之，俾览者知所缘起云。

梁武帝天监十三年，以定林寺前冈独龙阜葬志公。永定公主以汤沐之资，造浮图五级于其上。十四年，即塔前建开善精舍。更为寺。

志法师墓志铭

梁　陆倕

法师自说姓朱，名宝志。其生缘桑梓，莫能知之。齐故特进吴人张绪、兴皇寺僧释法义，并见法师于宋泰始初，出入钟山，往来都邑，年可五六十岁，未知其异也。齐宋之交，稍显灵迹，披发跣足，负杖挟镜。或征索酒肴，或数日不食。预言未兆，悬识他心。一时之中，分身数处。天监十三年，化于华林园之佛堂。

先是，忽移寺之金刚出，置户外，语众僧云：菩萨当去耳。后旬日，无疾而殒。沉舟之痛，有切皇心。殡葬资须，事丰供厚。望方坟而陨涕，瞻白帐而拊心。爰诏有司，式刊景行。辞曰：

欲化毗城，金粟降灵。猗欤大士，权迹帝京。绪胄莫详，邑居罕见。辟彼涌出，犹如空现。哀兹景像，愍此风电。将道舟梁，假我方便。形烦心寂，外荒内辨。观往测来，睹微知显。动足墟立，(登)[发]言风偃[①]。业穷难诏，因谢弗援。慧云昼歇，慈灯夜昏。

开善寺碑铭

梁　王筠

妙门关键，辟之者既难；法海波澜，游之者未易。是以轩称俊圣，尧曰钦明，韶頀有美善之风，文武致时雍之业。地平天成，惟事即世；移风易俗，匪止今身。至如访道峒山，乘风独远；凝神汾水，窅然自丧。或宗仰黄老之谈，景慕神仙之术，斯盖不度群生，事局诸已，笃而为论，道有未宏。熏风璚露，散馥流甘，璧月珠星，联华扬叶。修幡绕于云根，和铃响于天外。玉池动而扬文，宝树摇而成乐。铭曰：

亭亭切汉，耿介凌烟。层甍霞耸，飞栋星悬。

唐乾符中，改宝公院。南唐昪元中，徐德裕重修。后主开宝三年，改开善道场。宋太平兴国五年，改太平兴国寺。庆历二年，府尹叶清臣奏改十方禅院。寻复寺额。元至顺二年，

① 据（唐）欧阳询：《艺文类聚》卷七十七《内典下·寺碑》（文渊阁四库全书本）、（明）梅鼎祚：《释文纪》卷二十六（文渊阁四库全书本）、（明）张溥：《汉魏六朝百三家集》卷九十三（文渊阁四库全书本）等各收录该文校改。

重修。

开善寺修志公堂石柱记

唐　李顾行

盖六度为万行之本，施檀其一焉。然以不住相而为者，其用大；不希福而舍者，其道宏。故我廉察使御史大夫赞皇公，是以有法、财之施焉。亦犹真谛无像，因像以教立；至人无功，由功而用显。志公和尚者，实观音大士之分形者欤？然迹见于近代，《梁书》具载其事。夫妙觉本寂，法身图一作圆。对，应群品而必呈，观众生而常度，故利见则洪钟待扣，感毕乃慈航息运。

初，志公之未迁灭也，梁武帝命工人审像而刻之，相好无遗，俨然若对，建窣堵波于金陵之开善寺。圣功冥化，历代瞻敬，人钦其神者，二百余祀。公乃具彩舟，设幡盖而迎，至则置于听事西偏方丈之净室。每旦散名花，爇灵香，时复膳百味，鼓八音，以展诚敬，以申供养。公曰：观其寂然不动，契定慧于真宗；杜口无言，若息心于了义。夫色相如影，则遗像与全身不殊；文字性空，则言语与寂默奚异？吾知之矣，吾得之矣。亦既观相，爰归本寺，幢幡赞呗，如始至焉。公乃减清俸，解上服，命修珠帐，饰花座，因陀之罔如悬，上帝之宝咸在。其余则置膏腴之田，以供香火之用。所以崇像设，显灵踪，宏有为之教，俾蒙昏之类，永有所依归。僧徒等欲昭示于后，以图不朽，请刻石以纪事，小子承命而述焉。

长庆四年三月十一日记。

蒋山大佛殿记

宋　刘岑

宝公道场，始于梁武。其女号曰永定公主，割舍私财，创为精舍。当时词臣陆倕、王筠作为文章，以纪其事。我本朝大中祥符赐榜太平兴国禅寺，加封宝公道林真觉。庆历改元，翰林学士叶清臣来守是邦，以禅易律。元丰主僧曰法泉者，经营辛苦，成大丛林。焚于建炎，复于绍兴云。佛殿前又有大毗卢阁，两翼为行道，阁属之殿。其余堂庑，极其雄丽，皆绍兴以来所建。淳熙十六年九月晦，一夕而烬。今累年营缮，骎骎复盛矣。宝公旧像，父老相传，以沉香为之。国初，取归京师。陈轩《金陵集》载狄咸《游蒋山》诗云：旃檀归象魏，窣堵卧烟霞。盖谓此也。

本朝太平兴国七年，舒民柯萼遇老僧，往万岁山，指古松下，掘之，得石篆，乃宝公记圣祚绵远之文。于是遣使致谢，谥曰宝公妙觉。治平初，更谥道林真觉大师。按《建康实录》：开善寺有志公履，唐神龙郑克俊取之，以归长安。今洗钵池尚在塔西二里，法云寺基方池是也。寺西有曰道光泉，以僧道光穿劚得名。曰宋熙泉，以近宋熙寺基之侧。有八功德水，在寺东悟真庵之后。一人泉，在寺北高峰绝顶。寺东山巅有定心石，下临峭壁。寺西百余步有白莲庵，庵前有白莲池，乃策禅师退居之所。寺后向东，有娄禅师之塔。

钟山太平兴国寺碑记

元　虞集

昔金陵有神僧曰宝志，宋元嘉中，居道林寺。历齐至梁，数著灵异。天监十三年，示寂。武帝感其遗言，瘗之钟山独龙之阜。帝女永定公主表以浮图，因建寺曰开善。至宋太平兴国年间，太宗得志公秘谶石中，符其国运，有神降其宫，亲与之语，盖志公云。太宗异之，号之曰道林真觉，更名寺曰太平兴国，赐田以食其人。及王丞相安石守金陵，合诸小刹以附益之，寺始大。建炎毁于兵。绍兴更作。淳熙又毁，随更作之。每更作，辄加宏广，日葺岁增。

至于我国(家)[朝][①]，而规制之盛极矣。至治辛酉，匡庐僧、前灵隐玉山禅师弟子守忠应请来主之。禅学之士，来者日满其室。今上以泰定乙丑之岁正月来至于是邦，而寺适灾，天意若曰：其撤旧而作新之乎？上感焉，出金币以为民先。于是行御史台与郡县之吏，皆只若上意。始忠之治寺也，旧有蒲卢之泽，前见夺于豪家。寺隶讼之，累年不决。忠至，让而弗辩，夺者愧而归之。人固以是(倍)[信]道之矣。皇上一风动之，远近云集，富者效其财，贫者输其力，工则致其(功)[巧]，农则献其食。一岁，垣庑成。再岁，(屋)[堂]室具。其可以名书者，曰方丈，曰北山阁，曰经楼，曰香积，曰水陆堂，曰白莲堂，曰伽蓝(祠)[堂]，曰大僧堂，曰道林堂，曰新仓院，曰耆宿之舍，而大(宏兴钟)[佛殿、钟楼、]三门皆以上赐，次第而成。

岁在(丁卯)[戊辰]，铸大钟，为铜数万斤。方在冶上，赐宝珠投液中。钟成，珠宛然在其上，若故识之。而光彩(阴)[明]发，不以灼毁。万目共睹，欢叹如一。时上方别建宏祠于

① 据（元）虞集：《道园学古录》卷二十四《集庆路重建太平兴国禅寺碑》（文渊阁四库全书本）校改。本文其后据之校改者，不赘注。

寺北，今赐名曰大崇禧万寿寺者是也。是年秋，归膺大宝，是为天历元年。出诏书，布德天下，即命廷臣制宝公号曰道林真觉惠感慈应普济圣师，封名香，以礼祀之。出黄金、白金、重币赐忠，俾成寺之役，蠲寺田之赋。号守忠为（宏）[佛]海普印昙芳禅师，住持大崇禧万寿寺，而兼领兹寺。未几，加授广慈圆悟大禅师，领两寺如故。至顺元年秋，御史（守）[中]丞赵世安传敕，召忠入朝。九月九日，上御奎章阁，吏部尚书王士宏以守忠入见，奏对称旨，命太禧宗禋院日给廪饩，赐金襕伽黎衣与青鼠之裘。十二月（二）[一]日，赐设于圣恩寺。乃召学士臣集至榻前，命制文以记之，俾忠归刻诸石。忠以其事示臣集如此。

臣集谨具载而言曰：上于金陵新作之寺二，曰龙翔集庆，因潜龙之旧邸也；曰崇禧万寿，广亲构之新祠也。独太平兴国，虽曰宋、齐、梁、[陈、]唐、宋之遗，然（空）[尽]毁。而复兴实在今上龙飞之日，（有）[景]运之玄契，盖有征焉。兹三寺者，鼎立于一郡，以同赞乎圣天子亿万斯年之寿，岂不盛哉！臣集尝窃闻陛下之意，每不欲专福于躬，而欲博济均惠于天下。敢述万一而铭之。铭曰：

惟帝受命，厥有（祯）[祥]符。天人合机，不占以（孚）[符]。于赫圣皇，圣武之系。赞于克艰，神（有）[作]司契。皇有万方，山川幅员。厘厥下土，徒御告勤。顾瞻道林，在江之泛。翠盖孔旂，来狩来止。道林有宫，百灵攸宗。中有神师，民所敬恭。土良泉甘，风雨时若。发祥效珍，以待圣作。

圣作孔时，动（天）而[天]随。龙跃以飞，神师启之。神师不言，而示以兆。有命方新，去故以燎。作而新之，自我圣皇。乃祓乃除，乃基乃堂。日月重明，天光旁烛。皇心载欣，万(神)[佛]降福。凡我臣民，息养以生。饱歌暖嬉，稚壮耋宁。裹兵以革，牛马在野。至于永久，乐其休暇。蠕动孳殖，亦遂以成。幽塞苦冤，各圀而亨。圣皇之心，斯神之力。铭以著之，昭示无极。

至顺二年九月日。

登宝公塔

宋　王安石

倦童疲马放松门，自把长筇倚石根。江月转空为白昼，岭云分暝与黄昏。鼠摇岑寂声随起，鸦矫荒寒影对翻。当此不知谁主客，道人忘我我忘言。

重登宝公塔二首

前人

空见方坟涌半霄，难将生死问参寥。应身东(往)[返]知何国[①]，瑞像西归自本朝。遗寺有门非辇路，故池无钵但僧瓢。独龙下视皆陈迹，追数齐梁亦未遥。

碧玉旋螺恍隔霄，冠山仙冢亦寥寥。空余华构延风月，无复灵踪落市朝。帐座追严多献宝，供盘随施有操瓢。他方出没还如此，与物何心作迩遥？

---

① 据《道光寺志》及（宋）王安石：《临川文集》卷十七《重登宝公塔，复用前韵二首》（文渊阁四库全书本）、（宋）李壁：《王荆公诗注》卷二十七（文渊阁四库全书本）、（清）吴之振：《宋诗钞》卷十九（文渊阁四库全书本）等各收录该诗校改。

宝公塔院祠堂

前人

斯(人)[文]实有寄[①],天岂偶生才?一日凤鸟(至)[去],千秋梁木摧。烟留衰草恨,风造暮林哀。岂谓登临处,飘然独往来?

宝公塔

前人

道林真骨葬青霄,窣堵千秋未寂寥。宝势旁连大江起,尊形独受众山朝。云泉别寺分三径,香火幽人只一瓢。我亦鹫峰同听法,岁时歌(唱)[呗]岂辞遥[②]?

钟山宝公塔

宋　郭祥正

盘盘钟山古城北,夹道青松两行直。浮屠突兀倚云烟,绘事犹存旧刀尺。刀裁尺量不可过,浮云不悟欲如何?凭栏直下视千里,多少丘墟藏绮罗。

登钟山谒宝公塔

宋　李纲

宝公真至人,鸟爪金色身。杖携刀尺拂,语隐齐梁陈。我登钟山顶,白塔高嶙峋。再拜礼双足,聊结香火因。

---

① 据《临川文集》卷十四、《王荆公诗注》卷二十二各收录该诗(题名《题雱祠堂(在宝公塔院)》)校改。本诗其后据之校改者,不赘注。

② 据《临川文集》卷十七、《王荆公诗注》卷二十六各收录该诗校改。

同徐惇立游蒋山，谒宝公塔、王荆公墓，晚过草堂寺

宋　叶梦得

我居在城府，再至俄二年。岂无山水心？可奈簿领缠。今晨偶乘兴，适此宾从贤。零雨洗骄阳，谷中听流泉。凭高快远览，正见江浮天。至人本无心，与我常周旋。谁云唤不应？汝意自不虔。余自到镇，每雨旸，祈宝公塔，未尝不应。麦陇稍已滋，横水涨微涟。佳城倚华表，拱木埋貂蝉。暮过草堂寺，借榻聊暂眠。不复闻怨鹤，茅（屋）[檐]但连延[1]。归路践落日，群峰郁相先。回风送远响，墟里生晚烟。吾庐怅何许？东望良慨然。

礼宝公塔

宋　曾极

六帝园（林）[陵]（随）[堕]劫灰[2]，独余灵骨葬崔巍。行人指点云间鹤，唤得齐梁一梦回。

宝公塔

宋　苏泂

东（行）[门]草色绿匆匆[3]，游女行寻郎马踪。鸡鱼不到吴大帝，签卜争求梁宝公。

---

① 据（宋）叶梦得：《建康集》卷二《同惇立游蒋山，谒宝公塔、王荆公墓，晚过草堂寺，周颙故宅也》（文渊阁四库全书本）校改。按，《宋诗钞》卷四十九收录该诗，作："荒茆但连延"。

② 据（宋）曾极：《金陵百咏·宝公塔》（文渊阁四库全书本）校改。

③ 据（宋）苏泂：《泠然斋诗集》卷六《金陵杂兴二百首》（文渊阁四库全书本）收录该诗校改。

次韵和若愚《登宝公塔》

宋　黄履

宝塔登题称逸才，云关岫幌半天开。独龙下峙钟形峻，灵鹫旁连翼势回。翠琬名传千载远，紫金身应四朝来。十虚含吐真空里，假步《移文》亦小哉。

宿蒋山，登宝公塔

宋　周紫芝

薄游践初心，寓宿便晚静。山空秋有声，人寂夜更永。华鲸催晓色，有客动深省。焚香礼大士，杖策上危岭。黄金明窣堵，妙音生佛境。眼穷天无尽，地转江万顷。缅怀梁武帝，问法昔造请。识师鸟巢中，道契言自领。会领天龙宫，金碧粲绝顶。我来修法供，汲水具乳茗。愿同桑下留，览胜毕余景。还从天际归，悠然理烟艇。

钟山宝公塔

元　李兼

白鸟江天阔，青山佛阁重。影孤寒日塔，声激暮烟钟。异世文中选，当时镜里容。犹传遗蜕骨，只在此高峰。

（登）[答]宝公塔下高阁①

元　吴景奎

宝公塔下登高阁，（日）[目]尽东南半壁天。江接秦淮围故国，地连吴楚（接）[渺]平川。猿惊鹤怨《移文》在，虎踞龙

① 据（元）吴景奎：《药房樵唱》卷二（文渊阁四库全书本）、（清）顾嗣立：《元诗选二集》卷十八（文渊阁四库全书本）各收录该诗（题名《答蒋山宝公塔下高阁》）校改。本诗其后据之校改者，不赘注。

蟠王气偏。闻说先皇游幸日，白毫千丈礼金仙。

按，以上各诗文，皆为塔而作，在洪武未迁灵谷之前。此外犹有可节录者，如北宋王安石《和胜之〈游蒋山〉》诗云：司马庙壖域，独龙层塔巅。又周必大《次韵邢怀正孝庸通判〈游蒋山〉》诗云：亭亭望浮图，隐隐插天宇。皆言塔也，并录之以备览。

明初，名蒋山寺。洪武十四年，因塔迩宫禁，敕迁今地，赐额灵谷禅寺，命赡僧千人，赐田独倍他寺。额设右觉义一人，总其事。统次大刹一，郭外曰栖霞；中刹十一，城内曰铜井，曰兴善，郭内曰观音阁，曰佛国，郭外曰翼善，曰定林，曰光相，曰三禅，曰广惠，曰法清，曰草堂。

御制大灵谷寺记

明太祖

朕起寒微，奉天继元，统一华(夏)[夷][①]，鼎定金陵，宫室于钟山之阳，密迩宝志之刹。其营修者升高俯下，日(月)[目]殿阁，有所未宜。特敕移寺，凡两迁方已。当欲迁寺之时，命太师□诸山择地。及其归告，乃云山川形势，非寻常之地。其势川旷水萦，且左包以重山，右掩以峻岭，皆靠穹岑。排森松以摩霄汉，虎啸幽谷；应孤灯而侣影，莺啭岩前。启修人之清兴，饮洁流于山根，洗钵于湍外。鱼跃于前渊，鸟栖于乔木。鹿鸣呦呦，为食野之苹。云之若是。既听斯言，朕欢欣不已，

① 据明太祖：《明太祖御制文集》卷十六（黄山书社，1995年版）、明太祖：《明太祖文集》卷十四（文渊阁四库全书本）各收录该文校改。本文其后据之校改者，不赘注。

此真释迦道场之所也。

即日召工曹，会百工，趋所在而建址。百工闻用伎以妥宝志，曜灵（法）佛[法]，人皆如流水之趋下。呜呼！地势之胜，岂独禽兽水族之乐？伎艺之人，惟利是务，云何闻建道场，不惮劳苦，一心皈向？自洪武某年某月日时某甲子工兴，至某月日时，工曹奏，朕为释迦道场役百工，各施其伎。今百工告成，朕善其伎，特命礼曹赐给之。工曹复奏：伎艺若是，有犯役者五千余人，为之奈何？朕忽然有觉。噫！佛善无上。道场既完，安可再罪？当体释迦大慈大悯，虽然真犯，特以眚灾，一赦既临，轻者本劳而逸，死者本死而生。欢声动地，感佛慈悲。

吁！佛之愿力，辉增日月，法轮建枢，灯继香连。于戏！盛矣哉！愿力之深乎？然是时，国务浩繁，不暇礼视。身虽未至，梦游几番。此观之欤？梦之欤？呜呼！未尝不欲体佛之心，而谓众生误，奈何愈治而愈乱，不治而愈坏？斯言乃格前王之所以。今欲宽不可，猛不可，奈何？

一日，洁己而往礼视，去将近刹余里，俄谷深处，岚霞之杪，出一浮图。又一里，既将近三门，立骑四顾，见山环水纡，禽兽之所以，果然左群山，右峻岭，北倚天之叠嶂，复穹岑以排空，诸峦布势，若堆螺髻于天边，朝鹤摩天而翅去，暮猿挽树而跳归，乔松偃蹇于崖畔，洞云射五色以霞天。此果白豪之像耶？（灵）谷[灵]之见耶？朕欲有谓，而恐惑人，故默是耳。今天人师有殿，诸经有阁，禅室有龛，云水有寮，斋有大厦，香积之所周全，庄严备具，以足朕心矣。故敕记之。

按，此记文，《梵刹志》及寺旧志载之，其中多讹误。今从《明太祖集》录出，庶得其真。

奉敕撰灵谷寺碑

明　徐一夔

今上皇帝应天启运，建(一)大[一]统之业[1]，定都于钟山之阳，辨方正位，适与梁神僧志公之塔寺密迩。洪武九年春，浙东僧仲羲被召，来为住持，前瞻宫阙，仅一里许，私自忖曰：王气攸聚，紫云黄雾，昕夕拥护，非惟吾徒食息靡宁，亦恐圣师神灵有所未妥。且佛法以方便为先，如得近地改建，诚至幸也。因请于上，从之。

羲乃择地于朱湖洞南，则钟山之左胁也。材木未具，会上方迁太庙于阙左，弗敢以旧庙遗材他用，遂以施之。又遣亲军五万余人，徙塔附于寺。功将就绪，有为[宫]宅地形之学者言，其地湫隘，非京刹所宜。羲复以闻。有旨舍其旧而新是图，拓大其规制，令可容千僧。命太师韩国公李善长择地于独龙冈之东麓，西距朱湖洞五里而近。其地中宽[外]敞，回峦复阜，左右相向，而方山岿然在其南，天造地设，俨然祇树之境。羲以图进，上答曰：以此奉志公为宜。遂命中军都督府佥事李新、某卫指挥佥事滕聚、某卫指挥佥事袁禄、神坛署令崔安董其役。

建立之日，以十四年九月之吉。中作大殿。[大]殿之前，东有大悲殿，西为经藏殿。食堂在东，库院附焉。禅堂在西，

① 据（明）徐一夔：《始丰稿》卷十一《敕赐灵谷寺碑》（文渊阁四库全书本）校改。本文其后据之校改者，不赘注。

方丈近焉。而大殿之后，则为演法之堂。志公之塔，则树于法堂之阴，其崇五级。复作殿附塔，以备礼诵。左右为屋，以栖僧之奉香(火)[灯]者。翼以两庑，其壁则绘佛出世、住世、涅槃，及三大士、十六应真、华梵神师示现之迹，屏以重门，缭[以]周垣。而养老(宿)[病]与待云水之暂到者，亦各有其所。至于井灶湢庾之类，凡禅林所宜有者，无一不备。

而其为制，以佛之当独尊也，故于正殿则奉去、见、未来[三世]之像，其他侍卫天神不与焉。以禅与食不可混于一也，故食堂附于库院。以师之不可远其徒也，故方丈近于禅堂。以联坐观心，或溷于笑语而弗专，故异其龛。以单寮息力，或流于宴安而弗检，故同(台)[其]室。而缔构之法，则以梁架桁，不施叠拱，以枅承榱，不出重檐。凡交椽接霤，盘结攒辏，如蜂房蚁穴之状者悉不用。规模气象，轩豁雄丽，望之翚飞，(积)[即]之山立。都人士庶，莫不瞻仰赞叹，以为希有。此皆皇上万几之暇，睿思所及，[而]羲与董工臣僚奔走[受]成算，以授群工，加程督之耳。凡木石瓴甓、丹垩髹漆之需，皆上所赐。其工之巨，不可以数计。且不劳一民，而以戾于法者充工。既毕，悉宥之。夫役之于慈悲之地，而导之以有生之涂，此又皇上惩恶劝善之神机也。

明年六月十有三日，告成。上既因其地之胜，赐额曰灵谷禅寺，又赐田若干亩，[岁入米四千石]，以饭其众。又明年正月十日，上在斋宫，进僧录司臣顾问。谕及灵谷碑文未建，尔等宜举能文者为之。于是右讲经守仁以杭州府学教授臣徐一夔[名闻，寻敕羲具始末、书币来取文。羲既被旨，使其徒道

联将命至。臣一夔]学识肤浅,忝职外郡教事,上命所临,不胜恐惧。谨具载其事,拜手稽首言曰:

窃尝闻之,大雄氏之教,以深慈宏愿,[摄]受群生,悉归正觉,非细务也。故非国王大臣,莫能恢宏之。自入中国以来,有天下国家者,咸以其道为能密赞化(基)[机],阴翊王度,而崇尚焉。然昧者事之不以其道,至其后也,不能无弊。皇上龙兴,承中华之正统,[为]天地神人主,临制万方,奋大有为之略,举百王之坠典,而一新之,贻圣子神孙万世之法。至于佛氏之教,亦以近世僧不存古制,圣虑及焉。比因僧仲羲之请,改建志公之塔寺,遂本佛意而作新之,规画措置,度越古今,使凡学佛者起居食息,各得其所,而致力于其道。至于慈风所被,法雨所沾,有生之类,咸愿去恶而为善,庶有以上答圣天子崇奖之意。且其徒生于二千载之下,而获睹像教之盛,如二千载之前,不其幸哉!谨系之[以]铭。铭曰:

皇天受命,曰惟其时。天人克协,式应昌期。仗钺秉旄,豪杰景附。历数在躬,作我民主。皇顾四方,曰此幅员,德怀威服,在于一人。神祇扈导,底于建业,遂开帝基,受(之)天[之]策。维此建业,地庞以洪。虎踞于西,龙蟠于东。天作神皋,帝王之宅。眷言定鼎,卜如伊洛。大都奠(正)[止],万国来臣。春朝秋觐,冠佩诜诜。奕奕彤宫,巍巍绛阙。五色成文,照映天日。地不爱宝,祯符相仍。

昔有神师,亦此发灵。神师为谁?道林真觉。岌彼塔寺,在于乔岳。塔寺岌矣,宫阙在前。其徒弗宁,奏疏请迁。协于皇心,诏从其便。爰敕臣僚,具(于)[为]改建。既筑既构,美奂美轮。有赫其居，震(辉)[耀]天人。伊大觉尊，具足万德。巍然中居，玉毫金色。千袍济济，以食以禅。弗溷于一，惟适之安。彼窣堵波，如地涌出。道林所栖，天龙环翊。惟兹巨刹，殊胜庄严。如兜率宫，下现人间。是曰京寺，四方之式。弗加表见，曷示于逖？作而新之，有革有因。出自睿画，以振法乘。法乘之行，如佛在世。凡百有生，慈恩悉被。惟皇与佛，天中之天。潜符默契，亿万斯年。

洪武十六年月日立。

灵谷禅林志卷一终。

灵谷禅林志卷二

山水

钟山，《图经》云，在县东北，周回六十里，高一百五十八丈。汉末，有秣陵尉蒋子文逐盗，死于此。吴大帝为立庙，避祖讳，改名蒋山。《[新]唐[书]·地理志》[①]：江南名山，衡、庐、茅、蒋。盖金陵巨镇，唯此独尊。庾阐《扬都赋》云：时有紫气，一名紫金山。今灵谷寺乃其东麓也，名以灵传，非据一山之胜者欤？

灵谷寺记

国朝　吴云

灵谷山，即钟山之阳，太师李善长奉命择地得此，北枕钟山，东西陵阜交抱，两水合襟于其前，以石为洞门，上建高楼祀佛，太祖亲题为第一禅林，以收远山，有一山员而赤，如一朱砂钵盂；有一山远而青，如云中双木鱼；有一山条而横，如青玉案；有一山员而盎，如诵经员铜磬。其山色皆如佛座中物，是岂人为之者哉？盖蒋山薄而灵谷厚，蒋山侧而灵谷正，

---

① 据（宋）欧阳修、宋祁：《新唐书》卷四十一《地理志》（中华书局，1975年版）校改。按，本处引文出自（宋）欧阳修、宋祁：《新唐书·地理志》，原文为："（江南道）名山，衡、庐、茅、蒋、天目、天台、会稽、四明、括苍、缙云、金华、大庾、武夷。"则江南名山，不止所谓"衡、庐、茅、蒋"四山。

蒋山散而灵谷聚，蒋山缺而灵谷全。以灵易蒋，志公福也，亦高皇之意也。何也？其名灵者，非佛灵之灵，非邀灵之灵，非空灵之灵，乃念生灵之灵，欲诸佛慈佑于民，如呼谷谷应，若古灵台之义云尔，能不择坚固之地哉？况乎北倚钟山，每有云起，山露石纹，生成一灵字之象。东西陵阜，两向交对，又二水合襟，有口字仪状，又生成谷字之容。是山、水自命为灵谷也，又岂强名之者乎？灵谷真灵矣哉！记之。

青林冈，即独龙冈，一名屏风岭，形如屏幛，又名桂岭。《建康志》：桂岭，在[钟山南]，明庆寺后，上(多)[有]桂树[①]，故名。今宝公塔后一带平山是也。

按，宋张敦颐《六朝事迹编类》：明庆寺后别有(一峰)[小岭][②]，碧石青林，幽邃如画，世人呼为屏风岭。宋马之纯诗云：钟山有岭号屏风，碧石青林一径通。明宋景濂《钟山游记》：圆通阁后即屏风岭，前乃明庆寺故址。《梵刹志》：方丈扁以青林堂。据此诸说，则今灵谷寺或正当其处耶？特识之，以俟考古者。

屏风岭诗

国朝　王友亮

山灵娱幽人，著色屏六幅。畅好夕阳时，纵横写松竹。

马鞍山，在寺之东。吴云《八功德水记》：从马鞍山下通出。正指此。

---

① 据《景定建康志》卷十七《山川志一》（文渊阁四库全书本）校改。

② 据（宋）张敦颐撰、王进珊校点：《六朝事迹编类》卷十一《寺院门·明庆寺》（南京出版社，1989年版）校改。

按,《六朝事迹编类》:马鞍山,去城十里,西临大江,东与石头城接。陈沂《金陵世纪》:马鞍山与卢龙四望相合。是又一山也,与此各别。

木公山,在寺东。洪武间,敕令本寺薅取松枝,有东至木公山为界之语。吕柟游记亦云:东界木公山。

韦陀山,在寺西。

志公墩,在塔后。自屏风岭而下,巨石嶙嶙,中起土墩,脉气开展,尽于塔下,形家称为大结作。昔明祖命韩国公李善长相度地形,谓其中宽[外]敞[①],回峦复阜,左右相向,方山岿然峙其南,天造地设,俨然祇树之境。信不诬也。

八功德水,旧传魏太平真君元年,僧法喜以居无泉,求西天阿耨池水,七日获此泉。一云,天监中,有胡僧昙隐寓锡(北)[此]山中[②],乏水,有庞眉叟谓曰:予山龙也,知师渴,饮[功德池][③],措之无难。俄而一沼沸成。一云,有高僧隐此,忽闻丝竹之声,俄见清泉一泓,莹澈甘滑。有积年疾者,饮之立愈。三说之互异如此。

旧在蒋山悟真庵后,见《建康志》。明洪武间,迁寺,旧池就涸,从寺东马鞍山下通出。宣德间,因火灾,三年水竭不

① 据本志卷一《沿革》收录(明)徐一夔:《奉敕撰灵谷寺碑》校改。
② 据《景定建康志》卷十七《山川志一》校改。本段其后据之校改者,不赘注。
③ 据本志本卷后文收录(宋)梅挚:《八功德水记》校补。

到。至正统元年，旱，忽涌出如初。今其源在东山石隙内，寺僧引以竹管，至香积厨方石池，终岁取汲不竭。明僧录右街释可浩书宋曾极七绝一首，并撰小考。嘉靖乙未，释满亲立石，在池边墙内。旁祀龙王像，祷雨极验。道光十二年八月初一日，总督陶文毅公澍书水不在深四字扁额，悬于其处。

按，宋王荆公《八功德水》诗，李壁注引《顺正理论》注云：一甘，二冷，三软，四轻，五清净，六不臭，七饮时不损喉，八饮已不伤腹。又《称赞净土》注云：水有八功德，一澄清，二清冷，三甘美，四轻软，五润泽，六安和，七饮时除饥渴，八饮已长养诸根，四大增益，种种胜喜多福，有情常乐受用。是八功德之说，不仅如梅挚记所云。故录之，以广见闻。

八功德水记

宋　梅挚

钟山之阳有泉，曰八功德。梁天监中，有胡僧昙隐飞锡，寓止修行。有一庞眉叟相谓曰：予山龙也，知师渴，饮功德池，措之无难矣。人与口灭，一沼沸成，深仅盈寻，广可倍丈。浪井不凿，醴泉无源，水旱若初，澄挠一色。厥后，西僧继至，云：本域八池，一已智矣。此味大较相类，岂非竭彼盈此乎？一清，二冷，三香，四柔，五甘，六净，七不(噎)[饐][1]，八蠲疴，又其效也。夫姜诗孝闻获渊开，而鲤、跃贰师诚至，因剑刺以流飞，义有激而相求，物何远而不应。向匪兼济，则为怪力。是泉也，方外净因，寰中美利，矧其灵者，安可忽诸？世故流离，滋液长在。惜其风雨不庇，荆芜四侵，寂寥山阿，孰为起废？史馆学士兰陵萧公(贯)[贳]以己俸作亭，甃板石八，自南康

① 据《六朝事迹编类》卷九《灵异门·八功德水》、《景定建康志》卷十九《山川志三》、《至大金陵新志》卷五下《山川志二》（文渊阁四库全书本）各收录该文校改。

购至，楹柱四下，东府所成，凿崖以审曲，（匮）［积］土以端术[①]，奢不至侈，岿然独存。仍练僧结庐于前以掌之，庶几便民汲，息客游，非有徼于妄福也。

又

宋　赵师缙

八功德水，钟山之胜也。亭久弗葺，编修钟公建台之明年元正之三日，率僚属为国祈年于宝公，味灵源之甘洌，慨栋宇之湫陋，图敝而新之。鸠工度材，斫岩拓基，增卑为高，不扰于民，不侈厥费，轮奂翼然，所以获神渊而绵美泽也。自有此山，即有此水。梁天监中，始得名。我宋天圣中，史馆萧公始亭其上。迨今百七十有七年，复宏旧观，阐幽发奇，后前有待，则嗣而葺之，以沾溉后人，滋福于无疆。是山龙沸出之祥，钟公重建之美意也。公名将之，字仲山，长沙人。自枢属三持节为此来，今著籍上元。是役也，俾其属浚都赵师缙董之，因识其岁月。

嘉定改元上巳日记并书。

又

国朝　吴云

天一生水，无往不功，无往不德，滋润两仪，膏泽万物，即举之以为心。学圣人以此洗心，退藏于密，何止于八？然而此功德水，则言其八。昔晋时法喜禅师以居无泉，竭诚礼忏，求西天阿耨池八功德水。方求七日，遂获此泉。其益有八：一

① 据《景定建康志》卷十九《山川志三》、《至大金陵新志》卷五下《山川志二》各收录该文校改。

清，二冷，三香，四柔，五甘，六净，七不饐，八蠲疴。自梁以前，尝取给御。按，梅挚亭记：梁天监中，有胡僧昙隐寓锡于(北)[此]山中[①]，乏水，时有庞眉叟相谓曰：予山龙也，知师渴，饮[功德池]，措之无难。俄而一沼沸成。后有西僧至，[云：]本域八池，已失其一，竭彼盈此。曾极诗云：数斛供厨替八珍，穿松漱石莹心神。中涵百衲烟霞(气)[色][②]，不染齐梁歌舞尘。

洪武年间，因迁寺于东麓，旧池就涸，从寺东马鞍山下通出。先年以木为枧，通水入寺。宣德五年，本寺住持雪峰映禅师以石枧易之。因火，后三年，水竭不到。至正统元年，久旱，忽地涌出如初。近一日，水竭，晓苍和尚告水曰：也当把情面还我。其水涌如旧，然则又不必老龙作水矣，又不必西域移水矣。若必欲西域移一水来，而西域八功德水遂竭其一。然则东海、南海，汪汪洋洋，其十一佛会主华严海会，以海水移来，而华严海水竭乎？此必无之事也。天一生水，无物不有，无时不然，安用移借为哉？因记此水而辨之。

题八功德水

宋　王安石

欲寻阿练若，曳屐出东冈。涧谷芳菲少，春风著野桑。

八功德水

前人

雪山马口出琉璃，闻说诸天与护持。此水遥连八功德，

---

① 据本志本卷前文收录（宋）梅挚：《八功德水记》及《景定建康志》卷十七《山川志一》校改。本文其后据之校改者，不赘注。

② 据（宋）曾极：《金陵百咏》（文渊阁四库全书本）、（清）厉鹗：《宋诗纪事》卷六十七（文渊阁四库全书本）等各收录该诗校改。

供人真净四威仪。当时迦叶无尘染，何事阌乡有土思？道力起缘非一路，但知瓢饮是生疑。

书八功德水庵

前人

幽独(为)[若]可厌[①]，真实为可喜。见山不碍目，闻水不逆耳。倐然无所为，自得而已矣。

同沈道原[②]游八功德水

前人

寒云静如痴，寒日惨如戚。解鞍寒山中，共坐寒(泉)[水]侧。新甘出短绠，一酌烦可涤。仰攀青青(柳)[枝]，木醴何所(植)[直]？

[与望之至八功德水][③]

[前人]

念方与子违，惝恍夜不眠。起视明星高，整驾出东阡。聊为山水游，以写我心悁。知子不餔糟，相与酌(灵)[云]泉。

题八功德水

宋　李纲

石作方池紫翠崖，湛然定水贮琼瑰。何须功德标为八？

---

① 据（宋）王安石：《临川文集》卷三（文渊阁四库全书本）、（宋）李壁：《王荆公诗注》卷四（文渊阁四库全书本）各收录该诗校改。

② 按，“沈道原”，《临川文集》卷四收录该诗作：“沈道源”；《王荆公诗注》卷5则作：“沈道原”。本诗其后据二书校改者，不赘注。

③ 按，本诗原缺漏诗题，而混于上一首“同沈道原游八功德水”下。兹据《临川文集》卷一、《王荆公诗注》卷二、（明）曹学佺：《石仓历代诗选》卷一百四十二（文渊阁四库全书本）等各收录该诗，校补诗题：“与望之至八功德水”。本诗其后据之校改者，不赘注。

万行圆成自此来。

八功德水[①]

宋　杨备

翠壁如屏旱不枯，一泓(清)[甘]滑饮醍醐。高僧到此闻丝竹，还有金鳞对跃无？

又

宋　马之纯

钟山有岭号屏风，碧石青林一径通。听得山腰鸣陆续，看来海眼净冲融。初尝但得烦心解，再饮能令万虑空。软美轻清无限好，经中所说正相同。

题钟山八功德水庵壁

宋　陈序

寒骑瘦马度山腰，目断青溪第一桥。尽是帝王陵墓处，野风荒草暝萧萧。

十年尘土暗衣巾，乱走江(乡)[湖]一病身[②]。西第将军成底事，北朝开府是何人？

题钟山八功德水庵壁，次陈彦育韵

宋　周邦

雄压吴头控楚腰，千峰环拱冶城桥。黄旗紫盖旋归汉，

---

① 按，该诗题，据《六朝事迹编类》卷十一《寺院门·明庆寺》、（宋）陈思编、（元）陈世隆补：《两宋名贤小集》卷三百六十一（文渊阁四库全书本）、（明）曹学佺：《石仓历代诗选》卷二百十一等，均作："明庆寺"。本诗其后据之校改者，不赘注。

② 据（宋）周辉：《清波杂志》卷三（文渊阁四库全书本）收录该诗校改。按，《宋诗纪事》卷四十二亦收录该诗，注出自《清波杂志》，然作"乱走江乡一病身"。

古刹凄凉尚号萧。

北岳经行匪滥巾，相陪来现隐沦身。春萝秋桂还吾辈，白浪红尘付若人。

八功德水

宋　曾极

数斛供厨替八珍，穿松漱石莹心神。中涵百衲烟霞(气)[色][1]，不染齐梁歌舞尘。

游钟山，至八功德水

元　许谦

悠悠钟山云，朝夕碍我目。褰衣试一往，(何)[行]与云相逐[2]。驱马出东门，十里至山麓。幽人昔已亡，谁能继芳躅？猿鹤乘古林，鼪鼯啸深木。(传闻)[彼哉]西方人，(伊昔)[胡为]擅斯谷？(既)[岂]云事幽栖？(何必)[政尔]眩华屋。泓泉抱何德？浊(爇)[热]供一沃。岩回屐欲倦，小憩倚修竹。凉飔自披襟，佳兴亦云足。

酬上元程大尹疏浚八功德水

明　释可浩

半塞泥沙亦有年，旧时功德似空捐。引流草蔓云埋处，闻浚松根石罅边。仙露玉杯流沆瀣，天光云镜落虚圆。琴堂一片秋来月，千古清光照此泉。

---

① 据本志本卷前文所收录（清）吴云：《八功德水记》校改。

② 据（元）许谦：《白云集》卷一（文渊阁四库全书本）、《石仓历代诗选》卷二百六十三、（清）顾嗣立：《元诗选初集》卷四十七（文渊阁四库全书本）等各收录该诗校改。本诗其后据之校改者，不赘注。

八功德水

明　吴用先

圣水多灵异，香生泛沼莲。楼台三界上，松柏六朝前。径曲花宫敞，山深石室悬。维摩与大士，说法尚依然。

又

明　顾起元

阿耨池中一脉分，飞流远注湿青云。汲来试茗长廊下，酣听松涛送日曛。

又

国朝　王友亮

昙师昔住持，戒律具勤息。供奉感龙天，流泉涌阶侧。献来自山灵，徙处从佛域。中凭蜿蜒守，外谢琉璃饰。嗣闻胡僧语，知名八功德。智珠深可探，宝镜净于拭。沉疴尚立除，热恼将安匿？淙淙莲漏圆，漠漠松阴直。流泉入军持，分影上禅械。明初寺远移，此水谁移得？奇哉若尾随，神理妙难测。至今香积厨，大众免登陟。百笕注寒声，一瓢浮秀色。我亦唤茶铛，顿为洗尘臆。

又

陈文述

昙隐当年卓锡时，八功德在一清思。果然佛法难思议，峰解飞来水解移。

中年我亦耽禅悦，借取军持半勺尝。不羡华池八功德，只求尘海一清凉。

寻八功德水源

甘煦

萧萧黄叶坡，窈窕青林麓。透迤趁竹笕，径达泉源渌。一线流石窦，五里淙寒玉。净可鉴毛发，清可蠲垢浊。浓荫跂长松，清风倚修竹。悟真何处寻，坏础卧苔绿。缅怀功德深，我欲结茆屋。

八功德水歌

甘熙

钟山灵气郁苍莽，翠削芙蓉一千丈。石罅泉流脉络通，风松声里传清响。

拄锡昔来昙隐公，讲经竖指感神龙。西天阿耨忽移徙，池涌金莲称八功。

清冷香柔甘且净，止噎蠲疴澄若镜。白云深处一僧归，流水无言心不竞。

潜穿竹笕曲径纡，石甃常供香积厨。地炉茗鼎烹活火，居士当分调水符。

所惜仲交订《泉品》，遗却斯泉未详审。祈泽衡阳空浪传，冠绝金陵滋味甚。

吁嗟乎！齐梁旧梦今已销，歌舞从谁问六朝？石骨嶙峋迸玉髓，烟霞终古依山寮。

今我临流叹观止，一泓澄彻无尘滓。人间烦恼何时除？愿将此心盟白水。

八功德水歌

刘绍曾

涛声万壑松阴直,中有流泉涌阶侧。深山夜半走神龙,飞入空门作功德。

忆昔梁僧卓锡年,蒲团夜火烧松泉。正愁挹注烦人力,一瓢湛碧来西天。

镜光荧荧照春昼,潺湲响答莲花漏。穴墙穿竹引清流,百笕寒声逗檐溜。

我来恰值朝雨晴,老僧为我烹茶铛。不辞七碗涤尘虑,坐对钟山云气生。

静坛,宋侍中周舍立,与道士坞相对。《六朝事迹编类》云:时武帝问其坛如何。曰:风不鸣条,云无肤寸。鹿巾黄帔甚多,白简朱衣罕至,因名。在明庆寺前,与八功德水相近。久废。

登钟山谯集,望西静坛

梁　吴均

客思何以缓?春郊满初律。高车陆离至[①],骏骑差池出。宝碗泛莲花,珍杯食竹实。才胜商山四,文高竹林七。复望子乔坛,金绳蕴绿帙。风云生屋宇,芝英被仙室。方随凤皇去,悠然驾白日。

---

① 按,"高车陆离至",(唐)欧阳询:《艺文类聚》卷二十八《人部十二·游览》(文渊阁四库全书本)收录该诗作:"登车陆离至"。然(明)冯惟讷:《古诗纪》卷九十一(文渊阁四库全书本)、《石仓历代诗选》卷八、(明)张溥:《汉魏六朝百三家集》卷一百一(文渊阁四库全书本)等各收录该诗,均同于本志。

道士坞,《六朝事迹编类》云:明庆寺前,陈宣帝礼元靖先生臧兢处,在宝公塔之东。按,其地或与寺近,但莫可指识耳。

落叉池,《六朝事迹编类》云:在宝公塔之东,旧传迦毗罗神隋梵僧密多至此,与神交战,落叉于池,因以得名。

按,此谓塔之东者,尚指未徙建之前而言,其地当在今寺之西。

珠湖洞,即朱湖洞天,当在今寺之西。洪武三十五年、永乐四年[①],道士刘渊然在此埋石告天。后石篆为人掘得,归于朝天宫。道光壬辰,陶宫保重修,有题跋刻于原石之上,亦金陵金石之一也。

梅花坞,在寺东南。《金陵私乘》云:梅花之盛,无如灵谷坞中,尽一坞皆梅花,参差错落,不下千株。而周氏园为最胜,当时结实,输神乐宫监,备太庙时享。枝头悬上用牌,游人无敢侵及者。

按,其地皆为民田、坟冢,梅花无一存者。

① 按,"洪武三十五年、永乐四年",疑误。盖明成祖以"靖难"之役推翻继太祖皇位之惠帝,登基称帝,建元永乐。成祖又废惠帝年号建文,改以太祖洪武年号延续。建文四年被改称洪武三十五年,然后世仍多称建文四年。据本志本句后文,颇疑"永乐四年"为"建文四年"之误,即二年份为同一年份,似非"洪武三十五年""永乐四年"两个年份之事,或"自洪武三十五年至永乐四年"(共计四至五年)之略。

灵谷寺探梅记

明 冯梦祯

留都惟灵谷寺东有数里梅花。岁前，与张端叔中丞、陆敬承祭酒、张睿甫仪部有探梅之约，又约于中甫比部。愆期者再，中甫业先行。连朝阴雨，昨复雪，此日卧内，侍儿报新晴，遂蹶然起。积雪皎然，高兴勃发，亟捉笔报三君子，各持一榼一壶。余先行，骥儿从，出朝阳门，群山如玉，清辉蔽野。越灵谷而东二里许，北行百步，达梅花下。花放者已十三四，冲泥纵观，万树弥望，徘徊久之。乃觅支径，抵灵谷约三里，舆步各半，俱行长松下。既至，上殿礼佛。次礼宝公塔，命骥儿一登，余坐塔下。顷之，睿甫至，同往方丈，憩左室，各进数酌。而敬承至，遂令骥儿先归。久之，端叔亦至。敬承、端叔各先看梅，而觅支径抵寺，与余同，独睿甫尚欠一往耳。饭罢，睿甫、端叔对弈数局。步出寺前，登松堤，呼酒，各进数酌。睿甫以看梅别去，而余三人方车入城。万历二十二年甲午之正月初三日也。

灵谷寺梅花坞六首[①]

明 焦竑

山下几家茆屋，村中千树梅花。藉草持壶燕坐，隔林敲

① 按，该诗六首排序与（明）焦竑撰、李剑雄点校：《澹园集》卷四十五（中华书局，1999年版）稍异，而与（明）葛寅亮撰、何孝荣点校：《金陵梵刹志》卷三《钟山灵谷寺》（南京出版社，2017年版）、（清）钱谦益：《列朝诗集》丁集卷十五（中国基本古籍库本）收录者相同。本志收录明代以前诗文，主要抄自《金陵梵刹志》，甚至沿袭其诗文题目改换及字句错误等。本诗其后据《澹园集》卷四十五收录该诗校改者，不赘注。

石煎茶。

檐葡林(头)[东]短墙,曾开宝地齐梁。初春老树花发,深涧无人水香。

一枝初出岩阿,看尽千林未多。天女知空结习,散花不碍维摩。

二十四番风信,四百八寺楼台。何似草堂梅燕,同人先探春回。

落落半横参月,溶溶尽洗铅华。盈盈湘浦解佩,脉脉萝村浣纱。

西湖梦断人寂,东阁妆残月斜。襟解微闻芗泽,钿昏半卸檀霞。

灵谷梅花坞五首

明　高出

郊梅开万树,添得帝城春。折去凭谁赠,相思奈远人。

清晨将进酒,绿萼待空枝。正尔风前恼,谁从笛里吹?

北客惊初见,繁英踏作泥。江南春不惜,一任下成蹊。

清影千林瘦,含春动陵阙。何事镇常阴?开时不见月。

采花须及时,留花且结子。士女可怜心,一年一回死。

又

明　朱之蕃

种梅环合碧山隈,一夜春风万树开。结屋堪偕和靖隐,题诗今共贯休来。松涛忽递香飘袖,日彩遥分影八杯。复蕊繁枝迷客径,飞飞晴雪净氛埃。

又

明　顾起元

韦曲烟花此坞稀，即看琼树满山扉。绝怜照水千株出，只恐临风一片飞。雪态淡摇双玉佩，天香深护六铢衣。春光骀荡人皆醉，坐惜繁英暝未归。

春日梅花坞十六绝

明　黄居中

南国饶嘉卉，梅花别有村。自矜丘壑性，不入五侯门。

树密难寻坞，花深不记丛。何来金粟界，幻出蕊珠宫？

为防蜂蝶侵，托根在岩野。径仄碍来车，苔深妨去马。

春意怜花事，暂教风雨停。香肌娇袅袅，雪里醉欲醒。

淡日疏疏影，微云寂寂阴。休将箫鼓闹，撩乱惜花心。

东皇暗有期，一夜遍南枝。莫讶北枝晚，千花总未知。

风摧冻蕊开，雨为新妆拭。安得月明来，浑成天一气？

湖水孤山月，大罗千顷云。一种香中韵，何人得似君？

的的冰悬树，亭亭玉照人。羞看歌舞态，艳冶损天真。

方外求清友，樽前列素娥。寒毡风味似，相对一婆娑。

望素空中色，闻香近却无。莫嫌脂粉淡，幽意在冰壶。

重来看花客，愁入鬓毛斑。花是去年树，人非昔日颜。

逋仙空有鹤，游后已无诗。与汝岁寒意，孤芳只自知。

醉嗅杯频酬，吟看席屡移。不知零落后，还忆未开时。

若到垂垂实，应登寝庙新。商家调鼎者，元属筑岩人。

巡檐观未足，摘去供军持。一岁一开落，何妨玉笛吹？

梅花坞

明　王亦临

看花如得梦，独语对寒山。深巷野云满，西邻浊酒闲。春风寻草径，鹤影闭溪关。各有平生在，来窥水石间。

又

国朝　王著

无复当年树，犹兴故老嗟。松虚灵谷路，棉占孝陵花。春坞余香雪，晴岚凝暮霞。相看旧时燕，那及白头鸦？

又

先著

一堆山色几株松，功德池边别志公。下岭家家如雪白，林中惟有酒人红。

东涧，在宝公塔西，梁处士刘讦隐居之所。见《金陵世纪》。

双玉带水，即合襟水也。东涧自东流，西涧自西流，俱合于涧门，水势合冲，易致溃坏，故古制用石砌之。

霹雳涧，在山之西南麓。雨后山流下注，其声如雷，故名。

按，《梵刹志》：霹雳沟，在南麓。盖即此。

霹雳沟

宋　王安石

霹雳沟西路，柴荆四五家。忆曾骑款段，随意入桃花。

又

国朝　王友亮

曲水流觞处，今归想象中。可怜深草里，时复见兰丛。

又

孙龄

山破石泉开，珠玑滚滚来。瀑飞千嶂雪，声吼一溪雷。不竭自今古，长流无往回。竹炉烹茗熟，小饮坐莓苔。

又

周宝瑛

市声飞不到，古涧窈而深。日色赤当午，崖根昼有阴。古苔涎篆迹，急瀑吼雷音。倚石煎茶坐，凭他涤素心。

万工池，一名放生池，在金刚殿基之南。明祖幸寺，见前广后狭，一日役万军掘成，岸甃以石，栽莲数百于内，其土堆为假山，形如簸箕向里。俗呼为驾山，以帝驾所临也。

迎驾桥，在万工池侧。圣驾南巡，幸寺，住持率众迎接于此。路随桥转，夹道松阴，泉声潺潺，动人清听。每春日晴妍，游人如蚁。

流杯渠，在八功德水侧，或谓即古曲水，故曲水流觞为八景之一。今湮。乾隆间，恭设行座于围垣之东，潆洄九曲，凿石为之，以志前迹。

流杯渠

明　王廷相

泉涸杯难流，且自手传卮。为问八功水，那不通天池。

又和韵

明　刘龙

底事八功水，愁来泛琼卮。似恐英雄辈，吟诗成墨池。

又和韵

明　林树声

石渠贮慈水，一勺试流卮。为问曹溪侣，如何是化池？

又和韵

明　潘珍

石渠流九曲，曾此泛香卮。试探源头水，于今入凤池。

流杯渠

国朝　朱绪曾

玩珠塔徙宝城东，远引华林曲水通。天子咏觞询束皙，侍臣词赋压王融。鸬鹚杓转萍开绿，鹦鹉杯浮药晕红。盛代衢尊斟玉液，深山亦有饮和风。

又

吴继曾

九曲青溪缩地量，乔松千尺引杯长。何年巧匠刳山骨，几辈名流泛羽觞？倒影棱棱涵殿塔，浮沤点点幻齐梁。若将拗月湾池拟，争有栴檀德水香？

灵谷禅谷志卷二终。

灵谷禅林志卷三

建置 塔院附

寺基五百亩，东至马鞍山，西至神宫监，南至官路，北至钟山(宫)[官]墙[①]。见《梵刹志》。

石洞门，因地近珠湖洞，故名。旧有楼奉佛，明太祖御书第一禅林四字，泐诸门上。今皆无存。

按，旧志云：石碑已断，第、一、林三字尚全，惟禅字碎，当以石补之。则国初时犹存也。

东角门，西角门，见旧志图。

按，寺与孝陵毗连，明初创建，四围皆筑墙蔽之，立东、西角门，以通出入。今俱废。

金刚殿，五楹，明成祖增建。今废，柱础犹存。

光绪乙酉，僧光莲誓不募资，独力重建，额曰普济圣师真身道场。

天王殿，五楹。顺治十六年，毁。康熙间，居士安尚仁重建。

---

① 据《道光寺志》及（明）葛寅亮撰、何孝荣点校：《金陵梵刹志》卷三《钟山灵谷寺·殿堂》（南京出版社，2017年版）校改。

无量殿，五楹，广十四丈，高六丈八尺，皆以砖为之，俗名无梁殿。明正统间，敕赐藏经在焉。中祀三大佛，两旁塑二十四诸天，壮丽精工，诸刹罕有。康熙间，僧晓苍重修。嘉庆间，僧悉朗重修。道光十一年正月，中楹忽圮裂，风雨渗漏，急待修整。寺中惟此殿及宝塔，犹是前朝旧制。

扫葺无量殿记

国朝　释德玉

灵谷之无量殿，创自明洪武间，凡巨费悉出内帑。及至宇内鼎沸，其他峻宇修廊，尽遭劫燹，惟斯殿岿然如故，当时咸有鲁灵光之拟也。既而年深月积，未免渐至圮落。逮今上御极之岁，适先师晓老人继席之六年，始谋诸孝陵卫檀信，欲重新之。乃有陈君配、吴公瑾等欣然应之，遂结缘首四十八人，捐己资，募众财，不数年而烂焉一新。所谓时节因缘，岂偶然哉？

今岁夏，陈、吴两善人复醵钱，而为芟蔓补瓦，爰是召集同志，得三十人，而告之曰：余两人已老矣，恐不能再为之倡。欲与诸君图久远计，作此无量功德。然须各出囊资一星，每岁扫葺一次。董其事者三人，日月轮转，周而复始，庶使斯殿长新，而各姓子孙亦绵绵，与山灵佛日并垂于不朽云。时在会诸君欢喜乐从，索余言，勒之贞珉，以为来者征。予既忝主院事，不获辞其任，因略叙缘起如此。即刻诸檀姓字于左：

王盛甫、胡德甫、史香六、陈君伦、吴公怀、韩君明、纪盛甫、史得陆、徐功甫、闻晋卿、徐荣生、孔贵生、童君还、朱良生、曹英甫、印仿濂、梁玉荣、林盛之、周景荣、林汝宾、吴上卿、吴文恒、邱元极、朱永生、程汉周、邱汇千、钱之荣、邵君兆、王春池、钟连生。

信女：梁江氏、张王氏、王陈氏、邱胡氏。

康熙戊戌七月上澣，沙门德玉撰，芷园刘毓琏书，比丘方觉捐资勒石。

无量殿诗

明　葛涧

梵宫临曲涧，石壁倚层霄。荷净寒生殿，僧闲夜听潮。乾坤双眼老，鸿雁一天遥。宝公碑读罢，羽翰自飘飘。

五方殿，七楹，祀释迦、弥陀、观音、势至、文殊像，一名五佛殿。明宣德间，灾。成化间，僧官德默奉敕重建。国初，复毁，僧晓苍重建。嘉庆戊寅，僧悉朗募修。

毗卢殿，七楹，即古大法堂。顺治间，灾。康熙间，僧于南重建。《梵刹志》云：左有十方禅堂，右有十方禅堂。今皆无存。

按，王渔洋游记云：寺毁于乙酉、丙戌间，惟无量殿、宝公塔存。盖彼时已无有矣。

古画廊，一百四十八间，皆绘如来历劫出世及大士源流、诸罗汉缘因，其中有十二幅，为明吴小仙亲笔。小仙，名伟，字次翁，江夏人。自上至下，自左至右，如城如垣，三殿皆通。见旧志。三殿者，盖无量、五方、毗卢也。今基址柱础犹存。又有吴老仙题，未详其名，附录于后。

按，《金陵私乘》云：经回禄后，尚有三堵。姚元白尝托友人临摹。王渔洋游记云：

颓壁数版，丹青漫漶。是国初犹有存者，今则一片荒莱矣。明严嵩有《题画壁》诗，又有《游灵谷寺五律》二首，悉屏置不录。

如来出世图

佛出世，星不见。佛悟道，佛全见。如何一天星，半见半不见？

如来说法图

人中人，佛中佛。法中法，个中个。才白椎，便下座。是如何？难参破。

如来拈花图

花看人，人看花，不知春色在谁家。一年一次春花来，如何原样无参差？谁能参此花中妙，迦叶莫笑花自笑。

如来悟道图

周昭王，庚申日，如来尊，当天出。七步行来说独尊，此言到底孩儿说。晚年方说众如来，万法到老方归一。

弥勒布袋图

此尊者，难理会。一布袋，口紧闭。是何物，藏在内？原来是，老衲住内院，将来要住世，尽拿布袋是何事？

观音救世图

急于救世，缓于成佛。已为如来，抛佛不作。作佛是我，救人是他。救得他来，我方不错。若我一人，专居佛位。抛却众生，皆不理会。许多生灵，何以相对？故此世尊，宁行异类。异类中行，脱他苦去。所以蛤蜊，观音在内。

地藏持锡图

地藏愿王，非在九华。虽天为堂，以地为家。惟地有幽，泥犁不休。若不拯救,众鬼含愁。谁能救之?愿王尊师。一杖锡杖,手中急持。锡杖一响,幽即开朗。鬼亦能佛,脱苦即往。

罗汉渡海图

罗汉五百,常乐海国。如何渡海?各有来历。踏火不燃,蹈水不湿。问何以然?亦有消息。秘不可传,教外别法。你莫瞒我,我亦晓得。

宝公化身图

说是人,又是佛,佛亦不知是那个。说是佛,又是人,人亦不知是何身。如何观音忽在面,面面都是观音现。教人无处不慈悲,四方八面皆善念。不必瞋作罗刹鬼,当作大士自在美。此是宝公真宗旨,愿人满月含秋水。如何为僧古幅巾,寓意士子当爱民。僧今装个士子样,教士亦当体此心。尺是一,剪是二,扇是空中风自至。此皆默传吾道意,人人妄指六朝事。

迦叶围衣图

多子塔前一领衣,四面周围都整齐。此即密藏正眼藏,不容残缺漏东西。

阿难一诺图

一切聪明用不著,原来一呼我便诺。刹竿何须便倒著,刹竿竖起也不错。

达摩只履图

此方不是知音处,东土遇著梁武帝。渡海来,渡海去,渡江来,渡江去。两只草履来,只留一只去。

吴伟画廊

明　王廷相

老禅巢木巅，只是外相定。吴生笔虽神，无处画佛性。

和韵

明　刘龙

闻吴生画廊，神闲气先定。天机落毫端，宛然有至性。

又和韵

明　潘珍

小仙画入神，下笔意先定。谁知造化工，形色皆天性。

又和韵

明　林树声

吴生艺擅场，丹青悟禅定。有相具毫端，是显真如性。

观音殿，五楹，即古律堂。宣德间，灾，江西喻显聪募建。国初，复毁，僧于南重建。

志公塔，五级，下即瘗肉身处。明洪武十四年，建。旧志云：清如大师祀塔左，彻如大师祀塔右，皆公侍者。明正统丙辰僧大滋、嘉靖己亥僧录司右觉义可浩重修。入国朝来，年久将圮。嘉庆二十一年，江宁甘居士福重修。其篆书扁额，则阳湖孙观察星衍也。塔顶有洪武时宝钞，及高僧坚骨子《法华经》一函，钞色如新，经函朽腐如虫蛀。木工竣，藏旧所，并以胡兰川太守钟楷书《金刚经》一册，贮紫檀木匣，纳于中。自丙子迄今，又逾二十余年，栏楯朽坏。戊戌春，居士甘延年复加修葺焉。

重修宝公塔记

明 释可浩

塔者，梵语窣睹波，此云方坟，以之藏舍利，标记古师灵迹，示法不灭也。圣师天生圣质，出处罔测，动止非常，神异渊奥，杖携尺、刀、拂，语隐齐、梁、陈。凡悬谶皆应之，若合符节。大矣哉！天假之圣也。粤萧梁事佛，惟好有为，盖机有大小，德有浅深，素分也。虽圣之启迪，亦无如之何也。已矣，然必授之以大乘记莂耳。圣师全身舍利宝塔，屡兴废，或移徙，大抵莫逃乎数。虽圣人之道，亦隆替不常，况遗躯塔庙者乎？然化之者，诚之至，则神之格，理必然也。昔武帝以二十万金，易钟山独龙阜造塔，藏师全身舍利，创精舍，额曰开善，俾僧司祀焉。遣文翰臣陆倕制铭，以章之。武帝一日思师有言：贫僧塔坏，陛下社稷随坏。以石更之，辄坏木塔，社稷之危即至。宋绍兴辛巳，敌人犯淮甸，师显相力赞，卒使敌人大败，被旨加封慈应，塔曰感应。历朝封号、祭词、诏诰、铭[记]、感应功迹[①]，具如原录。

至我朝洪武十四年岁次辛酉九月，太祖高皇帝诏曰：朕(本)[起]寒微，[奉天继元]，统一华(夏)[夷]，鼎定[金陵]，宫室于钟山之阳，与宝公塔密迩。僧众登高俯下，[日目殿阁]，[②]有所不宜，敕移之。初择地于珠湖洞，因湫隘，更迁于

---

① 据《金陵梵刹志》卷三《钟山灵谷寺》收录该文校补。

② 据本志卷一《沿革》收录明太祖：《御制大灵谷寺记》及明太祖：《明太祖御制文集》卷十六（黄山书社，1995年版）、明太祖：《明太祖文集》卷十四（文渊阁四库全书本）各收录该文校改。

湖之东麓独龙冈,敕建大灵谷禅寺,为天下丛林之首,设僧录,俾僧时祀焉。正统丙辰,主塔僧法讳大滋仍旧贯修之。弘治庚戌,住持广公安人经理之。嘉靖乙酉岁,可浩滥膺洒扫,仰观圣师宝塔故朽,谅惟圣师灵化,弥纶天地,洪纤靡间,岂拘缩乎一区也哉?但民具尔瞻,自生福庆。丙戌岁,拉僧宗受协众,一加补葺焉。届今复将腐圮,遂谋诸耆宿,洎江右喻姓法名演高者。参历之士,援而止之而止者。承守备太监潘公真、萧公通、先任太监陈公林纠财召众,协相新之。凡尊贵贫贱,咸体信服从。经营未远,焕然成之,亦圣师冥助之速也。

仰惟圣天子御极,恩被林泉,每托有司,激励僧徒者,盖不忘灵山之嘱也。吾人果然能修道德,明性命,尊正化,俾止恶,措刑化,淳俗美,可谓阴翊皇猷者也。《老子》云:我无为而民(富)[自化][①]。一旦奋志于其间,人皆可以为圣师,何独事浮屠之突屼者哉?师生于宋文帝元嘉元年,灭于梁天监十三年十二月初六日也。

嘉靖十八年岁次己亥腊月八日,毗陵月泉沙门可浩撰。

重建圣师塔记

国朝　胡镐

钟山之阳,万松蓊郁,中有灵谷寺,志公塔在焉。为地灵之说者曰:东有马鞍山,西有朱湖洞,天印拱其南,屏风拥其北,四面环向,二水交萦,其为灵也,昭昭矣。然吾思扶舆清淑之气,随地而钟,江南名山,衡、庐、茅、蒋,岂第一山为然哉?

---

① 据《老子》校改。

寺之碑记云：明祖命韩国公李善长相度地形，以图进，上曰：以此奉志公为宜，赐额灵谷。可知灵谷之灵，乃谓志公之灵爽昭著，固在此而不在彼也。

塔建于洪武十四年。嘉靖十八年重修，释可浩有记。国初顺治乙酉、丙戌间，寺毁，惟塔与无量殿存。及今历年久远，崩坏愈甚。顾工费浩繁，无过而问之者。甲戌春，甘君福以母未安窀穸，斋戒祈祷，得签有浩荡朱门之语。是夜，又得梦兆，若神示其所者。逾年，果得地葬母，其地名、山形皆符合。感公默佑，倡首重修。贵州陈进士周书与甘君友善，闻其事，慨然舍资以助。乃鸠工庀材，于今年七月诹吉兴工。阅四月，而告竣。董其役者，住持悉朗暨执事僧莲溪、悟开也。

公自梁以来，千百年间，灵感彰彰，具载前籍，观此而梗概可知矣。虽然神明之道，唯感斯应，假非甘君事亲之诚，足以对公无愧，安见一焚香顶礼间，遂若是其捷如影响者？至诚感神，意在斯乎？予故乐记之，俾后世知灵谷称名之本意，而并以劝孝云。

嘉庆二十一年岁在丙子冬十月，上元胡镐记。

癸卯闰三月十九日，奉旨代祠宝公，赠环中子[①]

明　陶安

不出圆悟关，已入清净境。长松闭虚岩，阒坐吊孤影。我行宝珠林，闻君万缘屏。意将叩玄奥，未敢辄呼警。童子倚马

① 按，该诗题名，（明）陶安：《陶学士集》卷一（文渊阁四库全书本）收录本诗，作："癸卯闰三月十九日，奉旨代祠宝公，遇环中子于山中，送余出寺，余止之。环中子曰：'不出圆悟关，因续为句。'"本诗其后据之校改者，不赘注。

睡,侍卒息驰骋。飞亭揽空翠,木末潮万顷。茕然忽我即,握手语高岭。脱屣人世外,豁若春梦醒。遐霏栖泬寥,幽云荫苍冷。万叶发远(音)[香],半天觉清迥。山水多胜事,兴到暂同领。嘉君匪逃儒,默几聊习静。形迹若异途,一理内自省。楼阁起太空,先见常炯炯。沸海指龙涛,神光破溟涬。惜无浮生闲,共此白昼永。下阶踏重藓,倚阑瞰方井。天地一逆旅,谁宜叹萍梗?送客临虎溪,余情咏佳景。何当从之游,慰此心耿耿?

谒志公塔六首

明　李维桢

示迹鹰巢古木中,天生受姓圣明同。独龙分得钟山脉,亿万斯年护紫宫。

庄严寺里遇王筠,对酒交言意转亲。留得寺门碑一片,何如天上石麒麟?

阅藏三年义甫成,佛前虔视众灯明。四生六道从超度,无奈昏昏再受生。

金钵双舆饷饭来,华林园里净居开。三重布帽同时著,可有摩诃萨度灰?

野草生烟日暮时,六朝陵墓转凄其。家缘解道鸠偏巧,但取枯柴一两枝。

钟声停苦事何如?今日东南物力虚。倘忆金陵乡国否,遗民愿比鲙残鱼。

礼志公塔

明　顾起元

真人昔御宇,冥契归西方。灵僧有遗蜕,立表山之阳。霾沉千载间,白日回幽光。甃殿徙殊构,弥天振芬芳。丸丸松柏风,十里摇青苍。至今百年来,璇榜犹辉煌。我兹礼遗塔,怀古一慨伤。琼砌半蹷圮,珠刹孤摩翔。风吹网户落,壁臬垂藤荒。钟格缠缕平,昙花带烟扬。八水既枯竭,双轮沓低昂。空余琵琶声,拊手荒阶旁。盛衰会有时,显晦安可常?自非王造力,浩劫终茫茫。不见台城里,秋风吹白杨?

宝公塔四首

明　王廷相

宝塔凌云飞,塔灯壁直立。惕惕不敢上,安得升天翼?

灵塔势冲霄,欲登塔巅立。倏然对南山,天空送孤翼。

香台塔孤悬,突兀半空立。俯视隘八荒,似附图南翼。

有塔高万寻,直耸青霄立。宝顶耀日光,时来云间翼。

礼宝公塔

国朝　盛宏邃

鹰巢异迹始元嘉,拄杖齐梁纪岁华。语类颠狂皆谶纬,人疑仙佛互欢哗。鲙残忽讶鱼游水,麈拂能令天雨花。窣堵千年藏舍利,桥山深处锁烟霞。

剺面曾分十二形,个中疑幻亦疑真。黄头谁识西来佛,沧海空归东渡人。梁祚改移缘易石,宋廷崇奉为贞珉。豪光忽放三千界,始信金刚不坏身。近塔中常放白光,上烛云汉。

宝公塔

马光祖

志公卓锡有奇缘，占得龙盘石一拳。清净身留舍利塔，广长舌在倒流泉。松门五里青成雨，竹岭千层绿到天。多少唐陵与汉寝，何如衣履奉金仙？

又

孙龄

阶下礼金身，蒲团悟净因。钟鸣僧上殿，饭熟鼠窥人。塔迥云中树，花开劫外春。何时构茆屋，于此作幽邻？

又

前人

松排山麓碧云横，一塔高标远望明。闪闪琉璃初月吐，铮铮铃铎晚风生。仰观北斗星堪摘，直拟银河浪有声。不见志公衣履迹，翘瞻法相更奇清。

宝公塔应悉朗之招

马士图

志公塔下拜斜阳，廿载逢师鬓染霜。花径三三开蒋阜，经坛七七忏梁皇。泉通鹫岭流甘露，松化旃檀吐妙香。道德高深超慧远，可能莲社酒容尝。

宝公塔

周宝瑛

苍松山脊绿，斜日塔身红。忆到萧梁事，人犹说志公。

宝公塔怀古

朱绪曾

皇觉伽蓝识洞微，金陵爰立帝王畿。真龙早卜眠鹰穴，病虎偏能佐燕飞。一自都移南国簴，遂教僧老北山薇。可怜明镜归空幻，铃语凭谁问夕晖？

按，以上诗文皆在既迁灵谷之后，与第一卷《沿革》门所录不同，所以分界限也。国朝王士祯《［醴泉］谒志公像，观［唐］碑（记）》五古一首[①]：早读《神僧传》，缅希志公迹。剑水（虽）［踪］已遥，钟山事成昔。岂知常白峰，留此千年石。鸟爪带铜绿，镜面莹藓碧。磨灭开元碑，虫鸟纷难译。披萝究遗文，剥苔理残画。断缺发闻见，樵牧增叹（息）［惜］。陆铭圮寒冢，王碑委荒僻。庐陵傲珠犀，东武比博弈。沦弃多名珍，何惮穷钩索。一勺醴泉水，供此风雨夕。此诗乃在山东章丘县常白山醴泉寺而作，《宝华山志》引之，载入正志，非也。吴雯《莲洋集》新刻足本第二十卷内，有《宝志公》二首：儿语出鹰巢，何取亦何舍？日日锦袍行，皖山剑水下。妙相何由得？僧繇著笔难。惟应随拄杖，自得紫旃檀。其诗乃叙宝公事迹，又非为塔而作矣。并附录于此。

大宝法王殿，旧在古律堂之东。有台，名说法台。明永乐间，成祖征尚（思）［师］哈立麻于西番[②]，命同灌顶大（法）

---

① 据（清）王士祯：《精华录》卷一（文渊阁四库全书本）及《雍正山东通志》卷三十五之一上《艺文志》（文渊阁四库全书本）等各收录该诗校改。本诗其后据之校改者，不赘注。

② 据《道光寺志》及《明太宗实录》卷十七、卷五十一、卷五十四、卷六十二、卷六十四、卷一百十五，永乐元年二月乙丑、四年二月丁卯、四年五月辛卯、四年十二月戊子、五年二月庚寅、九年四月乙未各条（台北中研院史语所校印本），及（清）张廷玉：《明史》卷六《成祖纪二》、卷二百九十九《智光传》、卷三百四《侯显传》、卷三百三十一《西域传三·乌斯藏大宝法王》（中华书局，1974年版）等校改。按，上述各处记载哈立麻，均称为“尚师”，而非“尚思”。“尚师”，即“上师”，为喇嘛之意译，原系对藏传佛教中僧院上座或著名高僧之尊称。

[国]师哈思巴啰等[1]，于灵谷建大斋，为高皇帝、后资福。后封哈立麻为大宝法王，此殿所由建也。见《野获编》。楼阁九十九间，皆绿玻璃瓦所成，阶级三十三层，壮丽无比。宣德间，灾。国朝乾隆间，翠华临幸，即其地恭设行座。中为垂花门，左、右各有角门，缭以黄墙。年久，风雨摧残，房屋坍塌，什物朽滥无存。前经历代住持据实陈明在案。

钟楼，一座，在天王殿之西，元泰定钟在焉。

地藏殿，三楹，在毗卢殿之西北向。

药师殿，五楹；米碾房，七间。与地藏殿对。

库房，三间；三峰祖师殿，五间；香积厨，五间；柴房，五间。在毗卢殿之西，均西向。

伽蓝殿，五楹，在香积厨之西，祀关帝。

斋堂，五楹，在伽蓝殿后。

禅堂，五楹，在斋堂后，即古中方丈故址。康熙间，重建。

① 据《明太宗实录》卷六十四，永乐五年二月庚寅条校改。按，明朝封授藏地或西域密僧，有“灌顶大国师”“灌顶国师”等号，而无“灌顶法师”之称。参阅何孝荣：《明代皇帝崇奉藏传佛教浅析》，载《中国史研究》2005年第5期。

按,《梵刹志》:方丈扁以青林堂,泾野吕柟书,盖取碧石青林之意。今失所在。

灵谷寺青林堂诗

明　杨希淳

青林堂下满苍苔,仙侣翩翩结驷来。缥渺珠宫临汉寝,郁葱佳气接蓬莱。松涛散入流泉响,花径先逢野鹿开。即与远公长结社,五云何处望三台?

上客堂,三间;放生局,三间;湢室,三间。外为菜圃。新退居静室,十间。乾隆戊戌,僧祇园建,为其师玉潜养静之所,花木幽胜,闭关佳境。均在伽蓝殿之西。

客堂,三楹,在斋堂西。法堂,五楹,在客堂后。旧志有古客堂,为十方安隐堂,不知所在。

方丈,五楹,上有楼五楹,供奉御赐墨宝。在法堂后。乾隆间,僧道揆重建。楼上有舍利子一粒,圆赤如珠。相传,旧有三粒,为武弁从征甘肃,有僧得自西域,以遗之,曰:怀此必获福。如其言,战果捷。后赍奉寺中。有醉客索观,忽倾于地,失其二。遍觅,弗得。嘉庆壬申,居士甘福造香楠小塔奉之。

新戒堂,三间;报德堂,三间;浴堂,二间。在客堂之西。

静室,六间,亦名老退居,在法堂西。

大悲楼，上、下十间；厢楼，十二间。在方丈之西。国初建。道光十四年，僧祖慧募捐重修。

大士阁，明祖幸寺，出城一里，见缟衣妇女，手提鱼篮，忽不见，遂筑焉。见《金陵世纪》。今莫考。

华藏楼，在寺之西。今废。

古左方丈、右方丈，今无存。

按，伽蓝殿外迤南一带，茂林修竹，中石鼓柱础犹存，盖其故址。又旧志图有左学、右学，在左、右方丈之北。今伽蓝殿处，可约略识之。盖顺治十六年，遭海寇之乱，仅无量殿、宝公塔存。其后，重建之屋，悉改旧观矣。

东庵，在北。明初，住持物先羲禅师奉敕建，御书真乐二大字扁赐之。南庵，在东。明初，天渊濬禅师奉敕建，御赐《山居诗》十二首。西庵，在东，为牧庵谦禅师栖止之所。北庵，在西，为元极顶禅师栖止之所，亦明初奉敕建。见旧志。今俱无存。

幻居庵，定戒禅师栖止。非幻庵，无涯永禅师栖止。皆明成祖敕建。见旧志。今无存。

旧静室，在山之东绿竹之中。竹绿浮屋，大有道意。见旧志。已久为农者房矣。

东山寮，三间，中祀大士像，为巡山僧所居。

西山菜园寮，三间，为种菜佣所居。

白云窝，明僧录司月泉之宴所也。今无存。

白云窝记

明　释续洪

云之为物，变化若神，嘘天地之灵气，发山谷之精华，映日色，乘风雨，则形势不同，气象间异。原夫本质，则怡然闲静，纯白无杂，凝结如霜雪，轻扬如飞絮。钟山之阳有灵谷，灵谷之阿，构小室数椽，轩窗八面，常有白云遮拥，名之曰白云窝，僧录月泉之宴居也。或凭虚游历，则以之为车马，为旌旆；或返而居处，则以之为屏幄，为几席；或怡然寝息，则以之为床褥，为衾枕。既利其用，又同其体。道人与世，如云之无心，不计去留，优游自在，舒之兮弥满六合，卷之兮退藏于密，润物兮为霖为雨，覆庇兮寰宇阴清。余坐移时，虚襟疏旷，心物两忘，不知白云为我也，我为白云也，遂喜而赋诗：

一望弥漫尽白云，云深何处著尘氛。冷和明月浑无影，清逼梅花欲断魂。济世只凭龙变化，巢松相与鹤平分。深藏空谷以时出，四海于今有令闻。

正映禅师塔院，在沧波门外宝善寺。旧名解脱庵，[大定间创]①。明正统初,为左讲经正映塔院,遣礼官谕祭,增葺殿宇,奏赐寺额。枕山临涧,古柏阴深,叠嶂平畴,村舂野外,居然乡落。见《梵刹志》。

于南运公塔院,五间,在西山。中为运公塔,左、右为普同塔,俱在屋内。康熙间,奉遗命而建者。今巡山僧居之,兼守香灯。

麈仙和尚塔,康熙十四年立,遗命不必建屋;晓苍和尚塔,康熙五十六年立。俱在西山。

佀石清禅师塔,在寺西大悲楼后竹园中,为瘗衣钵处。

道揆禅师塔,在东山;玉潜、祇园、福溪禅师塔,三座同圹;沧洪、雪昆、本善、悉朗禅师塔,及退居明远和尚寿塔,五座同圹。均在西山。此皆佀石清以下传曹洞宗者也。

灵谷禅林志卷三终。

① 据《金陵梵刹志》卷十三《宝善寺》校补。

灵谷禅林志卷四

旧迹

志公履，本在开善寺，唐时尚存。神龙初，郑克俊取归长安。见《建康实录》。

铁拄杖，长七尺五寸，重一十五觔，四环，相传为宝公遗物。见旧志。今无存。

七岁袈裟，甚短，二面皆青纱白苎，乃志公七岁时衣者。见旧志。今无存。

宝公衣钵法函，自梁建开善以来，皆藏于寺。至明洪武二十年，于鸡笼山建鸡鸣寺，乃自灵谷迁至鸡鸣，瘞于山垄，造塔五级，岁时遣官，致祭维谨。见《梵刹志》。

《宝公说戒图》，明时修报恩寺塔，塔藏中获铁函，函此图。图坛壝三级，公踞上座，祐律师践尊证席，缁素簪缨，三匝围绕，仪容肃穆。祐居金山，与公同时。梁武创水陆仪文，命之宣白者也。古心律师见之，仿其制为摹本。是图送鸡鸣寺供奉，旋不戒于火。见《宝华山志》王概《戒坛赋序》。

志公沉香旧像，宋初取归京师。陈轩《金陵集》载狄咸《游蒋山》诗云：旃檀归象魏，窣堵卧烟霞。谓此。

旃檀像，梁大通四年，武帝造一丈六尺像，量剩二尺，成丈八尺。历寺主僧给重量[①]，凡五度量，即成二丈七寸，时以为诚感。见《金陵新志》。

古法被，四面绣诸天像，中绣三十三天、昆仑山、香水海，高一丈二尺，阔如之。见《金陵私乘》，谓为宝公所遗。久无存。

三绝碑，唐吴道子画志公像，李太白赞，颜真卿书。《建康志》作张僧繇画，《梵刹志》因之，非也。按，《释氏通鉴》：梁武先命张僧繇传师真容，辄不竟，不能就。繇稽首告师，师以爪划面门，现十二观音。盖梁时僧繇先有画像，至唐而道子摹之，故世称为唐贤三绝。旧碑毁于宋末兵燹。元时重泐，有赵孟頫跋，及书志公《十二时歌》。明宣德壬子，复毁。成化丙申，僧性嘉又重泐，刘珝有跋。在观音殿内。见旧志。国朝顺治间，寺毁，惟无量殿、宝公塔存。性嘉重泐之碑，盖失于此时。

---

① 按，"历寺主僧给重量"之"给"，疑为"洽"之误，然亦不通顺。此段原文，出自《至大金陵新志》卷十四《摭遗》（文渊阁四库全书本），而《至大金陵新志》又抄自（唐）许嵩：《建康实录》卷十七《梁高祖武皇帝》（文渊阁四库全书本）或（宋）李昉等：《太平御览》卷六百五十七《释部五・经像》（文渊阁四库全书本）。《建康实录》《太平御览》《至大金陵新志》原文如下："大通四年，又造一丈六尺旃檀像，量之剩二尺，成丈八。形次衣文及手足，更重量，又剩一尺五分。至大通五年，寺主僧洽重量，又剩七寸，即是长二丈矣。大同四年，移入大殿，敕主书吴文宠更量，又剩五寸。凡五度量，即长二丈七寸。"

王渔洋《游灵谷记》载之。则此碑凡经三劫，一毁于宋末，再毁于宣德，三毁于国初。严观《江宁金石记》谓毁于明成化间，殆未深考。乾隆二十二年，僧法守重刻，恭泐高宗纯皇帝御题净土指南四字于额。其跋语只称，宣德间，寺毁，碑亦遂亡，而不知成化丙申复经重泐，亦仍未尽悉耳。今在毗卢殿。碑文附录于后。

普济一真。篆书。

宝公像

吴道子画，李太白赞：

水中之月，了不可取。(灵)[虚]空其心[①]，寥廓无主。锦幪鸟爪，独行绝侣。刀齐尺梁，扇迷陈语。丹青圣容，何住何所？

颜真卿书。

𪾼悉怛多般怛啰。

以上篆书四字，正书六十一字，梵书一字，在像之上方。

宝公菩萨十二时歌

平旦寅，(生)[狂]机内有道人身[②]。穷苦枉经无数劫，不信常擎如意珍。若捉物，入迷津，但有纤毫即是尘。不住旧时

① 据（唐）李白：《李太白文集》卷二十七（文渊阁四库全书本）、（宋）杨齐贤集注、（元）萧士赟补注：《李太白集分类补注》卷二十九（文渊阁四库全书本）、（清）王琦：《李太白集注》卷二十八（文渊阁四库全书本）等各收录该文（题名《志公画赞》）校改。

② 据（宋）释道原：《景德传灯录》卷二十九《志公和尚十二时颂十二首》（见《大正藏》第五十一册，第450页）、（明）瞿汝稷：《指月录》卷二《应化圣贤》（见《卍续藏》第八十三册，第1578号第417页）校改。按，本志所收录该诗，与较早登载该诗之《景德传灯录》及《指月录》等多有相异之处。本诗其后虽相异而通顺者不改，相异而不通顺者，则据二书校改，不赘注。

无相貌，外寻知识也非真。

日出卯，(入)[用]处不须生善巧。纵使神光照有无，举意便遭魔境扰。若施(工)[功]，终不了，晓夜被他人我拗。不用安排只么从，何曾心地生烦恼?

食时辰，无明本是释迦身。坐卧不知原是道，只么忙忙受苦(心)[辛]。认色声，觅疏亲，尽是他家染污人。若欲拟心求作佛，问取虚空始出尘。

禺中巳，未了之人争为计。假饶时达祖师言，莫向心头安了义。只守玄，没文字，认著依前还不是。暂时自肯不追寻，永劫不遭魔境使。

日南午，四大身中无价(估)[宝]。阳焰空花不肯抛，作意修行受辛苦。不曾迷，莫求悟，任你朝阳几回暮。有相身中无相身，无明路上无生路。

日(向)[昳]未，心地何曾安了义?他家文字(有)[没]疏亲，不用工夫求的意。任纵横，绝忌讳，长在人间不居世。运用元来声色中，迷夫未识争为计。

晡时申，学道先须不厌(尘)[贫]。有相本来权积聚，无形不用(更)[要]安真。作洁净，却劳神，莫认痴强作孟邻。言下不求无住处，暂时唤作出家人。

日入酉，虚幻声(香)[音]不长久。禅悦珍羞尚不餐，谁能更饮无明酒?没可把，没可守，荡荡逍遥未曾有。(总是)[纵尔]多闻达古今，也是痴狂外边走。

黄昏戌，狂子兴功投暗室。假使心通无量时，历劫何曾异今日?拟思量，却啾唧，转使心头黑如漆。昼夜舒光照有无，痴人唤作波罗密。

以上正书十行，在像之左。

人定亥，勇猛精进成懈怠。不起纤豪修学心，无相光中常自在。超释迦，越祖师，心有微尘还窒碍。放荡长如痴兀人，他家自有道人爱。

（半）夜[半]子，心住无生即生死。心法何曾属有无，用时更勿用文字。（佛）祖[师]言，外边事，识取起时还不是。作境搜求实总无，生死魔来任相试。

鸡鸣丑，一颗圆（光）[珠]明最久。内外追寻觅总无，境上施为浑大有。不见头，也无手，世界坏时渠不朽。未了之人听一言，言者如今谁动口？

颜鲁公尝书李谪仙赞。

宝公圣师小相辞既刻石，又于碑阴小篆师《十二时歌》，妙绝当世。缘兵燹，久毁。今北□诸师重命工摹镌，但失所篆歌，委余著笔。手拙心愧，岂敢媲美于前贤耶？

奉直大夫集贤学士三教弟子吴兴赵孟頫谨识。僧录司右觉义正禧、广安、住持文伟同立。

灵谷寺宝志像，为吴道子手笔，唐时勒石，元代重刊。明宣德间，寺毁，碑亦遂亡。乾隆丁丑春，翠华重幸，臣僧法守觅得旧藏拓本，敬谨装（演）[潢][1]，恭呈御览，奏允重勒，蒙恩赐题净土指南四字于额，真禅林千载盛事，岂特宝志面目增辉已哉！

① 据《道光寺志》校改。

住持臣僧法守恭纪。

以上正书十行，在像之右，即僧法守重勒本也。

成化重泐碑跋

明　刘珝

本初嘉上人一日持宝公圣师石刻小像见示，乃唐吴道子画，李太白作赞，颜鲁公真卿书，诚为三绝。先是，石刻毁于宣德间，将泯所传。上人披缁南都灵谷寺，闻老僧言此，实切慨叹，且模本最妙。上人访求数年，得之如拱璧，拟命工重摹镌，以图永传，因索识其颠末。企维圣师示迹六朝，化行齐、梁、陈，其神通灵异，未易枚举，故王公卿士，多致礼敬，其行实具载忠献张和公状。

呜呼！圣师道妙，不可以名相取。避名相，无以襮圣师道妙，而三大老有是作也。今上人重续名相之灯，昭圣师光明于无穷，为可尚，其贤于诸比丘远矣。上人通内外学，诗翰早鸣，为缙绅推重。尝领书记于受业，继领春官檄，主五山大育王梵刹，兼承旨广善戒坛宗师焉。

成化丙申岁二月上浣，赐进士第通议大夫吏部左侍郎青齐刘珝叔温识。

按，三绝碑，灵谷而外，又刻于禅智寺。尝见拓本，碑之上方，普济一真四篆字，像赞梵咒，与灵谷碑同。惟两旁《十二时歌》，左八行，至晡时申止。今法守本作十行，至黄昏戌止，为稍异。下列成化丙申刘翊跋，次为《宝公事实》十四行，万历庚辰江东宝安居士书。又次为跋五行，万历癸未广陵杨守诚跋，存三逸叟倪文学立石，吴蒙模，皆行书。禅智寺，即上方寺，在扬州府北五里蜀冈，一名竹西寺。见《江南通志》《扬州府志》。其碑乃从灵谷拓本而重勒者也。灵谷《成化重泐之碑》，世不数觏。而禅智万历间故物，岿然独存，不又在法守所勒之上耶？

三绝碑歌

明　释性嘉

童行入灵谷，夤缘圣师慈庇福。食有廪兮居有屋，无以起称成惭恧。昭代圣师尊之独，六朝感仰如化育。道德神通皆具足，百世清风净尘俗。唐时吴李颜之属，像赞书工重金玉，有相无相匪拘束。砚沼笔峰春万斛，非真是真诚难卜，水空空花归郢曲。石刻文光夜上烛，森罗万象娱心目。宣德壬子经回禄，星斗愆明神鬼哭。数载模本求所蓄，命工重镌踵芳躅。元功钟鼎入私淑，圣师光明灯再续。丛林宜宝非碌碌，千年恩泽期均沐。

乾隆丁丑春，翠华幸寺，进呈三贤碑拓本，奉旨重刊，恭纪

国朝　释法守

来日苦无多，去日良可惜。浮生六十年，忽忽此一日。饥餐倦即眠，何者为佛力？悟彻去来今，即是波罗密。两度觐天颜，几世能修得？一领破袈裟，香气御炉袭。峨峨三贤碑，劫灰几经历。一朝焕光彩，恩许重摹勒。胜迹岂常湮，禅房留宝墨。净土指南字，煌煌圣人笔。凤舞而龙飞，银钩兼铁画。长此大光明，不寂亦不灭。

三绝碑歌

甘熙

小仙一去不复返，画壁何处循回廊？有碑屹立古殿北，岿然三绝追李唐。志公神异天监代，老僧一一语我详。勢破

面门现全相，画师搁笔神飞扬。僧繇自昔有真本，摹从道子技亦良。翩然刀尺与扇拂，风尘行脚何徜徉？颜平原书李白赞，行间奕奕生光芒。怪底世人相沿误，桃僵李代称萧梁。可惜世间不常有，劫火三度遭红羊。想是公名动帝释，六丁攫取归天阊。《十二时歌》松雪字，至今遗刻珍琳琅。

吁嗟乎！万物有成必有毁，世事几变成沧桑。绀宇琳宫七十所，袈裟杖履徒渺茫。旃檀旧像不可得，范铜何论荆公王。昔年好古事重泐，额间宸翰增辉煌。我怀旧迹发长喟，毡椎摹拓心彷徨。胜国诸碑已磨灭，赑屃倒卧秋草黄。寺内明初诸碑俱毁。抚此嶙峋一片石，屏风岭下歌斜阳。

宋椅，木质而螺佃，乃宋时物。明初，为宫中坐具，太祖赐物先羲禅师。国初尚存。见旧志。

元泰定大钟，为太平兴国寺故物，赵世延铭。铸时，以大珠投液。钟成，珠不毁，宛然在上，万姓欢叹。见虞集碑记。今在钟楼。相传，明祖尝取入宫为禁钟，击之无声，仍发回寺。

泰定钟铭

元泰定四年丁卯仲冬初吉，蒋山住持守忠铸，光禄大夫中书右丞赵世延为之铭曰：

真土肧中，火水运工。鼓之巽风，冶金在镕。假合成功，象其穹窿。大明未东，孰启群蒙？鲸音汎汎，警愦开聋。人天其通，五福攸同。斯乃钟山之钟，振宗风于无穷。

登灵谷寺钟楼，观元泰定钟四十韵

甘熙

弥望皆苍翠，深山报晓钟。路盘黄叶乱，楼破白云封。入定僧停呗，探幽客倚筇。危垣萝薜附，曲磴藓苔松。缭绕风棂透，参差露栱重。上桄腰势折，缘壁足音跫。笋簴千钧重，蒲牢万斛容。虹蜺文结古，饕餮象蹲凶。名与重唇异，形真大腹从。制摹姬子姒，色晕赤青彤。

辨释留遗款，摩挲考旧踪。大元中叶造，泰定四年逢。正统承诸夏，良辰纪仲冬。金陵称踞虎，玉邸忆潜龙。国有祯符集，民无敝赋供。寺修钟阜麓，塔奉道林宗。制器工倕巧，抟泥将作共。声期开士省，铭自右丞恭。幅整临摹具，坏圆刻划庸。铜倾千石足，炭爇一炉镕。

投液珠光灿，干霄剑气冲。成功偏不毁，灵异此尤钟。法护诸天力，欢腾大地悰。群蒙齐震荡，百衲敢疏慵。绀宇从今辟，禅家彻夜撞。宗风长共振，慈雨被何浓。弹指流光速，关心景运雍。胜朝初奠鼎，薄海尽销锋。奉敕移鸾掖，承恩入雉墉。龙旗偕旆旆，鼍鼓并冬冬。

正冀齐槐棘，何缘没草茸。明堂瞻玉帛，清庙奏笙镛。讵杳声闻迹，难撄隐逸胸。朝中辞直禁，世外愿归农。翩矣来灵谷，巍然倚碧峰。尘怀祛热恼，午梦破惺忪。佛阁催朝梵，斋厨促晚舂。殿铃谐杂沓，堂磬和铮鏦。响答环山竹，清搀夹道松。八功池不远，终古水淙淙。

至元钟，上有周辟邪钟四篆书，元顺帝至元二年十二月，集庆路能仁寺僧所铸，铣于钲甬之式，皆仿古制。钟乳三十六枚，与郑康成说合。今在观音殿。

按，能仁寺，本在城内，即昇元阁故址。洪武间，始移置聚宝门外。钟之移于灵谷，其在此时乎？见严观《江宁金石记》。《梵刹志》指为景阳钟，误矣。

灵谷寺观辟邪钟歌

国朝　韩廷秀

昔读凫氏文，但载旋虫名。攫杀援噬刻笋簴，未闻甬上蹲狰狞。郑以今制诂古事，谓如辟邪悬汉京。《尔雅》释兽书最古，此物不载殊非经。汉通西域到乌弋，桃拔符拔如山精。辟邪角双天禄只，孟康注始详其形。姬周何缘铸图象，考古到此空瞢瞠。白虎辟邪主除道，曾闻李氏留镜铭。洪相误以辟邪释，形事轇轕遭弹抨。黄初元年古井器，铭字斑驳犹难凭。朅来古寺见法物，篆间枚景排列星。至元之年重铸此，意欲尚象追韶韺。鼓钟于论儒者事，灵音谁许桑门赓。惜哉禹鼎不可见，正名百物当重评。

碑碣之类，三绝碑而外，如梁陆倕《志法师墓志铭》，梁萧挹书《智藏法师碑》，普通二年立，见《集古录》。梁王筠撰《开善寺碑》，见《古金石考》。唐宋涣书《重建开善寺记》，咸通三年立；李陶书《开善寺浴院井记》，顺义七年立。均见《复斋碑录》。李顾行《修志公堂石柱记》《南唐开善寺井记》，见《金陵古金石考目》。宋梅挚《八功德水记》，天圣中立；赵师缙《八功德水记》，嘉定元年立；《太平兴国寺庄田记》，宋释赞元立。见《六朝事迹编类》。元虞集《太平兴国寺碑》，见《道园学古录》。以上皆在明初未徙灵谷之前，片石无存，其文亦或传或不传。

相传，明祖定都金陵，前代古碑，悉磨毁以充工用。岂迁塔开陵时，澌灭净尽耶？然既造灵谷之后，如洪武五年《蒋山寺广荐佛会记》，十五年《灵谷寺碑》，御书第一禅林四字，嘉靖十八年僧可浩《重修宝塔碑》，明代之物，亦无复存者。盖宣德中，曾被焚毁。国初，遭海寇之乱，又一炬而空之。迄今残碑断碣，犹隐隐卧荒烟蔓草间，望古者不禁为之长太息也。

古方丈青林堂，旧有木榜，刻明祖御制《山居七律》十二首，赐右觉义清濬者。榜久无存，诗载于《杂著》类。又有洪武十八年至二十九年明祖七御旨，皆言栽植松竹果子，及禁止刍牧之事。见《梵刹志》。语多不文，未便列之诏敕，录于此，以资考核，亦寺中故实也。

一、洪武十八年十二月初四日，崇山(候)[侯]传奉圣旨[①]：您去说与灵谷寺长老，官府军去薅山，他寺后马鞍山为界，东边小山与他寺薅取松枝。钦此。

一、本月十四日，秦都督奉圣旨：你去说与灵谷寺长老，但官府薅一遍，也与他寺中薅取一遍。你分付人夫，不但薅取松枝重了。钦此。

一、圣旨：你去说与灵谷寺长老，他寺中人夫不多，薅取松枝不尽。自立春为始，不要薅，恐妨松枝长茂。待明年冬间，

① 据文意校改。

寺中再薅取，东至木公山为界。钦此。

一、洪武二十六年九月十三日，牧马所千户周晚朝于午门楼上奉圣旨：去与灵谷寺著空闲地，著看山军种各样果子，下种成树秧，移将进山里去栽，剩下的结果子，与和尚吃。钦此。

一、奉圣旨：著本寺栽种果树一万株。钦此。

一、洪武二十八年二月初三日，谦长老钦奉圣旨：你寺中多栽种竹木，长茂遮了你寺里方好。钦此。

一、洪武二十九年四月二十五日，本寺管栽种竹木僧臣福胜晚于左顺门奏：本寺住持见患有病，不能来奏，著臣僧来。本寺圈门里两边山上，节次奉圣旨，栽种诸般竹木在上。如今御马监官传圣旨：著御马监牧马所在里面打草放马。恐损坏树木，奏上位知道。奉圣旨：不许放马打草。又奉圣旨：你把草里树与我薅出来。钦此。

双铁镇，在五方殿前地上，俗呼飞来剪。上有天、吴、金三字，讹指为孙吴时物，又谓明初铸此以镇蛟也。

按，造塔举重升高，必用此物，谓之千斤。报恩寺铁塔仓皆有之，其为创造时所遗，可知矣。旧志：又有一铁狮子。此山艮，峰甚低，不利僧居。狮出，必有风；狮至，风即止，故制狮对艮以镇。今不知所在。

飞来剪歌

国朝　王友亮

飞来剪，凡有二，铁塔仓，灵谷寺。不知其飞是何年，其来自何地。轻重百钧差，纵横五尺暨。厥首势微注，名剪实不类。吾观古制作,刀剑鼎彝数十事,短长大小间,与今无少异。何为留此铁?块然等虚器。世无巨灵手,僵卧欲安试?侧闻六朝时,炉鞴若棋置。将毋冶城之赘余,或者冶沟之遗弃。年遥史册了无征,妇竖相惊立名字。既呼镇土神,又呼窃米祟。俗谓昔人以镇风水。其在铁塔仓者,每上米则祭之,否则能窃米。笑为考其原,此理极平易。举杯酬剪剪无言,一番春雨添苔翠。

又

甘熙

奇峰自西来,屹屹灵隐麓。移山殊荒唐,矧此顽铁属。字曰天吴金,漫漶犹可读。或言赤乌年,千载留故躅。史志茫无征,《齐东野语》续。钟山蟠独龙,腾蛟患屡触。世无周孝侯,重渊任驰逐。稽诸《山海经》,有神朝阳谷。五行论生克,义取制角木。斯言较近理,事亦究非确。回思戊寅秋,雷雨中夜倏。危崖豁天开,涛头一线蹙。野桥皆崩摧,势若翻地轴。腥风逼窗棂,山僧心陡肃。胡为镇魔神,群灵不慑伏?言游大长干,载访古正觉。块然地横陈,得此成鼎足。自昔创造初,凌霄塔影卓。雄梁高引絙,飞架圆转辘。一抗一坠间,举重利用速。厥名曰千斤,可补《吉金录》。功成弃若遗,僵眠蔽朴樕。迄今四百年,废兴易世局。历劫不销磨,过客频寓目。少见遂多怪,惊愚更骇俗。我今究其原,毋令前疑蓄。用舍与升沉,奚关世荣辱?不见倒钟厂,年年卧草绿。

琵琶街,旧志云:上有法王台,下为礼法王路,制数百土缶于下,覆以土而中虚,故足或重踏,手或交拍,皆有声相应。成祖驾临时,取其每步奏乐之意。又相传下有大铜琵琶。今已阒然无声矣。

按,其地当在今行座台基之前。《应天志》云:其中路履之有声,鼓掌则声若弹丝。语似混。

琵琶街

明　王廷相

琵琶悬四丝,流音藉挥指。如何琵琶街,声在空无里?

又和韵

明　刘龙

琵琶属阿丝,乃不在弹指。有谷虚且灵,天真生应里。

又和韵

明　林树声

琵琶作何鸣?不属丝与指。入耳非根尘,听在无声里。

又和韵

明　潘珍

拍掌响琵琶,无弦焉用指?方知太古音,不在丝弦里。

又和韵

国朝　朱绪曾

推琵亦却琶,非指以喻指。会心何必丝?清音在山里。

又

王肇元

足踏琵琶声,嘈切应拍掌。何必定拨弦,然后众山响?

水晶屏,在观音寺,本名观音阁,去灵谷寺五里。《梵刹志》云：为灵谷下院。成祖尝顾瞻山麓有气不散，命工凿石肖形，构阁，以志其处。正德庚午，毁。越五年，重建，兵部尚书乔宇有记。石壁高二丈，阔如之，光莹可鉴，大士像如坐琉璃中，水晶屏三大字在背，孝感熊赐履书。

活金云版，在斋堂前，又名挂金版，上有款识云：灵谷禅寺住持比丘正映，大明宣德八年岁在癸丑六月日造，圆寂耆旧道初施遗资匠直一千贯，干缘弟子林普宝、金陵匠手韩福信、普信、韩得造。凡五十七字，铜色青翠可爱。上嵌金一块，约寸许。手抚摩之，活泼摇动。后为人攫去，罅隙宛然。

按，陈毅《金陵闻见录》载之，是乾隆间嵌金犹存也。又旧志载，住山清濬《云板铭》云：晨钟有警，作止有程。钟山之阳，大振厥声。清濬，乃洪武间住持，又在此物之先矣。今不知所在。

双铜釜，在香积厨，一名千僧锅，其大可饭千僧，明代物。

铁净瓶六座，广三尺七寸，高三尺二寸；铁鼎三座，广七尺五寸，连耳、足高三尺三寸，明宣德十年冬月造，在无量殿。又铁净瓶六座，广四尺五寸，高三尺三寸，在五方殿，明成化十七年九月造。铁磬二口，一广四尺三寸，深一尺二寸，明成化元年造；一广四尺八寸，深一尺二寸，明成化三年三月造。铁钟一口，广六尺五寸，连顶高三尺三寸，明嘉靖十五年七月造。宝宣钟一口，高五尺五寸，广二尺五寸，康熙二十年造。以上皆见旧志，有年代之可稽者。

李临淮诗碣，在新退居前轩庭右墙根。《灵谷寺偶憩》七律一首，嘉靖壬午秋日，秀岩山人李言恭书，其诗载《杂著》门。言恭，字维寅，歧阳王裔孙，以勋臣留守陪京，文雅风流，骚坛倡和，一时名彦归之。

百祖像，存三十轴；水陆像，存六十轴。笔墨工丽绝伦，皆非近代之物。何人所绘，莫可考矣。

仙人脚迹，在无量殿中，砖地上，有膝凹迹，深寸许，光滑异常。俗传为创造时，神匠鲁般拜佛遗迹。守殿老僧云：尝有老狐，月夜礼佛，积久而成。说较近理。

挂龙松，旧在八功德水旁。明祖幸寺，纳凉松阴，解龙袍挂于其上，后虫蚁不生，故名。久被伐，无存。

五里松，由山门入，长松覆路，不下数万株，五里方至寺，其道皆墁以石。明初，为御路，人不许擅行。故灵谷深松为金陵四十景之一。

灵谷深松赋 以一、溪、龙、影、茯、苓、香为韵

国朝 甘煦

郁秀钟山，通幽石室。盖密青霄，伞张赤日。何处问吴陵晋寝，烟罨荒榛？此中藏绀宇琳宫，风凄古木。忆前朝之创造，世界大千；瞻胜地之葱茏，禅林第一。

厥有灵谷寺者，山门未到，松影遥迷，轮囷岁老，培隰星

齐。万树撑空，前疑无路，千林踏去，下自成蹊。黯黯兮花闲鹿睡，萋萋兮子落鼯啼。街响琵琶，五里浓阴夹道；泉临功德，一株老干横溪。

则见其窈而深也，阴垂邃谷，气郁灵峰，将疏又密，似淡还浓。遥看塔影千寻，半遮半露；猛听钟声一响，无迹无踪。如教飞锡空中，惊开白鹤；曾使挂衣枝上，舞出苍龙。

当夫云气沉沉，雾光耿耿，天空有声，月薄无影，山林变色，飞来几道惊涛；花雨漫空，隔断数层尘境。铁骑吼云关之夜，风聚龙湾；银虬嘶石舍之秋，烟迷鹫岭。

抑若霁景朝生，岚光远簇，山明雪冷，万条之匹练横披；岭出云开，一幅之屏风新沐。乃涤烦襟，乃揩俗目，灵采仙芝，闲锄野茯。小憩万工池畔，隔林而人语遥闻；偶来九曲渠边，穿树而鸟声徐逐。

彼夫度岭寻梅，香霏曲坞，环山种竹，韵冷空庭，娑罗则金丸撷紫，银杏则玉带围青。曷若此深蟠曲径，深覆疏棂。想当年，辇路周回，曾向荣于草木；叹此日，禅关阒寂，徒致慨夫榛苓。爰为之歌曰：

郁郁深松气莽苍，树犹如此使人伤。兴亡阅尽千年恨，宫殿常留太古香。虫语寝园凄夜月，龙吟萧寺吊寒霜。可怜二十余陵树，漠漠寒烟满建康。

灵谷五里松

明　高出

可怪万人家，白日常烟黛。空翠俯仰间，时与风雨会。陵阙表钟山，嵷嵲拥鳌背。祇林接森爽，长松五里对。标疑承云汉，静忽生湍濑。葱郁眩眼睫，势欲无大块。湔濒激潮音，梵涌朝夕内。得毋甘露降，沾洒面如靧。迴矗塔影齐，细拂龙鳞碎。神豁高洁中，意得朋游辈。群生扶自直，茑萝休无赖。一浣功德水，可以涤烦秽。江南盛芬芳，众卉何多态。丘壑倘容著，宏景真知爱。聊试采茹法，揽衣庶云迈。

灵谷深松

明　杜士全

上方台殿锁深松，幽径能潜野鹿踪。石罅自流功德水，僧鸣始识景阳钟。空阶弦调弹仙乐，古木枯鳞半老龙。往事悠悠残照里，江皋千古见群峰。

灵谷深松

明　朱之蕃

策杖行歌入万松，松间麋鹿共幽踪。泉流新雨添功德，响振琵琶应鼓钟。古树恩光沾黼扆，法坛灵液献山龙。炊烟晚发催归骑，犹忆岧峣紫翠峰。

灵谷深松

国朝　王友亮

窈窕入灵谷，苍茫度深松。斜阳倒影不到地，著眼一片秋烟浓。屹如簪笏列朝仗，翩如戈纛张军容。惊涛忽大作，卷却寺楼天半钟。人云六朝贻至此，华胄遥遥真妄耳。须知造物功，不把凡材比。香熏北阜云，甘灌西池水。中无樗栎参，外有藤萝累。宜其上下三百年，纵横十余里。寒威热恼莫能侵，匠石樵斤焉敢拟？我欲著柴扉，红尘咫尺违。高吟惭沈约，寡语傲张讥。晨昏何所养？子可给餐花入酿。来往孰为缘？鹿常驯侧鹤在颠。乐与支离诸叟相周旋，坐藉金钗细，行瞻翠盖圆。闲惟依树立，倦即枕根眠。华阳隐君妙诀休浪传，饱听松风千日自得仙。

灵谷深松

曹庚

何年表列大夫封？每叩禅关望古松。六代烟霞巢野鹤，一天风雪舞苍龙。树藏江寺迷山径，声泻寒涛杂梵钟。地近孝陵深护惜，浓阴翠色几重重。

灵谷深松

张汉昭

钟山蜿蟺似蟠龙，灵谷青青十里松。到晓半衔红日上，经秋一任白云封。风摇翠影环孤塔，泉和涛声出远峰。时与胎禽仙鹿宿，岁寒不改后雕容。

灵谷五里松

孙龄

寒空万派怒涛声，夹道乔松五里迎。翠滴直疑灵谷雨，阴浓不辨蒋山晴。干高百尺龙鳞老，脂结千年琥珀成。遮遍南朝萧帝寺，钟鱼清韵隔林鸣。

灵谷松声

前人

五里绿云齐，涛声过涧溪。鹤栖萧寺北，人立石桥西。飞瀑响难辨，疏钟度欲迷。赏心忆贞白，徙倚夕阳低。

灵谷松

马士图

望里青霞拥不开，万松谁向六朝栽？爱依世外娑婆界，懒作人间梁栋材。江海波涛翻石壁，虬龙鳞甲动香台。秋风侧耳陶弘景，不为闻钟唤我来。

玉带银杏，结实，无心，上有围带。明祖尝戏呼树王，有挂玉带之事。在西山石涧西平桥口，围可四丈，俗呼玉带白果。旧有八十二株，今存五十余株。

按，《金陵私乘》云：灵谷寺鸭脚子，于他产实大，糯而甘[①]，以火煨之，色碧如琉璃，香味冠绝。则经前人之品题久矣。

树王记

国朝　吴云

树岂有封王之礼乎？然灵谷山之树王，则实有可封之礼。明高皇帝宸游灵谷，见古银杏八十二株，忽有一株中正，笑呼曰：树王。是日，此树于绿中忽中出一枝黄色，若既封王，当衣黄然。高皇笑曰：朕无心呼尔为王，尔即受命，表其色，亦异矣。遂取玉带挂之。是岁，生银杏，粒粒无心，而银杏肉上皆有一围带痕。帝见而又异之，曰：不违朕言，一至此乎？于是八十二株之树在于四面，无不侧枝向之，如以下待上之礼。而树王又偏独低，有以贵下贱之情。且于秋老叶黄之天，又独出一枝特青，似教各树谨臣节者。至今每岁如是，三百余

---

① 按，“灵谷寺鸭脚子于他产实大，糯而甘”，《道光寺志》作：“灵谷寺鸭脚子大于他产，实糯而甘。”

年不改，何其灵也！

呜呼！蓂荚知历，屈轶指佞。维兹银杏，不替大伦。谁谓草木，竟无知哉！但天地无心而成化，树何以无心？以贵下贱，大得民也。树何以知以贵下贱？天威不违颜咫尺。树何以知臣礼？盖此道塞天地之间，无物不有，无时不然，其道当如是也，树岂敢违之？

树节记

前人

有一老僧，年八十，向予言：树王不但全臣之忠，而且全妇之节。予笑曰：何谓也？僧云：各树俱已典于人，典者获利，有一人忌之。八十三株之中，止有一株属阳，八十二株皆阴。忌者伐其阳，遂不生果。典树者遂欲移普济寺一阳杏来。是夜，梦八十二妇人曰：我诸树阴，必不更二夫，愿封故夫土，则故夫之元神在。梦醒，乃请众僧于无量殿建佛事三日，求佛回原阳之气，盖其形虽无，而其神仍在。乃以土封之，白果复生如初，岂非守节乎？予叹曰：有是哉！此树也，以言乎臣则臣忠，以言乎妇则妇节。其八十二树，不惟不更，而且不妒，若八十二身合为一身，而全无彼此之嫌，则尤为人所不可及也。夫妇，人伦之本也。世之夫妇，有□□□妻妾而能守节者哉？是又可以风世已。

树君臣记

盛宏邃

昔者黄帝、尧、舜垂衣裳，而天下治。山龙藻火，其质必黄，故衣黄者为天子。灵谷银杏，有居中最大者，受明高皇封，其树杪一枝，忽变黄色。噫！异矣。乃众树青，而此独黄，众树黄，而此又独青，其诸天子居青阳左个之义欤？抑又异矣。且东西前后，众树之环植者，枝皆相向，如侍臣之鹄立，搢笏而朝，毋敢戏渝，抑何其明于令共之谊耶？至若一树伐，而众木从一而终，凛然柏舟之操，微特谷灵，树亦灵矣。不宁惟是，道林宝塔之时时放光，八功德水之清甘不竭，琵琶街之应声叶律，皆具有灵气。即今翠华临幸，(往)[住]僧求更寺额[①]，皇上仍灵谷之名，而特增禅林二字，以灵谷之为灵昭昭也，又岂独树之守节乎哉！

树王诗 六首之四

国朝　吴云

空林森列向长空，此独巍然受敕封。丞相从来称汉柏，大夫不过号秦松。谁能玉辇扶双凤？几向金门驾六龙。自沐九重恩赐后，一枝黄叶每当中。

名山定有不凡材，岂肯沉沦在草埃。月下常来玉露润，日边曾共宝云栽。宸游翠盖三春赏，丹诏黄封五色裁。苑柳宫槐虽近幸，偏无君命下蓬莱。

一望山南半壁青，千年玉果种成林。碧桃红杏天生就，琼树瑶枝海结成。凡实枝枝俱有核，此林粒粒总无心。中宵风雨来何急，疑会群龙夜讲经。

群树枝柯拥树观，俨如王位侍群官。凌霄北斗堪相近，满谷西风总不寒。但见春深林影润，何曾秋老叶声干。至今

① 据文意校改。

物换星移久，紫气深深树顶看。

前贤手植，遗爱攸关。国初，僧于南曾种桃花万树。见郡志，今无存。所可识者，天王殿前千柏，僧于南、晓苍植。万工池南驾山松，晓苍植。环山竹，晴时风摇竹浪，皆成海色，僧普门、雪亭、晓苍植者。具见旧志。迎驾桥以外，及塔后，松树几数千株，嘉庆间僧悉朗植。倘此后踵而行之，俾石洞门内夹道补植，复五里旧观，洵山中盛事，以俟来者。

娑罗树，一株，在五方殿前，其实可以疗疾；老退居静室庭中，有老桂数株，皆非近代物。又山中有红葵、蜡梅、芍药、玉簪、金凤诸花，多异种，盖地气使然也。

灵谷所产樱桃独大，烂若鞣鞨，味甘美，核小。见《金陵私乘》。

金陵海棠无实，独孝陵、灵谷海棠结实，香满一山。明《区大相集》有《海棠果赞》云："海棠色殊，纷披曜日。不芬其葩，而香其实。香或掩味，文乃逾质。园陵之珍，佩充兰室。"今亦无此种。

灵谷旧产木瓜极大，外香中酸。明区大相《木瓜赞》云：垂垂木瓜，诗人所咏。酸本我心，香亦吾性。人之好我，或忘其病。无劳琼报，忝此嘉命。

灵谷寺有蒲萄一架，状如虬龙。明僧月泉善画，尤工蒲萄。

灵谷旧种竹万竿，今更葱茂。

灵谷竹林

国朝　孙龄

郊晴翘望绿遮空，修竹千竿古刹东。满地破云灵谷月，一天细雨蒋山风。来寻禅室寒烟隐，静听疏钟曲径通。绀宇碧分深处见，浑疑居在渭川中。

按，志公旧迹，所在多有。其载籍可征者，如东阳市心宝公井，乃公降生处。宋曾极诗云：一井当街百尺深，行人环辙免苔侵。尘容俗状惭窥影，欲汲寒泉洗此心。见《金陵百咏》。公多去来兴皇、净名两寺，见《高僧传》。志遇刘歊于兴皇寺，曰：隐居学道，清净登仙。如此三说。见《南史·刘歊传》。兴皇寺僧法义见法师于宋泰始初，见陆倕志铭。净名寺，初名净名院，即东山翼善寺，宝公讲经说法于其间。见明陈琏《翼善寺碑记》。

宋兴寺，故基在蒋山宝公塔西，有志公洗钵池。见《金陵新志》。高座寺，梁初，宝公主之，与五百大士俱。见宋刘岑《高座寺记》。幕府寺，在幕府山。天监中，帝与宝公来游，始建。见《江南通志》。同行寺，天监中，帝与宝公同游于此，见林峦殊胜，命建精蓝，因以为额。宋嘉祐中，改宝林。寺有琪树，在法堂前。梅挚诗云：影借金田润，香随璧月流。远疑元帝植，近想(宝)[志]公游[①]。见《六朝事迹编类》。

宝华山，缘宝公结庵，故名。有志公洞，相传为跏趺处。王概诗云：宝志修持未出乡，鹰巢犹苦不终藏。此间垒石成门户，到处将身作道场。溪上花逢真汉魏，洞中人笑假齐梁。炉峰日暮云烟起，一柱香燃当定香。下有卓锡泉，志公以锡卓之，泉辄涌出。石窦多

---

① 据（宋）张敦颐撰、王进珊校点：《六朝事迹编类》卷十一《寺院门·宝林寺》（南京出版社，1989年版）校改。

生菖蒲，九节。王概诗云：志公泉绕谷谽岈，苔藓重重磴道斜。隔竹闻声先止渴，入林辨味最宜茶。衲衣暖挂樱桃树，蜡屐香(沽)[沾]贝母花[①]。莫谓把茆难憩足，石菖蒲上任趺跏。见《宝华山志》。宝华山有志公庵，其下里许，有洞曰黄华，志公悟道处。山前有东谢、西谢者，乃志公受记之家，其族犹盛。见盛仲交《栖霞小志》。凡此皆确凿可据者也。

惟衡阳寺在府东北四十里清风乡，见《金陵新志》及府、县各志，俗传为志公披薙之所，绝无明文可证。《高僧传》：少出家，止京师道林寺，师事沙门法俭。道林在钟山，距衡阳几三十里。又《宝华山志》：东华洞在山之西北，上有宝公林，为志公出家地。据此二说，则衡阳殆未然耶？他若发而徒跣，著锦袍，往来皖山剑水之下，见《指月录》。舒江潜山奇绝，山麓尤胜，公尝卓锡筑室。见《[古今]事文类聚》[②]。六安齐头山，一名齐云山，高千八百丈，巅有宝公道场，为说法之所。见《江南通志》并《安徽通志》。是其游历之方，又不仅金陵一处已也。特撮之，以资参考。

灵谷禅林志卷四终。

① 据《道光寺志》校改。

② 据（宋）祝穆：《古今事文类聚前集》卷三十五《仙佛部》（文渊阁四库全书本）校改。

灵谷禅林志卷五

寺产

前明钦赐田产，历年久远，除湮没无征外，其所剩存，并本寺续置之产，约计田地、芦荡、圩沟、塘坝、山基等八百余亩，坐落上元、江宁、句容三县地方。又有零散疲瘠田地、山场贰百余亩，坐落上元县等处地方。贺兵等七户布施柴山一百零五亩，又众姓捐施柴山四十四亩三分，当契山亩在外，其坐落处所均详碑石。

灵谷禅林柴山碑记

间尝读浮图氏之书，知宝积运薪，为担荷法门第一义。及见庞居士参石头偈云：神通并妙用，运水与搬柴。益信密谛上乘，皆在日用饮食中，正不烦舐空作蜜也。投老以来，每耽香林莲社之乐，四百八十家之遗迹可寻者，足迹几遍。惟灵谷枕钟山麓，石泉回曲，古松偃干，邃荫数里，诚震方之庆地、欲界之仙都。绀宇丹甍，恢恢燿燿，四方耆宿，鳞萃云集，为诸刹冠。既而瞻彼桑田，鞠为茂草，风椓雨柱，香积萧寥。自于南大师卓锡于此，提唱宗风，主持法席，顿令龙象厘然一新。

普门和尚绍隆厥绪，缁素闻风，笈簦益繁，樵苏莫继，惄然忧之。即躬亲斧柯，效古德运薪搬柴之举，所裨几何？必豫为槎蘖之藏，以垂永久。适侯氏柴山募购，须千金，无能胜其任者。行僧瑞林发大勇猛，身肩弗辞，持盂击竹，跣足垢面，搏颡呼号，庶几一遇布金长者、诸善信，咸慨然谋为檀施，以满其愿力。第安有一举而致千金者？于是相与谋，析为四十八愿，愿率十二金。其所募之资，或兼数愿，或汇成一愿。所置之山，或数亩，或数十亩，寸积铢累，不遗余力。适又有吴氏捐产，山界广阔，价值多金，皆瑞林积诚所感，而喜舍不吝。自戊午冬，迄壬戌春，始克有成。山隶于寺，炊挂无虞，良非小补也。

经云：若福德多，如来不说得福德多。安用取所募所置所费，而屑屑记之？然既属有为之法，不得任无怀之风。勤于初者，怠于末；始于让者，卒于争。被忍辱之（灯）[铠]者[1]，尤婴攻瑕之锋；续拈花之灯者，无忘传薪之火，是不可以无记。记者有二，一以示劝也。瑞林苦行，檀那乐施，皆非近名食美者，而忘所自[2]，不可也。一以志防也。界不清，则泾渭紊；券无据，则虞芮争。或刍牧之渐蔽于不知，或樵采之衅启于同室，尤可虑也。余既执笔，应普公之请，并录诸善信姓氏。契券界址，另石锓之。聊以笔墨，作佛事云尔。瑞林，法名照祥，陕西渭南人。

康熙壬戌仲春上澣，郡人宏昌何采撰。

灵谷禅林柴山契券、善信姓氏功德碑

布施柴山信士贺兵、贺兴隆、于春吾、贺拾住、金叫化、

---

① 据《道光寺志》校改。

② 按，“皆非近名食美者，而忘所自”，《道光寺志》作：“皆非近名者，食美而忘所自。”

吴佑明、于岗昂七户人等，系上元县北城乡一图，共计壹百零伍亩，坐落仙鹤门外双庙厂地方，东至大路，南至吴宅、民山，西至于宅、民田，北至于宅、民山，施与灵谷常住，永远成年供众，立此永远为照。中人吴瓒之、山邻吴贵甫、贺君爱代纳钱粮一十五两整。

一、绝卖山契人侯一忠，系江宁府上元县宣义乡二图，柴山一座，土名王立八山，计税一十八亩，东至侯自谷山界，南至山头，西至陈家山界，北至卖主坟界，卖与灵谷常住名下执业，时值价银一百一十二两整。立此为照。

一、绝卖山契人蓝正菁，系上元县清化乡一图，柴山一号，计税一十三亩三分，坐落坟头，土名杨山，又名马面山，上至山顶，下至山脚水沟，东至陈宅，西至李宅，山卖与灵谷寺常住名下执业，时值价银四十八两整。立此为照。

一、绝卖山契人陈子虎，系上元县宣义乡二图，柴山一号，土名杨山，计税五亩，东至李宅、山，南至山顶，西至李宅、山，北至水沟，卖与灵谷寺常住名下执业，时值价银三十二两五钱整。立此为照。

一、绝卖山契人侯一爵，系江宁府上元县宣义乡二图，柴山一号，土名矮山，计税捌亩，东至维周山界，西至山根界，南至田界，北至大路界，出卖与灵谷寺常住执业，时值价银四十两整。立此为照。

立当柴山人李三才、蔡兴之柴山三契，当与灵谷寺常住银三十两整，每年纳利柴一百六十五石，钱粮与常住无干。

一、绝卖山过户税契共用银十三两，买椽子银二两三钱，买碑刊字共用银十六两三钱，圆满共用银二十五两。

康熙二十一年四月日立，行僧照祥和南拜记。

此碑后列捐施姓名蔡毓球等二百四十七人，俱详载碑上，在香积厨八功德水池旁。兹不具录。

余起龙布施水田二十九亩，坐落江宁县秣陵关东湾圩地方。详碑记。

施田碑记

钟山之麓，有灵谷一大刹，(踞)[距]城十里许①，壮江宁之巨观。自明太祖创建以来，三百余载，梁栋倾败，寺僧星散，法席师音渺漠，讲堂梵呗无闻。数椽古瓦，竟成苍鼠之穴；两行廊庑，亦作游鹿之场。凡士君子有志于胜迹者，莫不起而发咨嗟咏叹之情焉。且寺所有古额田产，土地山林，尽皆遗落，辄可知也。于康熙元年，逮我师翁南老人披襟至此，历尽寒酸，辟草莱而成法窟，葺颓垣以作金汤，厥苦心励志，遐迩同风。自中兴迄(金)[今]②，纪四十载，而继席者有四五人，祖孙父子，递代辛勤，虽不扩其旧观，亦无愧于杨岐老屋矣。

第曙深惭福凉德薄，尸位祖山，既无小补师门，安图宗风丕振？不意十方龙象，接踵而来，庾釜不能充食，一值时世匮乏，羹汤千口嗷辛。感遇余、陈护法等，见其若大伽蓝，仓无剩黍，裹乏糇粮，而数千指鳞集，安为常计者哉？遂现给孤长者之后身，而发千百年之前愿，慨将自置秣陵关东湾圩水田贰

① 据文意校改。按，“踞”字有多意，然无“距”“离”意。

② 据《道光寺志》校改。

拾玖亩，及红契四纸，一并施与灵谷禅堂，以给云水贤圣不时之需。但愿余、陈二氏合宅之福慧，与斯田并永耳。今将施田来源勒诸石，以垂后世不朽云。

施田善信：夫余起龙，余门陈氏，同兄陈国志、国器，侄陈士华、士鹏、士麟、士麒、士聚，侄孙有仁，凭亲戚李仲文、陈圣岐、吴尚伊、陈圣有。

康熙三十二年岁在癸酉季冬月下浣日，嗣祖沙门寂曙和南谨撰。

信女辛温氏，同孙辛尚礼，布施田二十四亩三分、地三亩五分，坐落上元县黄马群地方。

绅士李天士布施田、房，坐落六合县地方。详碑记。

李宅施田、房碑记

灵谷寺建自六朝，扩于明代，寮舍毗连，缁众云集。乾隆三十六年，先叔祖天士公布施寺中租田二业、市房四所，交僧管理，收获租籽，供奉香火，立有碑记存寺。今因年久，碑字模糊，住持僧悉朗和尚查点前施田、房无讹，摹立新碑，载明田、房坐落，俱列于后，以垂久远。惟是丛林接众，来往僧人，贤愚不一。倘有不肖职事，私行典卖，李宅察出，定行鸣官究治。为此重摹碑记，永远存照。

计开租田一业，坐落六合县北门外富安坊杨家将台地方，计水旱种十石。四至：东至大路，南至大埂外，有濠沟为界，西至大埂外沟为界，北至门口场边沟塘为界。外荒基地一块，打场一方，西北靠界低处，有长蹭田一块，大小五十七丘。基地(田)[四]至①、界址尺丈开列于后：东至杨太生走巷为界，公墙南至本宅田为界，西至杨子纯住宅为界，公墙北至后杨塘为界。前阔三丈五尺，后阔五丈二尺五寸，中阔四丈九尺，通长二十六丈八尺。后墙外基地一方，计长五尺，阔五丈五尺。内树二株、枝子花一棵，随基地树木三十二株。

租田一业，坐落南门外一里留中、留左地方，计水旱种十四石六斗。四至：东至真武庙河边口界外，近河边田土名胡家圩董宅大埂为界。真武庙后河滩田一丘，西边民粮租田，计水种三石。本庄官房三间，寺三分执一。佃房十二间，披房四间，计归实种十一石六斗，大小田四十一丘。又西边租田种三石，大小九丘，计开市房四所，坐落六合县地方。十字街市房楼上、下两间，小天后宫前进住房二间，后楼上、下二间，棠邑铺市房门面三间，河披三间，新安坊住房一间，披四间。

道光四年三月望日，施主李光业、住持悉朗重立。

绅士甘福，同僧法空，布施田十八亩，坐落上元县黄马群地方。详示碑。

香火田示碑

特调江宁府上元县正堂加十级纪录十次温为请示勒石，以垂永久事。事据僧悉朗禀称：窃僧住持灵谷寺，谨守御墨，虔供香灯。缘有戒僧法空，向住灵谷有年，迨后移居别庵，平生勤俭，齿积银五百两，以本庵日食颇敷，念灵谷生计淡泊，且思为木本水源，立愿将此银布施灵谷寺。适逢绅信甘福亦愿捐银一百五十两，共银六百五十两，置办田地，附近寺旁山后黄马群等处，藉将租籽，上供志公香灯，下供十方僧众。诚

① 据《道光寺志》校改。

恐日久弊生，难保无盗卖情事，理合沥情陈叩，俯准给示勒石，永禁盗卖，以昭久远等情到县，据此合行给示遵守。为此示仰灵谷寺住持僧知悉，自示之后，将僧法空同绅信甘福捐置田地，勤加耕种，收租完赋，余为香灯、僧众之费。如有不肖僧众盗卖，以及奸徒谋买情事，许该住持僧指名禀县，以凭拿究，各宜凛遵毋违。特示。

计买山后土地坝地方水田十二丘，计税十八亩，公塘一面，公坝一道，水利承分，打场石滚，官用价银三百两整，开垦寺旁圃地工食银，银二百两整，共银六百五十两。又注。

道光九年四月十一日示。住持悉朗立。

李卓三捐田八亩。详碑碣。

李宅施田碣

夫以苦海汪洋，必待慈航之渡；迷途踯躅，端须智烛之光。悟色色之皆空，祈参参以见佛。此为富不如为善，而选佛自胜选官也。兹有钟灵街李君卓三者，殷勤种德，慷慨乐施，捐八亩之膏田，措百年之经费。每逢三月三日，乃普济圣师菩萨之圣诞焉。是日也，功德永周，昼夜斋供，格自人天，经则先展《楞严》，讽兹《般若》，加持秘密，诵以《弥陀》，塔燃五级之灯，瓶献八功之水，香花虔设，水木思兴①，谓修因而奉佛，更追远以尽诚，则又堂开报本，而孝重崇先也。夫立法之不精，有逾年而即馁矣。兹则裕乎恒产，表以恒心，年年上巳，订为莫易之经；种种阴功，不懈长生之愿。纳丰盈之稼穑，资用度

① 按，“水木思兴”，《道光寺志》作：“水木兴思”。

于坛场。将见栴檀有供，沾法雨而弥新；俎豆常存，喜慈云之深护。片片神光，好证辟支之果；一门眷属，终参最上之乘。岂非种福田于大千世界，利普娑婆；开先路于不二法门，因留香火也哉？

道光十二年三月念日，住持祖慧立。

济荒碑记

辛卯夏秋间，大水破圩，数十年来未见之奇灾也。壬辰、癸巳两年，又相继患潦。寺内百有余指，加以接待十方，饔飧不继。微有薄产，俱系圩田，处处淹没。修房筑梗，种种縻费。左支右绌，愈形掣肘。适逢法清堂慨发慈心，输银六百五十两，以救灾歉，大众得以赡活，各事赖以维持，功德莫大焉。敬泐诸石，以垂不朽。

道光二十年春三月，本寺住持祖慧立。

一、纳上元、江宁、句容三县各款钱粮，加闰在外，正银一百二十四两三钱三分。

一、纳上元、江宁两县漕屯正米四十二石零五升五合。

一、纳六合县各款钱粮，加津在外，正银六两七钱六分一毫，漕屯米四石二斗三升三合。

严禁盗伐本寺前后柴山示碑

钦加六品衔署江宁府上元县正堂加十级纪录十次吴为叩恩示禁等（情）［事］[①]。据灵谷寺僧悟开禀称：切灵谷寺建自前明，乃名胜之地，接众禅林。道光十一年，圩乡被灾。是

---

① 据《道光寺志》校改。

秋,即有多人,各带镰刀、竹箩,来寺前山、后山,割取柴草,砍削树枝,昼夜不息。工人向阻,伊等口称砍伐树枝,不足以用,尚要锯树等语。僧见人众,随即禀蒙前县示禁,并饬差查提讯究。数载以来,相安无异。不料,昨又有无知之辈,藉以水灾,纠约多人,来砍树枝,声言锯伐古树。僧系弱门,未敢指名兴讼,叩赏出示,并饬差甲查缉禀究,以保古荫等情到县。据此,除饬差协甲查缉外,合行出示严禁。为此示仰该地坊甲居民人等知悉,自示之后,如有前项棍徒,仍在灵谷寺前山、后山一带地方砍伐树木,以及聚众滋扰情事,许该坊甲立即随时指名,扭禀赴县,以凭讯究。该坊甲倘敢徇隐,察出,一并重处,决不宽贷。凛遵毋违。特示。

道光二十年八月二十二日示。住持祖慧立。

光绪丙戌年,光莲重纂,除六合城内外田、房,及江宁秣陵关之田,已载前篇外,尚存产业,详列于后:

上、句两邑禅堂圩荒熟田地三百九十亩,分前、后两庄,瓦庄房四间,草庄房两间。

上元葛桥南北荒熟田二百二十亩,瓦庄房一间。

上元龙都荒熟田一百四十二亩,瓦庄房一间。

上元河湾桐桥田十三亩。

上元粤东村田地十六亩。

上元青、黄马群荒熟田地四十亩。在志。

上元漆园村田地八亩,李姓施。在志。

梅花坞岑字铺地方,是咸丰六年军务张大宪捐买置田地九亩八分，以作安葬忠骸，春、秋二祭经费应用，田租本寺经收完赋。

上元朝阳门外仙鹤门郭家庄地方，计荒熟田九十二亩五分，计地四亩，塘八面，内与贺姓公共一面。向完上元草苜钱粮。李、蔡、刘、陶、陈、刁六姓捐买江宁板桥镇光泽一图常府山柏家村地方计田柒拾亩捌分、贰拾壹亩，共计五十二丘，有上、中、下之分。此田开荒成熟田四十余亩，下余田五十余亩仍荒，庄头陈宾友。

灵谷寺桦树村地方荒熟地二十余亩。

灵谷寺西冈村地方田地八亩二分。

郭家头田十亩三分，领种人郭金贤。

钦加督办团练衔即补道江宁府正堂郑立碑谕遵事。照得金陵大营，殉难弁兵，现蒙营宪择孝陵卫灵谷寺侧之梅花坞地方，置买山场，检骨聚埋，为忠骸会葬之墓，丛冢巍然，足以妥英灵，而消沴厉。为每年春、秋祭祀，应需经费，必应筹备经久，以成善举。凡从逆家产，例应入官充公。所有前经正法逆犯王泳瀣及徐三、徐正兴所遗田产，应拨充该冢祭费。又查王泳瀣名下遗有坐落句容县境之桥头谢家边地方计田十八亩六分，计十四丘，山地三十亩；又徐三、徐正兴名下遗有坐落句容县境之石山头金家桥地方计田二十一亩六分，计十七丘，柴山九亩。此处佃人亡故，多年成荒。

灵谷禅林志卷五终。

灵谷禅林志卷六

灵感

南唐昇元中，灵迹昭著，徐德裕重修塔院。保大七年，加谥妙觉，塔名应世。见《六朝事迹编类》。

周广顺初，江南伏龟山圮，得石函，长二尺，广八寸，中有铁铭曰：莫问江南事，江南自有凭。乘鸡登宝位，跨犬出金陵。子建司南位，安仁秉夜灯。东邻家道缺，随虎遇明兴。其字皆小篆，徐铉、徐锴、韩熙载皆不能解。及煜归朝，好事者云：煜辛酉年袭位，即乘鸡也。开宝甲戌，国灭，是跨犬也。围城时，曹彬营其南，潘美营其北，是子建、安仁也。后太平兴国三年，钱俶举国入觐，即东邻也。家道缺，意无钱也。随虎遇，戊寅年也。见《宋史·五行志》。

按，《五行志》又载铭曰：维天监十四年秋八月，葬宝公于是。铭有引曰：宝公尝为偈，大字书于版帛，幂之。是时，名士陆倕、王筠、姚訾而下，皆莫知其旨。或问之曰：在五百年后。至卒，乃归其铭同葬焉云云。伏龟山，与鹿苑寺近。宋马光祖建伏龟楼八十余间，见《建康志》。宝公葬钟山独龙阜，已见《高僧传》诸书，确凿有据。明初，迁之东麓，创建灵谷，毫无疑义，从未闻葬之伏龟山者，此乃纪载之讹也。《十国春秋》引此一段，广顺作保大，莫问作若问，自有凭作事可凭，兴作征。《六朝事迹编类》载，南唐将归宋数年前，昇元[寺]殿基掘得(寺)石记[①]，其辞大同小异，乘作抱，登作昇，跨作走，南位作南极，家道缺作娇小女，随作骑，遇明兴作渡河冰。《景定建康志》同。昇元寺，即瓦棺寺，在城西南凤台侧，又与伏龟山之说异矣。然则相传不一，诗谶固有之，而同葬则未也。

《宝公铜牌记》多谶未来事，云：有一真人在冀州，开口张弓在左边，子子孙孙万万年。江南中主名其子曰(宏)[弘]冀，吴越钱镠诸子亦皆连(宏)[弘]字以应[②]，而宋宣祖讳乃正当之。见《六朝事迹编类》。

按，《铜牌记》载入顾文庄《金陵古金石考目》，久无传。嘉靖间旧寺志，在冀州作名知远，本杨文公《谈苑》注，云：(宏)[弘]俶归宋，封淮海国王，弟仪信观察使，四子节度使，族属均授官，世显不绝，意谓钱氏应之。然举国入宋，何真人万年之有？似不若张敦颐之说为当也。

宋太平兴国七年，舒州民柯萼诣万寿山，遇老僧，以拄杖指松下，掘之，得石，上有篆文，乃宝公记运祚绵远之文。太宗遣使致谢，谥曰宝公妙觉。见《六朝事迹编类》《景定建康志》。

太平兴国七年，公降见城市，又降其宫中，亲与之语。诏避讳，称宝公，遣使致青词，就钟山建道场，更名太平兴国，赐田以食其人。见宋敏求《东京记》、虞集《太平兴国寺碑记》。

---

① 据《道光寺志》及本志后文校改。

② 据（宋）张敦颐撰、王进珊校点：《六朝事迹编类》卷八《谶记门·宝公铜牌记》（南京出版社，1989年版）校改。按，此处“弘”，因避清高宗名讳而改“宏”，若不改回“弘”，则无以应上文“开口张弓在左边”之“多谶未来事”。

大中祥符五年，诏于龙图阁取太平兴国中舒州所获宝公石，以示辅臣。上作诗纪其事，又作赞，目曰神告帝统石，谥曰真觉大师，遣知制诰陈尧咨诣蒋山致告，仍令天下无得斥公名。六年六月甲申，诏加谥为道林真觉大师。见《景定建康志》及《金陵新志》。

南宋绍兴八年至十二年，叶梦得以资政殿学士安抚置制大使兼行宫留守司公事，驻建康府。凡遇旱涝，皆虔祷宝公，无不立验。其时，有请像入城之事。见石林居士《建康集》。知公之护国佑民，由来久矣。

祈雨宝公塔文

宋　叶梦得

某入境，问民疾苦，皆曰：自春，[雨]泽仅足播种[①]，而未洽，五月不雨。至于今，禾之将秀者盖病矣。比连日虽沾油云之润，而境内犹不遍及。闵闵之忧，在于旦暮。历旬不继，则民必有受其害者，用是惕然不敢安。惟至人无心，与法皆一，远迩何择，孰非慈哀？愿矜怵迫之情，特施广大之惠，使民得益，苏于雕残。安辑之余，则某亦庶几免咎于强勉莅事之始。诚意殚尽，此言必闻。

祈晴宝公塔文

前人

维我邦人，仰依法荫，迫穷赴愬，凡有急而必归；艰厄更

① 据（宋）叶梦得：《建康集》卷四（文渊阁四库全书本）收录该文校改。

尝，盖无求而不应。今兹淫潦，殆已弥旬，苟朝暮之未回，必高卑之皆病。愿宏普济，俯鉴群情，万亿有藏，函被秋阳之暴；十千并耦，终偿岁事之成。庶俾丰穰，益苏雕瘵。

谢晴宝公塔文

前人

（一）[经]春多雨[①]，惧有害于粢盛；归命控祈，窃仰干于慈荫。亟蒙昭格，尽扫阴霾，岁有麦禾，稍愈疲民之望；官藏囷廪，更宽慢吏之忧。大施无边，颂言莫罄。

祈雨请宝公入城文

前人

兵戈之后，十室九空，公私所须，惟在南亩。苟或罹于一歉，即坐致于百艰。幸兹春夏之交，适获雨旸之节，疲氓尽力，布种稍周。惧迫骄阳，尚资时泽。敢祈觉力，重悯雕残，特纾惄亢之忧，赐以沾濡之惠。遗秉滞穗，岂惟足一时妇子之求？积廪高囷，庶以偿十年沟壑之患。精诚所叩，妙应无方。

谢雨送宝公还山文

前人

历月不雨，遍（宗）[禜]百神[②]。卒岁之忧，仅在十日。辄以吁嗟之（情）[请][③]，仰干慈济之仁。爰举旧章，载迎遗像。翕然云雾，即见于祟。朝霈以甘膏，不逾于旬浃，神龙效职，帝命不违，救焦槁于垂成，整雕残于既弊。敢以往来之□相，窃

① 据《建康集》卷四收录该文校改。
② 据《建康集》卷四收录该文校改。
③ 据《道光寺志》及《建康集》卷四收录该文校改。

窥妙智之成功。惟我邦人，夙依慧荫，□疾痛而呼父母，有感必通；闻沉溺而援舟航，无求不获。自今以始，不敢懈虔。尚念邻邦犹多，恳请法慈无碍，岂尔疆此界之殊；民意所须，皆东作西成之望。愿均此施，普及含生。

祈晴宝公塔文

前人

江干下湿，水潦所钟。春雨过期，麦苗将病。重轸勤民之意，敢忘先事之忧？法施无方，虽微不闲；民情所向，有请必闻。愿除阴沴之灾，亟正时阳之气，庶安疲俗，复享丰年。

祈雨请宝公入城文

前人

亢阳为孽，必在春夏之交；饥馑所忧，常当师旅之后。方淮壖之罢警，适雨泽之不时。麦苗之（顷）[须][1]，朝夕是惧。虽遍走群望，预竭吁嗟之求；非归依大雄，孰协慈悲之应？仰凭觉力，洞鉴悃诚，悯其卒岁之危，惠以崇朝之（泽）[施]，少安雕瘵，兼济公私。

谢雨送宝公还山文

前人

时旸之病，仰（叩）[兹]大（慈）[悲][2]；膏雨之施，遂周浃日。耒耜竞起，沟壑可逃。虽宏济之心无可言谢，而迫穷之情有愧于中。仰止灵山，旋归宝室，倾城拜赐，莫写斯民之诚；行道载欢，已卜丰年之庆。[惟其昭事]，愿竭此心。（□□□□）

---

① 据《建康集》卷四收录该文校改。本文其后据之校改者，不赘注。

② 据《建康集》卷四收录该文校改。本文其后据之校改者，不赘注。

祈雨宝公塔文

前人

顷迫春耕，控祈未几。兹缘民病，复敢有言。念此疲氓，方安旧业。开口待哺，惟兹耕耨之勤；尽力抚循，犹有沟壑之虑。岂容仍岁不获，有秋已愆，布种之期重轸，旷瘝之责敢逃？屡渎曲冀垂慈，法施无边，固未忘于终惠；微诚易感，尚有俟于崇朝。

谢雨宝公塔文

前人

民生孔艰，自贻灾沴；法施无尽，终荷悯慈。今兹逾月之间，屡(控)[切]无年之惧[①]。卒沾大赐，顿释群情。难名广大之功，惟切归依之志。

绍兴三十一年辛巳，敌犯淮甸，志公显灵默赞，王师大捷，江淮乂安，高宗加封道林真觉慈惠大师，塔曰感顺[②]。

淳熙九年，大旱，孝宗遣使赴宝公塔下虔祷，甘霖大沛，建谢雨道场。嗣后，宁宗、理宗朝，每逢旱涝，有司竭诚祈祷，皆获灵验，各有诗以纪其异。

按，嘉靖旧志载：宋绍定元年秋七月，旱，大帅请于宝公祠下，雨。八月，霖，大帅请

① 据《建康集》卷四收录该文校改。

② 按，“高宗加封道林真觉慈惠大师，塔曰感顺”，（明）葛寅亮撰、何孝荣点校：《金陵梵刹志》卷三《钟山灵谷寺》（南京出版社，2017年版）收录《寺志·宝志公行实》引《真宗实录》称：“被旨加封道林真觉慈应惠感大师，塔曰感顺”；同卷收录明朝嘉靖年间右觉义释可浩撰《重修宝公塔记》则称：“被旨加封慈应，塔曰感应”，封号及塔名与本志所记载者均稍异。

于宝公，晴。是月也，再请再应。大帅喜，作《儒释说》，以赐住持僧道冲。以上碑文，在东庵。此碣独断坏不全，故略记于此云云。绍定元年前一年，为宝庆三年。《建康志》《留都录》载，宝庆三年二月，赵善湘以中奉大夫安抚使兼行宫留守司公事所。称大帅，盖指善湘也。吴云旧志作大师，误矣。

敕建谢雨道场文

维淳熙九年岁次壬寅四月辛丑朔，初三日癸卯，皇帝遣入内内侍省东头供奉额外睿思殿祇候权干办讲筵阁兼承受李昌甫，于建康府蒋山太平兴国禅寺斋阖院僧，开建谢雨道场一永日者，伏以江、吴（都）[诸]郡，春泽久愆[①]，农畯诉嗟，大田告瘁。惟钟山之胜刹，有宝公像之（因）[香]缘，守臣致祈，灵沛随应，觉慈溥遍，仁利无穷。爰率梵仪，严陈法会，庶凭熏燎，附达斋诚。谨言。

淳熙己亥岁三月十三日，祈雨宝公祠下，获应如响，敬以小诗言谢[②]

宋　陈俊卿

农事春郊闵雨时，乞灵奔走宝公祠。炉中沉水才三祝，天外油云（作）[已]四垂[③]。蔌蔌通宵茅屋冷，青青破晓麦田滋。更祈三日滂然（降）[泽][④]，大作丰年遍海涯。

---

① 据《金陵梵刹志》卷三《钟山灵谷寺》收录该文校改。本文其后据之校改者，不赘注。

② 按，该诗题名，《景定建康志》卷三十七《文籍志五》（文渊阁四库全书本）收录该诗，作："蒋山谢雨"。

③ 据《道光寺志》及《景定建康志》卷三十七《文籍志五》收录该诗校改。

④ 据《景定建康志》卷三十七《文籍志五》收录该诗校改。

祷雨用陈丞相韵[1]

宋　范成大

朊原龟坼莫春时，夹路炉熏共祷祠。唤起云头千嶂涌，飞来雨脚万丝垂。无情梅坞犹红绽，有意(秋)[秧]田尽绿滋。大施门开须满愿，愿均此施匝天涯。

嘉定十四年庚寅仲夏二十有一日，祈雨应足，诗以谢之

宋　叶清臣

有龙高卧大江边，为雨为云职所专。五月半间方觖望，一霖三日遂连绵。皇天建极宁忧过，老守怀疑用竭虔。杰塔赐灵千古在，瓣香端拜为祈年。

宝祐戊午腊七日，祷雪蒋山二首

宋　倪垕

濡辔周原晓色开，候人知是半山来。天尖花瓣风成阵，一片山光玉作堆。报道丰年喧宇宙，尽教春色满楼台。宝公契我机缘在，何必埋腰勘熟梅。

点旋随车尚尔飘，犯寒旌骑怯征貂。靠崖松树玉皆老，著朵梅花粉欲销。景入渔村诗外尽，香从僧塔顶中烧。疚怀虽为民祈福，得似春风驾使轺。

① 按，该诗题名，（宋）范成大：《石湖诗集》卷二十二收录该诗，作："宝公祈雨感应，用陈申公韵，赋诗为谢"；《景定建康志》卷三十七《文籍志五》收录该诗，题则同于本志。本诗其后据二书校改者，不赘注。

贺建康帅（全）[余]处恭迎宝公祷雨随应[①]

宋　杨万里

大（士）[夫]多（年）[时]不入城，入城犹未炷（炉）[香]熏。忽吹淮水千峰雨，不费钟山半朵云。桑叶（秧）[秋]苗俱起舞，葵花萱草亦欢欣。尚书（款）[拟]送（公）归[来]去，留下丰年二十分。

宝公塔祷晴有感

宋　商硕

我公自有回天力，一笑阴云四野开。从古昌黎衡岳事，而今人又说天台。

和商总领大卿祷晴有感

宋　释庆如

秋来畎亩禾生耳，深轸弥旬积雨阴。虔叩宝公香一爇，忧民心竟彻天心。

按，庆如，宋时住持僧，字一翁。吴云旧志将二诗合而为一，谓为商总（统）[领]翁庆如[②]，谬甚。《上元县志·摭轶门》载祷雨事，遂沿其误，作翁庆如，皆未考也。

元泰定乙丑之岁，文宗潜邸金陵，值太平兴国寺灾，帝感宝公覆护生民，水旱疾疫，随祷辄应，乃出金币，为民先，阅二载而成。聚铜数万觔，铸大钟。方在冶，赐宝珠，投液中。钟成，珠不坏，宛在栾铣，万目惊睹叹异。帝感公灵贶，复于塔之北

① 按，该诗题名，《景定建康志》卷三十七《文籍志五》收录该诗同于本志，（宋）杨万里：《诚斋集》卷三十一（文渊阁四库全书本）收录本诗，则作："贺建康帅余处恭迎宝公祷雨随应。"兹据《诚斋集》校改。本诗其后据之校改者，不赘注。

② 据《道光寺志》及本志本卷前文校改。

建寺,曰崇禧万寿。天历元年,加封道林真觉慧感慈应普济圣师。详虞集《太平兴国寺碑记》及赵世延《崇禧万寿寺记》。

按,此封号,元后因[之][①],鸡鸣寺本为普济圣师庙。见《应天府志》。

元胡炳文《游钟山记》云:拜塔者累累不绝。长老云,宝公巢生而人,朱氏取而子之,后成佛。凡祷水旱疾疫如响。见《梵刹志》。《江南通志》采之。

旧志载:乱离时,有兵掠野,屠民千。民避于志公塔中,兵驰入,忽大风起,见宝公衣红袈裟立空中,以手指塔,兵之马皆自跪不行,凡军器皆自落于地。贼大惧,罗拜而去,民获保全。自是,人遂呼此塔为救命塔,志公为救命佛菩萨,盖言海寇郑成功之乱也。

无量殿,明末常有牧马者,欲以殿为厩,殿中立刻放光,乃惧而止。康熙间,住持晓苍重修,求募四方,皆以诚感。兴工前一日,大雪深三尺,封径,方虞众姓难至。夜,忽大风作。次日,殿前至山门五里,积雪俱吹开,如人扫者,数百人咸集。

天王殿,毁于兵火。康熙间,僧晓苍祝韦驮曰:老僧不化缘,尊天化缘乎?三日后,忽有居士安尚仁者至,问晓苍曰:天王殿何以不建?答曰:无缘主。安笑曰:我岂非建者?愿输

① 据《道光寺志》及本志本卷前文校改。

千金。盖韦驮示梦也。

圣师塔前签诗,灵应如响。嘉庆甲戌春,甘梦六居士为母未安窀穸,斋戒虔祷,签云:浩荡朱门白日开,温毡重席待君来。提携自得伊家力,教尔能伸素日才。归而梦至一山旁,有僧指之曰:此尔葬母所也。逾年,得江邑南乡史家庄[①]地以葬,恍如梦境。又尝卜家宅安否,得签云:汝视厨中当谨火,焦头烂额悔何迟。不数日,果有火灾。庚寅岁,将迁居某姓宅,有成议矣。往卜吉凶,签云:欲进前身杳不通,迟迟荣达谨遭逢。行人持货还归舍,储蓄应收一半功。圣意注有开门待之之语。后果未谐。购邻舍而拓之,归舍开门,一一吻合。

贵州陈复斋周书以进士出官知县,中年致仕,遨游名山,足迹几遍天下。嘉庆丙子,过寺,礼塔。方瞻拜间,忽见圣师木像,两目炯炯有光,对之转睛,逼肖生人,为之汗流浃背。时方修塔,遂乐输二百金,以成善举。

道光甲申六月,旱,有司祷雨,未得。邑人士以旧志呈太守余公霈元,请制府孙公玉庭诣寺虔祷,果得大雨。事载《上元县志》。有《祷雨纪异碑》,在八功德池侧。

---

① 按,“史家庄”,《道光寺志》作:“史家村”。

随节相孙公诣灵谷宝公塔祷雨恭纪

国朝　余霈元

轸念斯民苦，千秋圣迹彰。诗篇稽赵宋，灵异纪萧梁。公有回天力，人无调水方。但期施法雨，四野转丰穰。

碑文

《灵谷志》载，宋明时，宝志公灵显，凡求雨求雪，无不感应。且前朝多名臣诗章，以纪其事。厥后，未闻有行之者。道光四年夏，旱，求雨未得。有以寺志呈者，前制宪济南孙公行之。先期遣官至寺，取水。水甫出寺，雷雨大作，凡数日。甘霖普沛，转歉为丰，洵灵谷祈雨之一证也。时上元武公修志，邑人记载其事，第恐阅年既久，不见两志书者，神灵之普济不彰也。今更勒石纪之，俾同乡共悉，有备无遗，庶为祈求考证之一助焉。

上元伍光瑜敬纪并书。

道光八年戊子，将届小暑，无雨，秧苗未插，人心惶惶。方伯贺公长龄减从，乘小舆，黎明往祷。归而大雨如注，竟获丰稔。十一年辛卯，大水，圩田全破，陆地多成巨浸，交秋未退。方伯陆公言在塔前设坛，虔祷三日，忽连朝秋雨，未一旬而水落其半。雨所以长潮也，而能落潮，非神力而何？

斋戒恭谒宝公塔前祈祷退水有感

国朝　陆言

江河泛滥陆行船，览遍城郊意惘然。百姓何辜廑圣虑？

宫保陶据实入告，皇上朱批有百姓何辜，皆朕不德之谕。一官无补抱臣愆。民多饥溺皆由己，岁际凶荒莫诿天。捍患御灾凭佛力，愿教衽席普安全。

十二年壬辰七月间，旱，禾苗几枯死，宫保陶公澍躬率僚属，赴寺虔祷。未三日，甘霖渥沛，田获有秋。公书扁额志感，悬诸八功德水龙王神前。

祈雨谢坛文

国朝　释祖慧

伏以累旬不雨，炎炎烈日之威；四山无云，滚滚狂飙之势。田原几为焦土，沟壑尽作枯流，当道忧心，偏野蹙额，此正情急势迫、万难缓待之秋也。恭惟我普济圣师菩萨，具大神通，发真愿力，护国佑民是任，捍灾御患为怀。前古以来，神感昭著。今江南总督陶为民请命，仗佛求慈，躬率群僚，虔修斋祷。祖慧五体投诚，一心皈向。衲子愧乏咒钵之术，而菩萨已施随车之灵，坛开三日，旋瞻垂盖，慈云泽遍四郊，幸被倾盆法雨。有感斯应，无非鉴报国之诚；转歉为丰，孰克媲回天之力？爰于某月某日，恭悬扁额，仰答灵庥。窣堵有灵，用垂鉴享。

丁酉五月间，飞蝗蔽空，江边芦苇，大受其害。时秧苗甫插，捕蝗之令甚急。某县令往祷，签云：身似昏昏醉未醒，入他罗网祸非轻。如今若欲求良策，远去遐方自太平。无何，连日大风，日落时，蝗尽向西南飞去，莫知所终，竟不为灾。

翁某卜家宅，签云：惟公惟父作灾殃，损尔妻孥事可详。众口喧喧尘土憾，看看牵引到公堂。是年，丧偶，且以逋负之累，结讼多年。又某以置产事往叩，时已付半价，将立券成交矣。签云：一女如何许两家？速财不达祸如麻。其人大愕而未解。未几，鬻产者中悔，转售他人。

决问科名，尤征灵验。嘉庆戊寅科，一士子将入闱，礼塔，求签云：彼仁彼义本和同，斯议斯谋必见从。更好春来灾自息，应须福履乐融融。是科首题君子和而不同二句，果中式。次年，联捷。丁酉冬，一举子将计偕北上，斋戒往卜，签云：日久霖霪问霁期，来晨必定见天时。贵人垂手勤相接，众力相扶达凤池。果捷春闱。其历历不爽如此。

按，山东章丘县常白山醴泉寺有《志公碑》，唐太极元年立，备言灵迹，见《全唐文》。刘诶《剑门关志公殿记》云：剑阁之下，有万圣禅寺。壁之西偏，由益昌道中望之，隐隐如行僧顶伽帽。每秋时出，或现光景。谚云：饶君走到成都府，志公和尚在西川。见《方舆志》。可见圣师之灵感，无远弗届，不止金陵[云][1]。

灵谷禅林志卷六终。

---

① 据《道光寺志》校改。

灵谷禅林志卷七

高僧一

梁

圣师宝志公，详后《行实》。

宝志公行实

释宝志，本姓朱，金城人。《金陵新志》注云：金城，在蒋山北。世传朱氏汲井，闻鹰巢中儿啼，而得宝公。少出家，止京师道林寺，师事沙门僧俭为和尚，修习禅业。至宋太始初，忽如僻异，居止无定，饮食无时，发长数寸。尝跣行街巷，执一锡杖，杖头挂剪、刀及镜，或挂一两匹帛。齐建元中，稍见异迹。数日不食，亦无饥容。与人言，始若难晓，后皆效验。时或赋诗，言如谶记。京土士庶，皆敬事之。《高僧传》。

齐武帝忿其惑众，收付建康狱。旦日，咸见游行市里。既而检校，犹在狱中。其夜，又语狱吏：门外有两舆，金钵盛饭，汝可取之。果是文惠太子及竟陵王子良所供养。《南史》本传。

建康令吕文显以启帝，帝乃迎入，居之后堂，一时屏除内宴，志亦随众出。既而景阳山上犹有一志，与七僧俱。帝怒，遣推检，失所。阍吏启曰：志久出在省方，以墨涂其身。时僧正法献欲以一衣遗志，遣使于龙光、罽宾二寺求之，并云：昨宿，旦去。又至其常所造厉侯伯家寻之，伯云：志昨在此行道，旦眠，未觉。使还以告，献方知其身分三处宿焉。志尝盛冬袒行，沙门宝亮欲以衲衣遗之，未及发言，忽来引衲而去。又时就人，求生鱼鲙，人为办觅，致饱乃去。还视盆中，鱼游活如故。文惠太子要僧惠至京，行遇志，拊其背曰：赤龙子。他无所言。志后假武帝神力，见高宗于地下，尝受锥刀之苦，自是永废锥刀。《高僧传》。

在华林园，忽重著三布帽，亦不知于何得之。俄而武帝崩，文惠太子、豫章文献王相继薨，齐亦于此季矣。蔡仲熊尝问仕何所至，了自不答，直解杖头左索绳，掷与之，莫之解。仲熊至尚书左丞，方知言验。永明中，住东宫后堂，从平昌门中出入。末年，忽云：门上血污，衣蹇裳走过。至郁林见害，果以犊车载尸，出自此门，舍故阉人徐龙驹宅，而帝颈血流于门限焉。《南史》本传。

徐陵年数岁，家人携以谒，志摩其顶曰：天上石麒麟也。后果显于世。见《南史》。

齐卫尉胡谐病，请志。志注疏云：明屈。明日，竟不往。是日，谐亡，载尸还宅。志云：明屈者，明日尸出也。齐太尉司马殷齐之随陈显达镇江州，辞志，志画纸作一树，树上有乌，语云：急时可登此。后显达逆节，留齐之镇州。及败，齐之叛入庐山，追骑将及，齐之见林中有一树，树上有乌，如志所画，悟而登之，乌竟不飞。追者见乌，谓无人而返，卒以见免。齐屯骑桑偃将欲谋反，往诣志，志遥见而走，大呼云：围台城，欲反逆，斫头破腹。后未旬，事发，偃叛往朱方，为人所得，果斫头破腹。《高僧传》。

建武中，明帝害诸王。后江泌忧念南康王子琳，以访公，问其祸福。公覆香炉灰示之，曰：都尽无余。《南史·江泌传》。

梁鄱阳忠烈王恢尝屈志来第会，忽(今)[令]觅荆子甚急[①]，既得，安之门上，莫测所以。少时，王便出为荆州刺史。志多去来兴皇、净名两寺，齐帝常禁出入。及梁武即位，下诏曰：宝公迹(均)[拘]尘垢[②]，神游冥寂，水火不能焦濡，蛇虎不能侵惧。语其佛理，则声闻以上；谈其隐沦，则遁仙高者。岂得以俗士常情，空相拘制，何其鄙狭，一至于此？自今行[道]来[往]，随意出入，勿得复禁。志自是多出入禁内。《高僧传》。

帝尝问年祚远近，答曰：元嘉元嘉。帝欣然，以为享祚倍宋文之年。虽剃须发，而常冠下裙帽纳袍，故俗呼为志公。高丽闻之，遣使赍绵帽供养。《南史》本传。

尝于台城对武帝吃鲙，昭明诸王子侍侧，帝曰：朕不知其味二十余年，师何尔？乃吐出小鱼，依依鳞尾，帝深异之。今秣陵尚有鲙残鱼也。《漫录》。

云光法师讲经，天雨花。帝意其证圣，夜于含光殿焚疏，请志与云光斋。翌日，志赴，而光未知。《僧史》。

侯景生于鲜卑怀朔镇，即东昏侯后身。是日，志在便殿，赐坐，忽蹙额引颈，叹曰：仇敌生也。帝罔测。《隐子论》。

简文帝生，志公谓梁武：此子与冤家同年生。其年，侯景

---

① 据《道光寺志》及（梁）释慧皎撰、汤用彤校注：《高僧传》卷十《梁京师释宝志传》（中华书局，1992年版）校改。

② 据《高僧传》卷十《梁京师释宝志传》校改。本段其后据之校改者，不赘注。

生雁门。《朝野佥载》。

郗氏，帝后也，崩数月，帝追悼之。居寝殿，闻外骚窣声，视之，乃见一蟒，盘蹦上殿。帝大惊，蟒为人语，启帝曰：妾以生存，嫉妒六宫，其性惨毒，怒一发则火炽矢射，损物害人，死以是罪，谪为蟒耳。无饮食可实口，无窟穴可庇身，饥窘困迫，力不自胜。又鳞甲有虫，唼嘬肌肉，痛苦其剧，若加锥刀焉。感帝平昔眷妾之厚，故托丑形，陈露于帝前，祈一功德，以见拯拔也。帝闻之，呜呼感激，遂不复见。明日，大集沙门，宣其由，问善之最，以赎其苦。志公对曰：非礼佛忏、涤悃款不可。帝然其言，搜索佛经，撰《(悔)[忏]文》[①]，共成十卷，为其忏礼。一日，异香馥郁，见一天人，容仪端丽，谓帝曰：蒙帝功德，已得生忉利。殷勤致谢，言讫而去。《梁皇忏序》。

天监四年二月十五日，帝于金山寺修设水陆仪文。初，帝梦神僧曰：四生受大苦恼，何不作水陆大斋救拔之？帝问志公，劝帝寻经，必有因缘。乃躬览藏经，造经文，三年乃成。于夜，捧文，停灯烛，白佛：若理协圣凡，愿拜起，灯烛自明；或仪式未详，暗如初。言讫，投地一礼，灯烛尽明。《苇江集》。

舒江潜山奇绝，山麓尤胜，志公与白鹤道人皆欲之。帝以二俱通灵，俾各以物，识其地，先得者居之。道人以鹤止处为记，志公以卓锡处为记。鹤先飞去，至麓，将止，空中锡飞，声直卓鹤背，鹤惊止他所，遂各筑室。《事文类聚》。

五年冬，旱，雩祭备至，而未降雨。志忽上启云：志病不

① 据本段后文注引出“梁皇忏序”及（明）葛寅亮撰、何孝荣点校：《金陵梵刹志》卷三《钟山灵谷寺》（南京出版社，2017年版）收录《寺志·宝志公行实》校改。

差，就官乞活。若不启白，应得鞭杖。愿于华光殿讲《胜鬘》请雨。上即使沙门法云讲《胜鬘》，讲竟夜，便大雪。志又云：须一盆水，加刀其上。俄而雨大降，高下皆足。

上尝问志云：弟子烦惑未除，何以治之？志答云：十二。识者以为十二因缘，治惑药也。又问十二之旨，答云：旨在书字时节刻漏中。识者以为书之在十二时中。又问：弟子何时得静心修习？答云：安乐禁。识者以为，禁者止也。至安乐时，乃止尔。后法云于华林殿讲《法华》，至假使黑风，志忽问风之有无。答曰：世谛故有，第一义则无也。志往复三、四番，便笑云：若体是假有，(许)[此]亦不可解[①]。其辞旨隐没，类皆如此。《高僧传》。

公问一梵僧曰：曾闻尊者唤我作屠儿，曾见我杀生否？曰：见。公曰：有见见，无见见，不有不无见。若有见见，是凡夫见；无见见，是声闻见；不有不无见，是外道见。未审尊者如何见？僧曰：你有此等见耶？《宗鉴法林》。

帝因公神力，见地狱苦相，问：何以救之？曰：夙生定业，不可顿灭。惟闻钟声，其苦暂息。于是诏天下寺院击钟，当舒徐其声，欲以伫苦。诏张僧繇写像，志剺面出十二观音，或慈或威，竟不能写。他日，与帝临江，有物溯流而上。志以杖引之，乃紫旃檀，即雕志像，神采如生。魏齐州释志湛住泰山北谷中寺，省事少言，人不测之。终日，志公谓梁武曰：北方须陀洹圣僧今日灭度。《释氏通鉴》。

① 据《高僧传》卷十《梁京师释宝志传》校改。

有陈征虏者，事志甚笃，志尝为其现真形光相，如菩萨像焉。《高僧传》。

天监十三年冬，将示寂，诣内殿永诀。帝大惊，问：朕寿几何？志以手指脰及颈而出。《释氏通鉴》。

忽移寺金刚像出，置户外，语人云：菩萨当去。旬日，无疾而终。《南史》本传。

尸骸香软，形貌熙悦。临亡，自然一烛，以付后阁舍人吴庆，庆即启闻。上叹曰：大师不复留矣。烛者，将以后事嘱我乎？因厚加殡送，葬于钟山独龙之阜，仍于墓所，立开善精舍，敕陆倕制铭辞于冢内，王筠勒碑文于寺门，传其遗像，处处存焉。《高僧传》。

先是，琅琊王筠至庄严寺，志遇之，与交言欢饮。至亡，敕命筠为碑。盖先觉也。《南史》本传。

初，志显迹之始，年可五六十许，而终亦不老，人咸莫测其年。有徐捷道者，居于京师九日台北，自言是志公外舅弟，小志四年，计志亡时，应年九十七。《高僧传》。

按，此篇《行实》，原见嘉靖间释可浩辑旧志，葛寅亮《梵刹志》引之，皆不著撰人姓氏，盖嘉靖间修志时搜辑而成者也。其绍兴中，魏国公张浚撰《行实碑》，仅嘉靖旧志所载《行实》文内，注有此语，而碑与文皆不传。国初，吴云重辑时，将此文末尾元文宗数句削去，于篇首加虚冒数行，末复缀以年号、官爵，遂指为魏国公撰，实为臆断。独不思文内已明明有高宗绍兴之语，岂生前已有庙号乎？所引诸书，如《事文类聚》在淳熙之后，《释氏通鉴》度宗咸淳间释本觉撰，去绍兴尤远。其非魏公之作，益较然矣。

且其中引据各条，多所踳误。如僧正法献欲以一衣遗志，沙门宝亮欲以衲遗之，见《高僧传》；张僧繇传真容，见《释氏通鉴》，而谓出《传灯录》，何漫不深考也？时就人求生鱼鲙,见《高僧传》,乃云尝从吃鲙者求食,起吐水中,皆成鱼,未知何本?不与对武帝吃鲙事相混耶?假武帝神力,见高帝于地下,见《高僧传》,乃齐武也,而列于天监中,则误为梁武矣。尝为陈征虏见真容,见《高僧传》,原无剺面之语,而云舍于陈征虏家,辄自剺面,出十二面首观音,是直与张僧繇事混也。

有僧浮杯者谒帝,帝方棋,令杀之一节,谓出《释氏通鉴》。今其书内,绝无此语。《太平广记·报应门》载,梁有榼头师者,武帝甚敬信之。后敕使唤师,帝方棋,曰:杀却。使遽出而斩之。棋罢,唤师,使咨曰:陛下令人杀却,臣已杀讫。帝叹曰:临死时何言?使曰:师曰:贫道无罪。前劫为沙弥时,以锹刬地,误断一曲蟮。帝时为蟮,今此报也。帝悔无及。事绝相类,然乃僧自述,初非问及志公。且浮杯和尚,唐时人,见《传灯录》,非梁时西僧也。此段应有舛误。且《太平广记》多小说家言,兹亦不载。

后魏胡后问国祚一节,本《洛阳伽蓝记》,有沙门宝公者,形貌丑陋,心识通达,过去未来,预睹三世,发言似谶,不可解。胡氏闻之,问以世事,公曰:把粟与鸡呼朱朱。时人莫之能解。后为尔朱荣所害,始验。胡氏为魏宣武后,宣武在位十七年,改元年四。景明元年,当齐废帝永元二年。延昌四年,当梁武天监十四年。自宝公显迹南朝,齐时常禁其出入。天监中,备极尊礼,未闻远涉洛阳,何以有对胡后之事?高齐初,沙门宝公者,嵩山高栖士也。尝于白鹿山,因迷失道,入灵隐寺,遇神僧,载《太平广记·释证门》,本侯君素《旌异记》。意胡后至建义元年始被害,距高欢受禅之初,不过二十余年。或其时魏之宝公尚存,正未可知,而非梁之宝公也,决矣。

会稽临海寺僧大德谓宝公为狐魅,愿向都下觅猎犬逐之一节,本《太平广记》,语怪诞不伦,并删之。今一一订正,以《南史》本传、《高僧传》为主,参以各书,详注其所本。称名称公,悉仍原本之旧,弗加窜改。其篇末所引宝公石函、《铜牌记》、舒州石篆,及宋、元加谥各条,皆系身后之事,与《行实》何关?另列于《灵感门》,以归划一,庶后之览者,得公生平梗概,不至失真云尔。

《宝禅师语录》,宋王斿撰序,米芾书,在半山报宁寺,见

《六朝事迹编类》。又撰《古今训释》，殆亦《字苑》《声类》之流亚欤？惜今皆无传。所著《十二时歌》，刻入三绝碑，已载第四卷《旧迹》内。其《大乘赞》《十四科颂》，皆阐明佛祖要妙，见《指月录》。今并附录于后，俾公之心法，尚见一斑焉。

大乘赞十首

大道常在目前，虽在目前难睹。若欲悟道真体，莫除声色言语。言语即是大道，不假断除烦恼。烦恼本来空寂，妄情递相缠绕。一切如影如响，不知何恶何好？有心取相为实，定知见性不了。若欲作业求佛，(佛)[业]是生死大兆[①]。生死业常随身，黑暗狱中未晓。悟理本来无异，觉后谁晚谁早？法界量同太虚，众生智心自小。但能不起吾我，涅槃法食常饱。一。

妄身临镜照影，影与妄身不殊。但欲去影留(形)[身]，不知身本同虚。身本与影不异，不得一有一无。若欲存一舍一，永与(直)[真]理相疏。更若爱圣憎凡，生死海里沉浮。烦恼因心有故，无心烦恼何居？不劳分别取相，自然得道须臾。梦时梦中造作，觉时觉境都无。翻思觉时与梦，颠倒二见不殊。改迷取觉求利，何异贩卖商徒？动静两(忘)[亡]常寂，自然契合真如。若言众生异佛，迢迢与佛常疏。佛与众生不二，自然究竟无余。二。

法性本来常寂，荡荡无有边畔。安心取舍之间，被他二境回换。敛容入定坐禅，摄境安心觉观。机关木人修道，何时得达彼岸？诸法本空无著，境似浮云会散。忽悟本性元空，恰

---

① 据（宋）释道原：《景德传灯录》卷二十九《志公和尚大乘赞十首》（见《大正藏》第五十一册，第449-450页）校改。本《大乘赞》其后据之校改者，不赘注。

似热病得汗。无智人前莫说，打(你)[尔]色身星散。三。

报(你)[尔]众生直道，非有即是非无。非有非无不二，何须对有论虚？有无妄心立号，一破一个不居。两名由尔情作，无情即是真如。若欲存情觅佛，将网山上罗鱼。徒费工夫无益，几许枉用功夫。不解即心即佛，真似骑驴觅驴。一切不憎不爱，这个烦恼须除。除之则须除身，除身无佛无因。无佛无因可得，自然无法无人。四。

大道不由行得，说行权为凡愚。得理返观于行，始知枉用功夫。未悟圆通大理，要须言行相扶。不得执他知解，回光返本全无。有谁解会此说，教君向己推求。自见昔时罪过，除却五欲疮疣。解脱逍遥自在，随方贱卖风流。谁是发心买者，亦得似我无忧。五。

内见外见总恶，佛道魔道俱错。被此二大波旬，便见厌苦求乐。生死悟本体空，佛魔何处安著？只由妄情分别，前身后身孤薄。轮回六道不停，结业不能除却。所以流浪生死，皆由横生经略。身本虚无不实，返本是谁斟酌？有无我自能为，不劳妄心卜度。众生身同太虚，烦恼何处安著？但无一切希求，烦恼自然销落。六。

可笑众生蠢蠢，各执一般异见。但欲傍鏊求饼，不解返本观面。面是正邪之本，由人造作百变。所须任意纵横，不假偏耽爱恋。无著即是解脱，有求又遭罗罥。慈心一切平等，真(如)[即]菩提自现。若怀彼我二心，对面不见佛面。七。

世间几许痴人，将道复欲求道。广寻诸义纷(纷)[纭]，自救己身不了。专寻他文乱说，自称至理妙好。徒劳一生虚过，永劫沉沦生老。浊爱缠心不舍，清净智心自恼。真如法界丛林，反（作）［生］荆棘荒草。但执黄叶为金，不悟弃金求宝。所以失念狂走，强力装持相好。口（里）［内］诵经诵论，心里寻常枯槁。一朝觉本心（生）［空］，具足真如不少。八。

声闻心心断惑，能断之心是贼。贼贼递相除遣，何时了本语默？口内诵经千卷，体上问经不识。不解佛法圆通，徒劳寻行数墨。头陀阿练苦行，希望后身功德。希望即是隔圣，大道何由可得？譬如梦里渡河，船师渡过河北。忽觉（船）［床］上安眠，失却渡船轨则。船师及彼渡人，两个本不相识。众生迷倒羁绊，往来三界疲极。觉悟生死如梦，一切求心自息。九。

悟解即是菩提，了本无有阶梯。堪叹凡夫伛偻，八十不能跋蹄。徒劳一生虚过，不觉日月迁移。向上看他师口，恰似失你孩儿。道俗峥嵘（聚）集［聚］，终日听他死语。不观己身无常，心行贪如狼虎。堪（叹）［嗟］二乘狭劣[①]，要须摧伏六府。不食酒肉五辛，邪眼看他饮咀。更有邪行猖狂，修（习）［气］不食盐醋。若悟上乘至真，不假分别男女。十。

十四科颂十四首

菩提烦恼不二

众生不解修道，便欲断除烦恼。烦恼本来空寂，将道更欲觅道。一念之心即是，何须别处寻讨？大道（只）［晓］在目前，（愚）［迷］倒（迷）［愚］人不了[②]。佛性天真自然，亦无因缘

① 据《道光寺志》及《景德传灯录》卷二十九《志公和尚大乘赞十首》校改。本《大乘赞》其后据之校改者，不赘注。

② 据《景德传灯录》卷二十九《志公和尚十四科颂》校改。本《十四科颂》其后据之校改者，不赘注。

修造。不识三毒虚假，妄执浮沉生老。昔时迷日为晚，今日始觉非早。

持犯不二

丈夫运用无碍，不为戒律所制。持犯本自无生，愚人被他禁系。智者造作皆空，声闻触途为滞。大士肉眼圆通，二乘天眼有翳。空中妄执有无，不达色心无碍。菩萨与俗同居，清净曾无染世。愚人贪著涅槃，智者生死实际。法性空无言说，缘起略无人(会)[子]。百岁无智小儿，小儿有智百岁。

佛与众生不二

众生与佛无殊，大智不异于愚。何须向外求宝，身田自有明珠。正道邪道不二，了知凡圣同途。迷悟本无差别，涅槃生死一如。究竟攀缘空寂，惟求意想清虚。无有一法可得，翛然自(人)[入]无余。

事理不二

心王自在翛然，法性本无十缠。一切无非佛事，何须摄念坐禅？妄想本来空寂，不用断除攀缘。智者无心可得，自然无诤无喧。不识无为大道，何时得证幽玄？佛与众生一种，众生即是世尊。凡夫妄生分别，无中执有迷奔。了达贪嗔空寂，何处不是真门？

静乱不二

声闻厌喧求静，犹如弃面求饼。饼即从来是面，造作随人百变。烦恼即是菩提，无心即是无境。生死(即是)[不异]涅槃，贪嗔如焰如影。智者无心求佛，愚人执邪执正。徒劳空过一生，不见如来妙顶。了达淫欲性空，镬汤炉炭自冷。

善恶不二

我自身心快乐，倏然无善无恶。法身自在无方，触目无非正觉。六尘本来空寂，凡夫妄生执著。涅槃生死(太)平[等]，四海阿谁厚薄？无为大道自然，不用将心画度。菩萨散诞灵通，所作常含妙觉。声闻执法坐禅，如蚕吐丝自缚。法性本来圆明，病愈何须执药？了知诸法平等，倏然清虚快乐。

色空不二

法性本无青黄，众生谩造文章。吾我说他止观，自意扰扰颠狂。不识圆通妙理，何时得会真常？自疾不能治疗，却教他人药方。外看将为是善，心内犹若豺狼。愚人畏其地狱，智者不异天堂。对境心常不起，举足皆是道场。佛与众生不二，众生自作分张。若欲除却三毒，迢迢不离灾殃。智者知心是佛，愚人乐往西方。

生死不二

世间诸法如幻，生死犹若雷电。法身自在圆通，出入山河无间。颠倒妄想本空，般若无迷无乱。三毒本自解脱，何须摄念禅观？只为愚人不了，从他戒律决断。不识寂灭真如，何时得登彼岸？智者无恶可断，运用随心合散。法性本来空寂，不为生死所绊。若欲断除烦恼，此是无明痴汉。烦恼即是菩提，何用别求禅观？实际无佛无魔，心体无形无段。

断除不二

丈夫运用堂堂，逍遥自在无妨。一切不能为害，坚固犹若金刚。不著二边中道，倏然非断非常。五欲贪嗔是佛，地狱不异天堂。愚人妄生分别，流浪生死猖狂。智者达色无碍，声闻无不(凄)[恛]惶。法性本无瑕翳,众生妄执青黄。如来引接迷愚,或说地狱天堂。弥勒身中自有,何须别处思量?弃却真如佛像,此人即是颠狂。声闻心中不了,惟只趁逐言章。言章本非真道,转加斗争刚强。心里蚖蛇蝮蝎,螫著便即遭伤。不解文中取义,何时得会真常?死入无间地狱,神识枉受灾殃。

真俗不二

法师说法极好,心中不离烦恼。口谈文字化他,转更增他生老。真妄本来不二,凡夫弃妄觅道。四众云集听讲,高座论义浩浩。南坐北坐相争,四众为言为好。虽然口谈甘露,心里寻常枯燥。自已原无一钱,日夜数他珍宝。恰似无智愚人,弃却真金担草。心中三毒不舍,未审何时得道?

解缚不二

律师持律自缚,自缚亦能缚他。外作威仪恬静,心内恰似洪波。不驾生死船筏,如何渡得爱河?不解真宗正理,邪见言辞繁多。有二比丘犯律,便却往问优波。优波依律说罪,转增比丘网罗。方丈室中居士,维摩便即来诃。优波默然无对,净名说法无过。而彼戒性如空,不在内外娑婆。劝除生灭不肯,忽悟还同释迦。

境照不二

禅师体离无明,烦恼从何处生?地狱天堂一相,涅槃生死空名。亦无贪嗔可断,亦无佛道可成。众生与佛平等,自然圣智惺惺。不为六尘所染,句句独契无生。正觉一念玄解,三世坦然皆平。非法非律自制,翛然真入圆成。绝此四句百非,如空无作无依。

运用无碍

我今滔滔自在，不羡公王卿宰。四时犹若金刚，苦乐心常不改。法（轮逾）[宝喻]于须弥，智慧广于江海。不为八风所牵，亦无精进懈怠。任性浮沉若颠，散诞纵横自在。遮莫刀剑临头，我亦安然不采。

迷悟不二

迷时以空为色，悟即以色为空。迷悟本无差别，色空究竟还同。愚人唤南作北，智者达无西东。欲觅如来妙理，常在一念之中。阳焰本非其水，渴鹿狂趁匆匆。自身虚假不实，将空更欲觅空。世人迷倒至甚，如犬吠雷叿虹。

智藏法师，梁武帝创开善寺，敕藏居之。见《[续]高僧传》[①]，列后。

智藏法师传

释智藏，本名净藏，吴郡吴人。戒德坚明，学业通奥。梁圣僧宝志迁神，窀穸于钟阜，于墓前建塔寺，名开善，敕藏居之。[初，藏未受具戒，遇志于定林上寺，遂推令居前，垂示崇敬之迹。识知德望，有归告之先见矣。]

有野姥者，工相人，谓藏曰：法师聪辩盖世，天下流名，但恨年命不长，可至三十一矣。时年二十有九，闻斯促报，讲解顿息，竭精修道，（修）[发]大誓愿，不出寺门，遂探经藏，得

① 据（唐）释道宣：《续高僧传》卷五《梁钟山开善寺沙门释智藏传》（见《大正藏》第五十册，第465–467页）校改。按，释智藏传未见于《高僧传》，而见于《续高僧传》。下文收录《智藏法师传》实为《续高僧传》之节略，据其校改，不赘注。

《金刚般若》,受持读诵,毕命奉之。至所厄暮年,香汤沐浴,净室诵经,以待死至。俄而闻空中声曰:善男子,汝往年三十一者,是报尽期。由《般若经》力,得倍寿矣。藏后出山,试(遇)[过]前相者,乃大惊起曰:何由尚在世也?前见短寿之相,今了一无,沙门诚不可相矣。藏问:今得至几?答云:色相骨法,年六十余岁。藏曰:五十(知)[为]命,已不为夭,况复过也。

梁大同中,帝欲自御僧官,维任法侣,敕主书遍令许者署名。于时盛哲无敢抗者,皆匿然投笔。后以疏闻藏,藏以笔横铄之,告曰:佛法大海,非俗人所知。帝览之,不以介意,然意弥盛,事将施行于世。虽藏后未同,而敕已先被。晚于华光殿设会,众僧大集。后藏方至,帝曰:比见僧尼多未(调)[诵]习,白衣僧正,不解(律)科[条]。以俗法治之,伤于过重。弟子暇日,欲自为白衣僧正,亦依律立法者。虽是师之事,然佛亦复付嘱国王。向来与诸僧共论,咸言不异。法师意旨如何?藏曰:陛下欲自临僧事,实光显正法。但僧尼多不如律,所愿垂慈矜恕,此事为后。帝曰:弟子此意,岂欲苦众僧耶?正谓俗愚过重,自可依律定之。法师乃令矜恕,此意何在?答曰:陛下诚欲降重从轻,但(未)[末]代众僧,难皆如律,故敢乞矜恕。帝曰:请问诸僧犯罪,佛法应治之否?答曰:窃以佛理深远,教有出没,意谓亦治亦不治。帝曰:惟见付嘱国王治之,何处有不治之说?答曰:调达亲是其事,如来置之不治。帝曰:法师意谓调达何人?答曰:调达乃诚不可测,夫示迹正欲显教,若不可不治,圣人何容示此。若一向治之,则众僧不立。一向不治,亦复不立。帝动容,追停前敕。诸僧震惧,相率启请。帝曰:藏法师是大丈夫心,谓是则道是,言非则道非。致词宏大,不以形命相累。诸法师非大丈夫,意实不同,言则不异。弟子向与藏法师硕诤,而诸法师默然无见助者,岂非意在不同耳?事遂寝。

藏出,告诸徒属曰:国王欲以佛法为己任,乃是大士用心。然衣冠一家,子弟十数,未必称意。况复众僧五方混杂,未易辨明,正须去其甚泰耳。且如来戒律,布在世间,若能遵用,足相纲理。僧正非但无益,为损宏多,常欲劝令罢之,岂容赞成此事?或曰:理极如此。当万乘之怒,何能夷然?藏笑曰:此实可畏。但吾年老,纵复阿旨附会,终不长生。然死本非所惜,故安之耳。[后法云谓众曰:帝于义理之中,未能相谢。一日之事,真可愧服。不久],敕于彭城寺讲《成实》。[听侣千余,皆一时翘秀,学观荣之。]又敕于慧轮殿讲《波若经》,[别敕大德三十人预座。藏开释发趣,各有清拔,皆著私记,拟后传习。]

天监末年春,舍身大忏,招集道俗,并自讲《金刚波若》,以为极悔。惟留衣钵,余者倾尽,一无遗余。陈郡谢幾卿指挂衣竹,戏曰:犹留此物,尚有意耶?藏曰:身犹未灭,意何由尽?而尚怀靖处,托意山林。(退)[还]居开善,因(大)[不]履世。时或敕会,乃上启辞曰:夙昔顾省,心或不调。欲依佛一语,于空闲自制,而从缘流,二十余载,在乎少壮,故可推斥。今既(死)[老病],身心俱(灭)[减],若复退一毫,便不堪自课。故愿言静处,少自(荣)[营]卫,非敢傲世求名,非欲从闲自诞,(持)[特]是常人近情,惧前途之已迫耳。帝手[敕]

喻曰：求空自闲，依空入慧。高蹈养神，实是胜乐。不违三乘，亦以随喜。惟别之际，能无(恨)[怅]然？歧路赠言，古人所重。犹(愿)[劝]法师，行无碍心，大悲为首，方便利益，随时用舍，不宜顿杜，以隔碍心，行菩萨道，无有是处。敕往反频仍久之，藏持操不改。

皇太子尤相敬接，将致北面之礼，朱轮徐动，鸣笳启路，就而谒之，从遵戒范，[永为师傅][又请于寺讲《大涅槃》，亲临幄坐，爰命咨质。朝贤时彦，道俗盈堂。法筵之盛，未之前闻。又于北阁更延谈论，皆叹曰：陪预胜席，未曾有也。又于]寺外山曲，别立头陀之舍六所，并是茅茨，容膝而已。皇太子闻而游览焉，各赋诗而返。其后章云：非曰乐逸游，意欲识箕颍。藏结心世表，常行忏悔。每于六时，翘仰灵相。

尝宿灵曜寺，夜渐用心，见有金光照耀，一室洞明。人问其故，答曰：此中奇妙，未可得言。是旦，遘疾。至于大渐，帝及储君、中使相望，[四部白黑，日夜参候。敕为建齐，手制愿文，并继以医药。而天子不整，唯增不降。]临终，词色详正，遗言惟在宏法。以普通三年九月十(五)日，卒于寺房，春秋六十有五。敕葬独龙之山。[赴送盈道，同为建碑，坟所、寺内各一。]新安太守萧机制文，湘东王绎制铭，太子中庶子陈郡殷钧为立墓志。

初，藏讲大小品《涅槃》《般若》《法华》《十地》《金光明》《成实》《百论》《阿毗昙心》等，各著义疏行世。

灵谷禅林志卷七终。

灵谷禅林志卷八

高僧二

宋

赞元，字（普）[万]宗[①]，号觉海，义乌人，姓傅氏，双林傅大士之裔。三岁出家，七岁为大僧，十五游远方。造石霜，见慈明圆禅师，乃曰：好，好，著槽厂去。师作驴鸣，明曰：真法器。请为侍者二十年。后阐法苏台、天（笔）[峰]、龙华、白云，兄事蒋山心公。心没，江宁府帅请居宝公道场，提纲宗要，[机锋迅敏，解行相应]，诸方推服。丞相王安石重师德望，奏赐章服[、师号]。安石致仕，结庐定林山中，与师萧散林下，清谈终日。元祐元年九月，示寂，安石恸哭，为造塔焉。

---

① 据（宋）释惠洪：《禅林僧宝传》卷二十七《蒋山元禅师》（见《卍续藏》第七十九册，第1560号第545页）、（元）释念常：《佛祖历代通载》卷十九《蒋山赞元禅师》（见《大正藏》第四十九册，第672页）等校改。按，本志本传后文注，“普宗、佛慧二公事迹、语录，详《指月录》《五灯会元》”。其实，（宋）释普济：《五灯会元》卷十二《南岳下十一世·石霜圆禅师法嗣·蒋山赞元觉海禅师》（见《卍续藏》第八十册，第1565号第248页）、（明）瞿汝稷：《指月录》卷二十五《六祖下第十二世·金陵蒋山赞元禅师》（见《卍续藏》第八十三册，第1578号第680页）主要记载其机锋语录，并未载其字、号等事迹。经检索，《禅林僧宝传》《佛祖历代通载》等载有释赞元之字、号等，然字均作“万宗”，而无“普宗”之说。兹据以校改。另，本传其后据《五灯会元》《指月录》校改者，不赘注。

法泉，号佛慧，随州时氏子。居太平兴国寺，经营辛苦，多所修建，以成丛林。与苏东坡友善。晚奉诏住大相国智海禅寺，问众曰：赴智海，留蒋山，去就孰是？众莫对，师书偈曰：非心非佛徒拟议，得皮得髓漫商量。临行珍重诸禅侣，门外千山正夕阳。[书毕而逝][1]

按，(普)[万]宗、佛慧二公事迹、语录，详《指月录》《五灯会元》。

良策，字慧炬，福州人。嗣法云秀公。初见六合牧公，稍有发明。诣圆通会下，顿释疑滞。阐发华藏。次迁钟山。一日，上堂云：雪消残，分外寒，向火容易，涉道艰难。好是和衣打睡，任他日上阑干。祖师雪，没腰臂，吾徒莫作等闲。光阴荏苒，人事多端，这边绿水，那边青山。难。难。百年三万六千日，看看便是鬓毛斑。山僧与么说话，未免拖泥带水。虽然如是，养子方知父母恩。

慧懃，字佛鉴，舒州汪氏子。嗣五祖，得度，每以唯此一事实，余二则非真，味之有省。遍参名宿，往来五祖之门有年。政和五年，居蒋山，赐徽号、紫衣。七年十月(二十)八日，

① 据（明）释明河：《补续高僧传》卷十《佛慧泉禅师传》（上海古籍出版社，1991年版）校补。按，本志本传后文注，释法泉“事迹、语录，详《指月录》《五灯会元》”。其实，《五灯会元》卷十六《青原下十一世·云居舜禅师法嗣·金陵蒋山法泉佛慧禅师》（见《卍续藏》第八十册，第1565号第332页）、《指月录》卷二十五《六祖下第十二世·金陵蒋山法泉禅师》（见《卍续藏》第八十三册，第1578号第680页）主要载其机锋语录，而非事迹。该传原文，经检索，实出于《补续高僧传》。另，本处所校补，亦见于《五灯会元》《指月录》。本志原文省略，致文意欠连贯。

沐浴更衣，端坐，手写数书，别故交，停笔而化①。

怀深，号慈受，寿春夏氏子。生而祥光见舍，文殊坚遥见，疑火也。诘旦，知师生，往访。抱见坚，辄笑，母许出家。遍参方外，请益鉴公，大豁，呈偈曰：只是旧时行履处，等闲举著便淆讹。夜来一阵狂风起，吹落桃花知几多。鉴抚掌曰：者里岂不是活祖师意？后终于蒋山②。

普崇，号梦庵。嗣胜因静禅师。先住涟水万寿。后住钟山。上堂云：残雪既消尽，春风日渐多。若将时节会，佛（性）

① 据《五灯会元》卷十九《南岳下十四世·五祖演禅师法嗣·舒州太平慧懃佛鉴禅师》（见《卍续藏》第八十册，第1565号第397页）、（元）释觉岸：《释氏稽古略》卷四（见《大正藏》第四十九册，第681页）、《指月录》卷二十九《六祖下第十五世·舒州太平慧懃佛鉴禅师》（见《卍续藏》第八十三册，第1578号第718页）、（明）释居顶：《续传灯录》卷二十五《大鉴下第十五世·五祖演禅师法嗣·舒州太平慧懃佛鉴禅师》（见《大正藏》第五十一册，第636页）等校改。

② 按，"后终于蒋山"，似误。释怀深事迹，《五灯会元》卷十六《青原下十三世·长芦信禅师法嗣·东京慧林怀深慈受禅师》（见《卍续藏》第八十册，第1565号第347页）、《续传灯录》卷十八《大鉴下第十四世·长芦信禅师法嗣》（见《大正藏》第五十一册，第588页）、（清）释通容：《五灯严统》卷十六《南岳下十三世·长芦信禅师法嗣·东京慧林怀深慈受禅师》（见《卍续藏》第八十一册，第1568号第153页）、（清）释超永：《五灯全书》卷三十六《云门宗·南岳下十三世·长芦信禅师法嗣·东京慧林怀深慈受禅师》（见《卍续藏》第八十二册，第1571号第27页）、（清）济能：《角虎集》卷下《东京慧林怀深慈受禅师》（见《卍续藏》第六十二册，第1177号第215页）均有记载，然皆未言其终于蒋山。惟（宋）释正受：《嘉泰普灯录》卷九《青原第十三世·长芦净照崇信禅师法嗣·东京慧林慈受怀深禅师》（见《卍续藏》第七十九册，第1559号第342页）记载释怀深生平较为完整，末言："久之，敕补蒋山。未数月，退居洞庭之包山。复应王氏请，为圆觉第一祖。绍兴二年四月望，为众小参。僧问末后句，师良久曰：后五日看。至二十日，果示微疾，竟尔告终""分灵骨，塔于包山之显庆、思溪之圆觉"。从此记载来看，其示寂之地应是洞庭包山，或思溪圆觉，而非蒋山。

[法]又如何[1]？且道时节因缘，与佛法道理，是同是别？良久云：无影树栽人不见，开花结果自馨香。

昙华，号应庵，蕲州黄梅人。十七出家，首依水南，遂染指法味。遍历名山，与诸老激扬，无不契者。[初分座于处之连云，处守遂以妙严，请师出世。继住衢之明果、蕲之德章、饶之报恩、荐福、婺之宝林、报恩、江之东林、建康之蒋山、平江之万寿，两住南康归宗，末乃住天童，皆缁白歆慕，远近奔凑，如水赴壑]。[2]在(海)[梅]阳时，有僧[传华示众语，大慧见之，极口称叹]，[3]以偈寄之，曰：坐断金轮第一峰，千妖百怪尽潜踪。年来又得真消息，报道杨岐正脉通。其归重如此。

善直，号一庵，德安云梦人。嗣大慧杲禅师。初参妙喜于回雁峰下，喜问曰：何处人？师曰：安州人。喜曰：我闻安

---

① 据《五灯会元》卷十八《南岳下十三世下·胜因静禅师法嗣·涟水军万寿梦庵普信禅师》（见《卍续藏》第八十册，第1565号第384页）、《嘉泰普灯录》卷十三《南岳第十五世·胜因戏鱼咸青禅师法嗣·涟水军万寿梦庵普信禅师》（见《卍续藏》第七十九册，第1559号第371页）、《续传灯录》卷三十《大鉴下第十六世·胜因静禅师法嗣·涟水军万寿梦庵普信禅师》（见《大正藏》第五十一册，第676页）等校改。

② 据（宋）释昙华：《应庵和尚语录》卷十附（宋）李浩：《塔铭》（见《卍续藏》第六十九册，第1359号第551页）校补。按，本志收录释昙华传记，然原文竟无其与本寺相关之文字。检索各种佛史灯录，亦多无记载。幸有《应庵和尚语录》卷十所附（宋）李浩撰释昙华《塔铭》，其中言及释昙华曾住“建康之蒋山”云云。兹据以校补。

③ 据《五灯会元》卷二十《南岳下十六世·虎丘隆禅师法嗣·明州天童应庵昙华禅师》（见《卍续藏》第八十册，第1565号第429页）、《续传灯录》卷三十一《大鉴下第十七世·虎丘隆禅师法嗣·明州天童应庵昙华禅师》（见《大正藏》第五十一册，第679页）、（明）释如惺：《大明高僧传》卷六《明州天童沙门释昙华传五》（上海古籍出版社，1991年版）等僧史灯录及《应庵和尚语录》卷十附（宋）李浩：《塔铭》校改。

州人会斯扑，是否？师便作相扑势，师曰：湖南人吃鱼，因甚湖北人著鲠？师打筋斗而出。喜曰：谁(家)[知]冷灰里，有粒豆爆出？①[竟辞喜，过江浙。尝与三衢、升式二人为同行。后住金陵保宁。嗣妙喜，法道大振。因留守陈丞相俊卿会诸山，茶次，陈举有句无句，如藤倚树，令诸山批判。诸山皆尖言巧语，以取丞相之意。惟师最后颂曰：张打油，李打油，不打浑身只打头。丞相大喜。未几，迁住蒋山。]②

法熏，号石田，眉山彭氏子。三四岁，见佛僧，便礼拜。年二十二，薙发，受具戒。游方至石霜，礼雷迁[塔]③，述偈曰：一念慈容元不隔，何须特地(赐)[肆]乖张？(手)[平]高就下婆心切，恼得雷公一夜忙。师名由是大著。初[出世苏之高峰。次]居枫桥。值蒋山虚席，乃请师补处。[宝庆初，迁净慈。端平二年，迁灵隐。]后终于宝寿。

---

① 据《五灯会元》卷二十《南岳下十六世·径山杲禅师法嗣·建康府蒋山一庵善直禅师》（见《卍续藏》第八十册，第1565号第426页）、《续传灯录》卷三十二《大鉴下第十七世·径山杲禅师法嗣·建康府蒋山一庵善直禅师》（见《大正藏》第五十一册，第691页）、《五灯全书》卷四十五《临济宗·南岳下十六世·径山杲禅师法嗣·建康府蒋山一庵善直禅师》（见《卍续藏》第八十二册，第1571号第119页）等校改。

② 据（宋）释道融：《丛林盛事》卷上《直道参妙喜》（见《卍续藏》第八十六册，第1611号第688页）校补。按，本志收录释善直传记，然原文竟无其与本寺相关之文字。检索各种佛史灯录，多无记载，惟《丛林盛事》有如此文字云云。兹据以校补。

③ 据（宋）释法熏：《石田和尚语录》卷四《题石霜雷迁塔》（见《卍续藏》第七十册，第1386号第352页）及《续传灯录》卷三十五《大鉴下第二十世·卧龙祖先禅师法嗣·杭州灵隐法熏禅师》（见《大正藏》第五十一册，第710页）、（明）释明河：《补续高僧传》卷十一《石田熏禅师传》（上海古籍出版社，1991年版）等校改。本传其后据《续传灯录》《补续高僧传》校改者，不赘注。

元

清远，号佛眼，临邛李氏子。年十四，读《法华》，至是法非思量分别之所能解，问讲师，莫能答。师笑曰：义学名相，非所以了生死大事。遂南游，造舒州演公法席。因丐于庐(山)[州]①，偶跌仆地，烦懑间，闻两人相詈，谏者曰：你犹自烦恼在。师言下顿省。及归，凡有所问，演曰：我不如你，你自会得好。或曰：我不会，我不如你。师愈疑，请决于元礼首座，以手引师耳，绕围炉数匝，且行且语，曰：他(复)[后]悟去，方知今日曲折。后出住崇宁万寿，及和之褒禅。晚归蒋山。临终前一日，饭食讫，趺坐，谓徒曰：诸方老宿，留偈辞世，世可辞乎？且(好)[将]安住。乃合掌，怡然而逝。

妙高，号云峰，长溪人。母梦池上婴儿合掌，坐莲花心，手捧得之，觉而生师，因名梦池。出家，见无准于径山，准器之，拟以侍职，曰：怀安败名，吾不遍参诸方不止。遂之育王，见偃溪闻，即请入侍掌藏。一日，溪举如水牛过窗棂，头角、四蹄过了，因甚尾巴过不得，师有省，答曰：鲸吞海水尽，露出珊瑚枝。溪可之。会蒋山虚席，直指佥议，无以易师。朝旨从之。历十有三年，众逾五百。德祐乙亥，寺被兵革，有军迫师求金者。师曰：此但有寺有僧，无金与汝。俄以刃拟师，师延颈曰：

---

① 据《五灯会元》卷十九《南岳下十四世·五祖演禅师法嗣·舒州龙门清远佛眼禅师》（见《卍续藏》第八十册，第1565号第398页）、《指月录》卷二十九《六祖下第十五世·舒州龙门清远佛眼禅师》（见《卍续藏》第八十三册，第1578号第719页）等校改。本传其后据《五灯会元》《指月录》校改者，不赘注。

欲杀即杀，非汝磨刀石。辞气雍容，了无怖畏，军士掷刃。伯颜丞相见师加敬，舍牛(头)[百][①]，斋粮五百石，寺赖以济。丞相又戒诸将曰：此老非常人比，宜异待之。以故寺得无恙。

守忠，灵隐玉山禅师弟子。至治辛酉，应请来主太平兴国寺。禅学之士，日满其室。旧有蒲卢之泽，为豪家所夺，讼之累年，不决。忠至，让而弗辩，夺者愧而归之。泰定乙丑，文宗潜邸金陵，寺适灾。文宗倡修之，复建崇禧万寿寺于寺北。及归膺大宝，号忠为(宏)[佛]海普印昙芳禅师[②]，领两寺。未几，加授广慈圆悟禅师。至顺元年秋，召忠入朝，奏对称旨，命太禧宗禋院日给禀饩，赐金襕伽黎衣与青鼠之裘，恩礼有加焉。

明

仲羲，字物先，浙东人。嗣仲芳伦禅师法。洪武九年，被召住蒋山寺。以寺近宫阙，非惟僧徒食息靡安，圣师神灵亦恐未妥，请改建。明祖从之。始择地于朱湖洞南，功将就绪，有言其地湫隘，非京刹所宜。羲复以闻，有旨，令舍旧图新，大其规制，可容千僧。太师李善长相度地形，择于独龙冈东麓，以图进，上曰：以此奉志公为宜。乃大兴土木。逾年，告成。授

---

① 据（元）释念常：《佛祖历代通载》卷二十二（见《大正藏》第四十九册，第721页）、《续传灯录》卷三十六《大鉴下第二十世·净慈闻禅师法嗣·杭州径山云峰禅师》（见《大正藏》第五十一册，第711页）等校改。

② 据本志卷一《沿革》收录（元）虞集：《钟山太平兴国寺碑记》、（元）虞集：《道园学古录》卷二十四《集庆路重建太平兴国禅寺碑》（文渊阁四库全书本）校改。

右阐教，赐紫。开堂，宗风大振。

按，禅师为明初请徙灵谷之人，正此寺重开山之祖也。

清濬，字天渊，黄岩李氏子。幼颖敏，依径山古鼎铭禅师，得受印可。诸方争以得师为重。洪武间，召入京，设普渡大会，升座说法，感佛放光。补右觉义。太祖亲制诗十二首以赐之。

道谦，字巽中，号牧庵，南昌人。生而聪明，通内外典。自幼出家，住杭之报国寺。明初，诏至京师，时泐公主天界，命分座。旋授左阐教，住灵谷。洪武二十九年十一月，示微疾，端坐而逝。

居顶，号元极，台之黄岩人。自幼学出世法，聪慧过人。得西丘之正传，性相双融，行解兼至。初住四明之翠山，次迁婺之双林，所在振兴，皆有成绩。洪武间，选赴京师，召对称旨，授僧录，住灵谷。说法供众，其道大行。成祖亦屡加恩赉。永乐间，无疾而化。

净戒，字定岩，号幻居，吴兴人。髫龄，喜儒、佛兼诵。年十一，即求出家。至金陵，时值觉源昙公住天界，师充维那，胁不暖席。一日，昙举桶箍爆的公案问之，拟议未即答，昙厉声曰：早迟入刻了。言下大悟。复游东南，名流加敬。洪武丙子，授左觉义，兼住鸡鸣。永乐初，敕住灵谷。升右阐教。戊戌六月二日亭午，起坐，索纸笔，书偈而逝。火后，有顶骨、牙齿数珠不坏。事闻，遣官致祭。宣德四年，追谥惠济禅师。

能义，字无言，四明人。大族世家子。平昔清苦，不事华丽，不蓄长物，以一锡一钵自随。居钟山闲房，非行谊高洁者不与之接。日惟禅定为事，暇则与晚学辈演说经藏要义。成祖雅重之，召对无虚月。每入大内，即命讲说《楞严》大义。俾住灵谷，授僧录。后以朝觐北上，卒于庆寿僧舍。

道永，字无涯，号非幻，信安人。父梦明果长老至门，因诞师。幼即有出尘志。从乌石山杰峰禅师学，得受印可，声溢遐迩。成祖将有事长陵，廷臣有言师精地理，征至，入对称旨，授钦天监官，将大用之。师恳求，愿复为僧，遂擢左阐教，住碧峰。仁宗在青宫时，深敬之，俾住灵谷，恩遇尤重。永乐庚子，示微疾，书偈而逝。荼毗后，有五色舍利骨焉。

正映，字澄渊，号洁庵，一号月泉，自称雪老，抚州金溪人。出家于饶之安仁五峰寺。洪武二十九年，赴考试经得度，住灵谷。见牧庵谦禅师，牧庵不见，传语且令住著。三日后，师呈一偈求见，曰：天下禅林第一家，法门光彩耀京华。御书扁额天香合，神卫精蓝地气嘉。石鼎香生浮贝叶，宝花风落散袈裟。我来问道无为理，愿借真风长善芽。牧庵仍不见，命且住著。又三日，复呈一偈曰：夜坐山房叹莫遭，本闲闲的趁劳劳。半生事业惭无用，一地声名恨不高。蛩响碧窗添唧唧，风来琪树转嘈嘈。薄才未毕轻孤负，尚拟天津掣巨鳌。牧庵乃许，领维那。后游北京。洪熙改元，诏住灵谷。宣德初，授左讲经。至正统四年冬，端坐而化。上闻，谕祭，葬沧波门外，建院于其上，赐名宝善寺。

惠聪，号颐正，海宁人。仪貌魁伟，才德优赡，内典外学，能兼通之。宣德间，说法中天竺。继往四明天童垂三载，课诵《楞严》，修持净业。正统九年冬，诏住灵谷，钦赐藏典。升右觉义。

古新，金台尹氏族。幼不茹荤，不与童戏，喜观内典。礼大兴隆静庵禅师祝发，受戒。辞师，参礼诸方。至金陵，住普利。成化癸卯，推主灵谷。时殿宇将圮，司礼监太监陈祖生奏修，焕然一新，皆师劝赞之力也。

三峰，字于密，号汉月，梁溪苏氏子。年十五，出家。越十年，受具戒于灵谷古心和尚。时古心参禅说戒，绕座数百人，见师来，大喜曰：此子乃是法中王，岂但我座前子乎？居一年，辞去，古心亲送之，曰：灵谷有灵，汝当再至。师回顾者三，乃往三峰。后参天童，为首座。年四十，受天童源流拂子，承嗣天童，子孙遍江浙。自此，灵谷宗派，皆承三峰矣。

正嵒，字豁堂，号随山，仁和人。幼不茹荤。十三，落发。年二十余，参三峰于净慈，呈所见，三峰曰：依识解为超生死根本，犹北适南辕，我这里无逐日长进的禅。自此彻悟得法。

后至灵谷，法嗣宗运请上堂，问：在渊曰潜，在天曰飞，未审以何为候？师曰：时哉！时哉！曰：正恁么时，云从何来？雨从何至？师曰：取之有余，用之不竭。曰：能以美利利天下，为甚不言所利？师曰：江湖[①]不满漏卮。曰：恁么则显诸仁，藏诸用，盛德大业至矣哉？师曰：吾尝诵之。问：气吞佛祖，眼盖乾坤，据何章本？师曰：亲见净慈来。曰：搅长河为酥酪，拈大地作黄金，是何三昧？师曰：事在人为。曰：还是丈夫意气、衲僧本分？师曰：锅是铁铸，饭是米作。曰：设有出格免俗底来时如何？师曰：有则髡必识之。曰：识后如何？曰：且著槽厂去。

国朝

宗运，字于南，事南屏豁堂公。昼夜密参，豁公印可，付法。大兴灵谷，开堂说法。时经兵燹之余，山中夜阴鬼哭。师至，遂不复闻。值岁荒，只身赴句曲，为众乞食济饥。豁公常有难，几不免。师仓皇就道，救师出狱。重修毗卢殿，惟务德感，不事攀附，而善缘自集。当其未主灵谷也，正值鼎革，各屋荒凉，众皆出亡。有僧忽梦伽蓝神语曰：将有大知识来兴此山。一旦，无量殿上忽放异光，钟楼大钟不梃自鸣。是日，师果来。其关系如此。

按，师重修寺宇，种桃树万株，见府志，作羽南，似误。

隆甡，字麈仙，和州人。崇祯末，父母皆遭流寇难，贼欲

---

① 按，“江湖”，《道光寺志》作：“江海”。

以为养子。时方七岁，骂曰：恨不报父仇，肯为尔子乎？贼将杀之，刃折，乃释，遂出家。及于南再振灵谷，请师相助，道风大振，遂继其席。辛亥、壬子，两岁洊饥，或言暂止供众。师曰：岂有一身安贫，忍视十方饥乎？临终，说偈云：山僧今年四十九，浩然之气冲牛斗。虚空拨落有谁知？倒骑铁马趁狮吼。微笑而逝。

际曙[①]，字晓苍，山阳县人。自康熙辛未入院，主持祖席，经营葺理，百废具兴，重修寺志。丁亥春，圣祖仁皇帝南巡，幸寺，奏对称旨，御书联扁，赏赉有差。此我朝开国来第一荣幸也。

按，灵谷自汉月以来，系三峰宗派。晓苍而后，宗风败落，钟板不鸣，寺之凌替极矣。逮雍正间，侣石清禅师来住，整顿风规，寺乃中兴，嗣后遂为曹洞宗，至今相承勿替，诚灵谷一大转关也。

万清，字侣石。雍正甲寅，奉敕住寺。居三载，乾隆元年，复奉敕移住安徽慈济寺，遂终老焉。衣钵留灵谷，瘗诸西山，有塔。行状详后。

山夫老人行述

师讳万清，字侣石，晚号山夫，楚州唐氏子。初，母方妊师，即去荤血弗御。一夕，梦老僧庞眉皓首，戴笠执杖，入其室。明发，师遂诞焉。龆龀中，见僧即喜。有持《大悲咒》者，

---

① 按，该僧法名，本志前后文几次出现，均作“寂曙”。

师闻数过，即能成诵。比从塾师学，辄慧根潜发。时菩提灵祖道价方重，师遽怀香诣之，寻蒙开示。归而研究于私室中，昏夜危坐，倦则面墙而礼。

至年二十，遂决意求出家，父母不许，辄忧郁成疾。不得已，许之。投本邑洪福寺，礼应知师翁薙染。翁授以《楞严》，读之，至《波斯匿王章》观河验见处，辄有省。是冬，诣宝华山，依定庵律师圆具。既而曰：持犯束身而已，心地法明，非大宗匠，曷能启迪？于是腰包南下，省参硕揆志和尚于灵隐。当晚，为师煎典，志竖起拳云：如许大底果子，你从那里下口？师云：这老汉，连性命也不顾。志云：恁么则老僧在你肚皮里？师遽趋出，志令侍者追而问之，师云：吾内急，欲如厕耳。又参天岳昼和尚于天童，昼问：曾参甚么话头？师云：本来面目。云：如何是你本来面目？师便礼拜。云：这是地、水、火、风，四大假合，终归败坏，如何算你本来面目？师云：大善知识犹作这班见解。云：上座又作么生？师复礼拜，昼便打。

又参湘翁法和尚于显圣。尝命首众起七，师齿尚少，禅子易之。一僧率尔出问：如何是佛？师曰：破草鞋。进云：意旨如何？师云：宁可赤脚。进云：恁么则不著去也？师云：还我草鞋来。僧喝，师随声打云：大好不著。于是一众畏服。庚午秋仲，归觐洪福，翁举赵州无字话勘之，师应声颂云：赵州一无字，古今难辨别。纵使能辨别，称锤是生铁。又举古宿云：者一片田地，分付来多少时，我立地代汝构去，汝作么生？师复颂云：大业不因谋，乾坤铁篴秋。却妨有欺诈，无意割鸿沟。翁但瞑目危坐，初无可否。是冬，开炉，俾充座元，兼理院务。解制，遂付以衣拂源流。迨师翁顺世，众请继席。住后百废具举，顿改旧观。

因阅天台止观，发明修行三昧，不出四种，一常坐，二常行，三半坐半行，四非坐非行。师曰：功非专精克苦，则五欲弗能遣，五盖弗能弃。于是誓行般舟三昧，即常行也。凡九十日。至庚辰冬，复闭死关三载。偶为昏倦所乘，就榻假寐，遽跃然起，撤其衾褥枕荐，掷之关外，唯随身布衲而已。淮地苦寒，或谓修行固须克苦，然浮脆之躯，亦宜保爱。师曰：古人秉睿哲之资，尚胁不至席。矧某赋性椎鲁，若不倍加精进，则道业何日而辨乎？识者咸谓嵩祖再来。

乙酉春，圣祖仁皇帝翠华南幸，师至漕河接驾，奏对明敏，皇情大悦，御书诞登寺额赐之。戊子岁，太守息园姚公守淮，日稔师名，延至署内问道。翌日，命斋，方举箸次，公曰：《金刚经》中所谓四相，曰我人众生相，且置，敢问寿者何相？师曰：公年几何？曰：四十有六。师正颜曰：护法莫诳语。公曰：某非诳语，实四十六。师笑曰：此便是寿者相。公跃起，拜服，遂为支许之交。明年，公捐俸，置斋田六百亩，用资禅悦。辛卯，射州绅士由永宁虚席，恳求开法，师勉徇众请。住后，一切院务，悉委执事。室中单提向上，峻其门墙，衲子浩归，凡二千指。甫三年，辄辞退。丙申，沭阳邑侯率缁素延于清凉禅院，结制传戒。法会之中，秉诚归信者，殆不可以数计。期毕，即归诞登。厥后，他有所请，胥不赴矣。

丁酉嘉平之朔，复闭死关，效永明延寿禅师，专修净土，有终焉之志。至己亥，岁大歉，常住绝粮。清江道俗，请师出关，弗许。众以头碎关户，强而出之。其后，年岁稍稔，师竭力鼎建大雄宝殿，继而藏楼、禅堂、方丈、斋厨、塔院，次第落成。复置西庄土田，凡二千余亩。至雍正庚戌，师以净修之志未惬，乃命门人继席，仍掩关一室，专精净业。至癸丑冬，世宗宪皇帝崇奖圣教，降旨特召。师以聋聩固辞。当道不听，促之起程。比引见，上与论洞下宗旨。师词理响捷，奏对称旨。翌日，又问曰：朕阅《传灯录》，汝宗至太阳警元几绝，得投子义青出而振之，未审投子道场，即今隆替何似？师遂以在昔被毁之故，具实奏之。上为之骇异，乃谕师曰：朕为汝重建投子，汝即中兴其道，而为开山一代。寻赐紫衣、盂杖，恩数优渥。自后召见，字而不名。

明年春，奉旨住持钟山之灵谷。整顿风规，不遗余力。逮我世宗宪皇帝升遐之日，师哀恸迫切，寝食俱废。乃修念佛三昧，目不交睫者，凡百昼夜。至乾隆元年，投子庙工告竣，复奉今上皇帝俞旨，住持敕建慈济新刹。由是二百年久废之祖庭，一旦兴复，洞灯再朗，泉石增辉。越明年夏初，忽大雄殿脊倾倒，响声若雷，安庆抚军寻饬江防李公修之。比工竣，忽召首座至丈室，谓曰：畴昔之夜，予阅《祖灯大统》，俄灯花扑落满地，熚爆有声。今日午倦小睡，梦空中现擘窠大书四字，曰英端瑞首，不知何兆？汝试为我图者。首座对曰：吉祥之征，又何疑乎？师曰：非也。吾其不久于世矣。吾老朽龙钟，安得英且瑞乎？特借吾开其端，而创其首耳。至于灯花落而复爆者，应吾殁后，或有余辉，汝试验之。

顷于中秋前一日，有皖城之役。比归度节，记录某呈其所著《拈颂》一册，师以朱墨删而改之。十六日午后，以示二三学者就改者，指点开导，犹亹亹弗倦。次日，遂患泄利。至十九日侵晨，召首座至榻前，谓曰：吾弗能起矣，为我速治后事。复问：今日几矣？对曰：十九。师屈指计曰：二十三日乃我世宗宪皇帝忌辰，吾其于是日行矣。已而，又曰：吾十年前于诞登退休，自谓一生事毕。不意又蒙世宗宪皇帝诏入九重城里，露□一上。惜吾耄矣，吾无复遗憾，第于慈济未能有所树立，以报圣主之恩也，复何言？

至期，首座请曰：古人临终留偈，未审和尚如何？师颔之，遽命扶起，从容濡毫，书《辞世偈》曰：虚度七十三年，宛如云过大千。云既归壑，太虚朗然。首座复请曰：龛使谁封？师曰：无庸。乃复提笔，书《封龛偈》曰：封龛故套，可以不消。后人固请，只得劳忉。从此掩后，何处相见？道不相见，此人无眼。若道相见，是何面孔？咦！若是过来人，不向那边讨。作字尚腕力圆健。有间，忽曰：时将至矣，亟为我沐浴。侍者趣具香汤，师从头至足细浴。浴罢，犹以两手据盘而起，索新净衣著之。甫毕，即坐脱而终。移时，顶热如焚。时八月二十三日亥时也。阅世七十有三，僧腊五十有三。适龛工未竣，仍跏趺端坐者三日，俨入禅定。瞻拜涕恋者，踵相接也。至二十五日午时，乃入龛焉，塔全身于陶冲之丈人峰下。

师气貌雄伟，广额丰颐。垂老，面如珂月，须发如银，目睛炯炯有光，人望见之，自然起敬起畏。当其七十大庆，适在圆明园中，我世宗宪皇帝圣躬亲为致祝。宠荣之盛，轶于前古。而师守之若寒素，无毫发自矜意。说法冲融平易，绝无奇险凌厉之气。随机敷畅，如连山出云雨，所沾咸获其益。凡五坐道场，语皆有录。所著诗文偈颂，或劝刻之行世，师斥曰：从上佛祖言教，何啻汗牛充栋？今皆置之高阁。矧吾言乎？徒祸枣梨何为？性仁慈，雅好放生，常于清江之上，结放生善会，所活无算。比奉旨南下，舟中每见有网罟而渔者，无论鳅鳝虾蟹之属，举买而放之。于学无所不窥，待学者极宽厚，然有逾闲而越检者，必罚无赦。居常喜施，于颠连而无告者，尤加矜恤。此其生平大概。至若道之渊微，则又非笔墨所能形容也。

按，师为灵谷中兴第一代。此篇《行状》，旧藏寺中，不著撰人名氏。今与《普济圣师行实》《智藏法师传》一并详载，不敢稍加增损焉。寺有遗像，岁时供奉于祖堂。广颡丰颐，须发如银，目光炯炯，果如《行状》所云，真伟人也！

绪守，初名法守，字道揆，号卑牧，乌程凌氏子。年十九，出家本邑宝云寺。受具于杭之灵隐谛晖律师，参淮安诞登侣公。复还宝云，忘身为道。雍正甲寅，侣公奉命开法灵谷，因忆师从前随侍机契，招之。至，侣公喟然叹曰：今之一见，又非十年前之一见。其气度行藏，不觉令人起敬起羡。遂授以衣拂。乾隆元年，侣公复奉敕住慈济，师乃继其席。卅余年，不入城市，始终以本分领众为事。间有以他刹相干者，谢曰：某才德少培，株守先人旧刹，尚恐失坠，遑问其他。置斋田百余亩，起颓举坠，衲子望风来归。辛未春，恭接銮辂，召对行座，赐御书福字、《华藏图》。上问三绝碑，以实对，恭呈拓本，请重泐之。丁丑春，上复幸寺，御书净土指南四字，泐诸碑额。

三十一年丙戌秋，招檀越及寺内耆宿，方丈设斋，交玉潜西堂接续住持，退休静室。明年八月十一日，示微疾，留偈而化，寿六十有七。有语录、诗稿。

世璞，字玉潜，号芋庵，乌程沈氏子。四岁，出家。二十，受具于华山文海律师。遍参江浙，得法于灵谷道揆禅师。乾隆三十一年九月，奉本师暨各檀越送，继主席。性淳朴，不涉世缘。十年中，蒙恩颁赐石刻梅花、《淳化阁帖》，以辉山寺。晚岁，退居，法嗣祇园为筑精舍安养，佥称世孝云。乾隆丁酉六月十七日，示微疾，弃世，寿五十一。有语录、诗稿。

衍绍，字祇园，铜陵佘氏子。幼为名诸生，省世无常，誓愿祝发。礼九华之天台山真如庵洪度师，得度。受戒于歙之黄山云谷寺介庵和尚。乾隆三十三年冬，参灵谷玉公，得法，俾理院务十载，接主祖席。四十五年春，翠华幸寺，恩赏白金，以崇优奖。住灵谷十九载，率众勤修，清规整肃。年逾六旬，退休别室，专修净土，闭关二十年。嘉庆癸酉二月初十日，无疾而逝，寿八十有二。著有语录、诗草。

弥垠，字福溪，吴县人。博通经史，素以孝闻。卢雅雨都转见曾深器重之，延入幕中。观内典，有省，厌俗，出家于牛首山祖堂寺。嗣法祇园禅师，继主灵谷三载。乾隆甲辰春，驻跸寺中，赐《无量寿经》石刻、娑罗树、如意。后示寂本寺。有语录、诗集。

弥澍，字沧洪，江西德化人。幼聪颖，生有佛缘。尝游古寺，恍如熟境。祝发故里，受具华山。参灵谷祇园和尚，嗣其法，乃福溪同门弟也。初住九江龙池寺，宗风丕振。乾隆甲寅夏，应灵谷大众暨诸檀越书，继席钟山。笃志清修，不酬俗事。时陈东甫方伯奉兹雅重之，尝营灶治素，延之过署，师以偈辞云：十年尘梦悟华胥，曾夺骊龙颔下珠。自入山来皆雪意，更于何处觅红炉？好风吹入白云关，有约来朝暂出山。不是在山云懒出，出山那及在山闲。其高尚如此。住灵谷五载，道俗咸钦。嘉庆己未春，偶因微疾，退归僻室。未几而逝，寿五十八。著有语录。

昌玉，字雪昆，庐州舒城人。自幼祝发。及长，受具。遍谒名流，深究秘谛。参沧公，机契相许，命掌知事。蚤夜辛勤，无一息少懈，遂受法焉。嘉庆己未春，沧公嘱咐继主灵谷。师气质恢宏，不矜细行，本分接物，从者如云。辛酉三月，偶因微疾，卸肩法弟本善，闭户潜修，日诵华藏，寒暑弗辍。逾年，示寂。

昌性，字本善，籍本颍州，侨居白下。龆龄出家，亦沧公法嗣也。接雪公席，领众十余年。因修殿，积劳成疾。壬申春，托付法弟悉朗。未几，病转剧。一夕，命侍者扶出，步月三匝，沐浴而逝。著有语录二卷。

昌钦，字悉朗，山东济宁州嘉祥县李氏子。于本邑莲花寺出家。乾隆壬寅，受具于灵谷。遍游名山，行脚五载。复返蒋山，谒沧公，得法。师赋性真淳，持行朴实，凡事不辞劳瘁。嗣法兄本公之席，开导后学，略无繁言。嘉庆丙子夏，修志公塔，师率众董其役，畚挶亲操，不避炎暑。复广劝诸檀越，修无量、五方诸殿，焕然一新。戊寅冬，工告竣，乃卸担于法弟明远，杜门谢客，拜诵《华严》，中夜不辍，将为终老计。道光壬午，复为十方檀护及阖寺大众坚请复席此。十年间，栽培树木，开垦园圃，名山壮色，古刹增辉，皆师之力也。辛卯夏，偶抱微恙。六月十九日，跏趺而逝，顶热如焚，寿六十有八。

祖慧，号圆照，镇江丹徒县人。出家华山。求戒，朝四名山。后授法于灵谷，领众焚修，不辞劳苦。记年四十九岁终。

祖开，号月千，江宁县人。本城南门外西天寺出家，浙省天童寺求戒，游方朝山。后授法灵谷，守持修习，内怀佛法，外答世理。记年六十二岁终。

祢来，号聚成，上元县人。自出家，求戒，朝四名山。后授法于灵谷，焚修礼拜。记年四十六岁终。

祢修，号德铠，俗姓袁，江宁人。披剃于天印山东霞寺，受戒华山。继衣钵于灵谷，勤种善根，扶持忠义。当洪逆负固金陵，官兵于朝阳门外掘长濠困之，日有战事，凡阵亡及军营病故者，皆书之于册，俾后人有所稽考。枯骸在野，拾而葬之。寺田荒芜，招佃垦之。请于曾文正公，重建龙神庙。及光绪乙亥，传法光莲，静修一室，人罕得见。庚辰九月二十一日，念佛而逝，记年六十六岁，端坐龛中。及乙酉冬，遵嘱葬于玉带桥之南。

光莲，号利华，泰州人，俗姓部。母氏金，素奉佛，因其幼而多病，八岁即命出家。初，师泰之岱岳寺僧，后于华山受戒。遍朝峨眉、天台、九华、南海，为母资福。光绪纪元五月朔，德铠夜视香炉有光，状若莲心，异之。越五日，光莲至寺，铠因大喜，授以衣钵。垦荒田，种竹木，重建山门及金刚殿，未尝募化也。清修梵行，无疾言厉色，尤好劝人为善。今年六十五矣。传法于其徒大愿，恒闭户不出，而梵呗不倦。其将入忉利天者乎？于光绪戊戌年二月初九日子，端坐念佛而逝，年七十四。住持法孙源浩遵遗嘱，于甲戌年荼毗建塔，葬于本山玉带桥之南。

大愿，字遂庆，盐城人。通经学素，出家于盐城泰山寺，苦行焚修，朝四名山。后授法于灵谷，不辞劳苦。于光绪戊子年四月二十九日卯时，记年六十五岁终。

灵谷禅林志卷八终。

灵谷禅林志卷九

杂著一

诏敕

南唐主敕

前梁广济大师宝志公，生己济民，寂称祐世。朕今日恭敬其灵，追谥曰妙觉菩萨。

按，梁谥广济大师，见旧志《行实》内，未知何本，俟考。

元文宗封蒋山宝公志

朕丕缵鸿图，中兴景运，致百灵之扶翊，出庶兆之祯祥，乃眷真如，尤深简注。宝公和尚现化身而济世，持应器以垂机，显密齐彰，神变著闻，如当日慈威，互用荫休，行及于千年，藐在大江之南，常主道林之上。朕昔居潜邸，恒仰宝坊。万古悬钟，表明珠而不灼；四阿承溜，辑多宝以新成。暨予践祚之初，首致加封之敬，若稽祀典，宜锡赞书。噫！尚鉴至诚！岂直朕躬之祷；益宏愿力，俾坚兆姓之安。

明太祖赦工役［囚人］诏[①]

尔故违宪章官吏人民：曩者命礼曹布令于天下，朕仿古（敕）［制］，以礼导人，［后］以律。至诸司，是绳不循轨度者，斯乃行刑也。且刑，圣人不得已而用者，为良［善］弗宁故也。今朕一寰宇而（逃）［兆］民众，如尔等官贪吏弊，民纵奸顽，诈良侮愚，若不律以条章，将必仿效者多，则世将何治？尔诸人所犯，若论以如律，人各尽本犯而后已。奈何工已久矣，构成楼阁，以居大觉金仙，塔就而志公之神妥其下，因是将尔等罪无轻重，一概宥之。于戏！君子非善，何以永世？志人非功，何以名书？释迦、志公已逝，数（十）［千］百年犹能生。尔等众其善正之道，志者可无觉乎？故兹制谕。

洪武十五年月日。

明太祖命应天府谕钟山僧敕

且佛之为教也，善其大也，溥被生死。仲尼有云：西方有大圣人，不言而化，不治而不乱，可谓能人矣。云何大觉金仙，又赞之以能仁？以其不绳顽而顽化，美善而善光，其行苦而不苦，其心素而不素，虽俦雪岭之孤灯，侣白昼之单影，目星见性，超出尘沦。复有人天之说，四十九秋，其演（法）［也］妙[②]，备载大藏，未尝有诉逋逃于廷，致愆于水火者耶！况昔禅祇树千二百五十人从，逋逃者未闻。仲尼有云：道千乘之

---

① 据明太祖：《明太祖文集》卷二《赦工役囚人》（文渊阁四库全书本）、（明）葛寅亮撰、何孝荣点校：《金陵梵刹志》卷一《敕谕·赦工役囚人》（南京出版社，2017年版）校补。本文其后据之校改者，不赘注。

② 据《明太祖文集》卷七《命应天府谕钟山僧敕》、《金陵梵刹志》卷一《敕谕·谕钟山僧敕》校改。

国，敬事而信，节用而爱人。今僧佃逃，未审节用而致然耶，抑爱人而有此耶？若非此而有此，则府谓僧云，当自善来。若论以如律，恐伤佛性。如敕奉行。

洪武九年[①]赐右阐教仲羲敕

敕曰：入定于大千界里，谈经于不二门中。解脱为空，清虚成性，久留心于佛教，独潜迹于禅林。去就（维时）[一之][②]，是非不染。尔仲羲居山禅伯，对月诗宗，抱不堕之慈悲，乐无穷之清净，乃命阐教之职，用副僧录之司。尚宜深究佛书，详穷禅教，条分本末，缕析始终，俾诸僧皆悟静中之禅，而无教外之失。今特授尔僧录司右阐教。往钦于训，宜懋尔功。

洪武十五年赐左觉义清濬敕

夫僧者，立身于物表以化人，初不可烦官守也。然而聚庐以居，合众而食，钱谷有出纳，簿籍有勾稽，不有所司，何以能治？故僧官之设，历代不废。今命尔僧清濬为僧录司左觉义，尔其往慎乃职，勿怠以私，使彼学道之徒安居饱食，而不懈于进修，以称朕兴隆尔教之意。钦此！

① 按，“洪武九年”当为“洪武十五年”之误。查《金陵梵刹志》卷二《钦录集》、《明太祖实录》卷一百四十四，洪武十四年六月礼部提出设置僧录司方案，十五年四月明太祖任命各僧官，僧录司正式设立。仲羲即于洪武十五年四月被任命为右阐教，故此敕当为洪武十五年四月颁发。洪武九年尚未设立僧录司，也不可能授仲羲为右阐教，故不可能有此敕。

② 据（明）宋讷：《西隐集》卷八《应制撰僧官敕文·右阐教》（文渊阁四库全书本）、《金陵梵刹志》卷一《敕谕·授仲羲阐教［敕］》校改。按，该敕由时人宋讷拟稿。

建普度斋敕

洪武[二]十七年七月十二日[①]，奉圣旨：征南阵亡、病故的官员、军士，战胜攻取，亡身为国，殒于锋镝之下，隔于关山之远，风月悲号，其何能归？每一念及，曷胜悼伤？今特就灵谷寺作好事普度他，(您)[恁]礼部家用心整理。钦此！本部议得：灵谷寺修设大斋，普度征南阵亡、病故等项官军，合用米麦、香烛、器用等件具奏，行移户部、工部、应天府等衙门放支，造办送用。差委郎中、员外郎将带吏典，提调供应，必令其实沾佛恩，得生天路，无致幽滞，以表朕心。或引其魂灵还乡，以享其子孙之祀，可惬朕意。僧众至诚，不可怠诈。佛神同监，幽鬼冥察，各宜慎之！

明惠帝敕

朕奉天地祖宗，继统御极，社稷山川，岳渎神示，俱以告知。灵谷山乃太祖高皇帝敕建三宝胜地，著礼部赍香，告佛同闻，以护国禧。朕未亲行，宫中心礼。特敕。

明成祖建普度斋敕

永乐五年正月二十九日，钦奉圣旨：今为父皇、母后大荐扬之典，重念平定内难，将士输忠奋力，踊跃干戈，馈饷粮储，供给器械，或殒于锋刃之下，或毙于矢石之间，或饥寒凛溺以亡身，或疾病伤残而殒命，及天下军民人等为奸恶驱迫，馈运战斗，或资起度，及普度天下一切幽灵。迎请西方法尊大乘上

① 据《金陵梵刹志》卷二《钦录集·洪武二十七年甲戌》校改。按，据《金陵梵刹志》卷二《钦录集》，洪武十七年并无建斋普度征南征亡、病故官员、军士等事，此事实发生于洪武二十七年。本文其后据之校改者，不赘注。

师，于永乐五年二月初五日，就灵谷寺修建大斋。官员、军民诸色人等，有欲为祖宗父母、兄弟亲人报名赴普度道场者，许各具亡故名姓，于灵谷寺投报。钦此！

明成祖封大宝法王敕

佛氏之道，先天地而不见其始，后天地而不见其终，其广大也包乎无外，其精微也极乎无内。神化难名，而超乎万有；愿力宏深，而济拔无穷。宗教流传，绵延相续，历数千百年，必有一佛出现，以阐其教。今法尊大乘尚师哈立麻，清净慈悲，光现智慧，圆满十号，具足六通，自在端严，往来无碍，真如平等，调伏群生，开无量法门，作种种方便。功德深广，犹如巨海之积珍；色相虚空，有若宝月之映水。妙不可测，莫及思惟，普震音声，遍充沙界，知天命之有在，感朕心之孝诚，誓觉悟于群迷，广宣扬其法教，历数万里，来至京师。顾兹道德之宏高，必有赞扬之令典。朕心敬礼，曷可名言？今特褒崇万行具足十方最胜圆觉妙智(慈)[慧]善普应佑国演教如来大宝法王西天大善自在佛[①]，领天下释教门，授以玉印、金诰。于乎！超特无等，允为释迦之尊；利益有情，普施生灵之福。翊我皇度，振尔宗风。

永乐五年三月初三日。

按，《野获编》：永乐间，文皇得美玉，欲刻印以赐大宝法王。黄淮谏曰：中国向来无此奇璞，今特恩赐之，将使番部轻天朝。上遂止。此敕有授以玉印之语，岂别刻玉以赐之耶？

---

① 据《明太宗实录》卷六十五，永乐五年三月丁巳条校改。

明宣宗追谥净戒禅师敕

国家崇奖释氏之教，而建官以率其徒，有能慎修不忝厥职者，则褒嘉之命，虽没不忘。僧录司故右阐教净戒，夙究宗旨，克谨毗尼，事我皇祖，历年逾久，致恭厘事，弗懈益勤，佑治其徒，咸所向服。今归寂已远，宜有褒进，特追为惠济禅师。惟灵歆服，永永光荣。

宣德四年六月二十二日。

明英宗护经藏敕

朕体天地保民之心，恭承皇曾祖考之志，刊印大藏经典，颁(敕)[赐]天下[①]，用广流传。兹以一藏，安置南京灵谷寺，永充供养，听所在僧官、僧徒看诵赞扬，上为国家祝厘，下与生民祈福。务须敬奉守护，不许纵容闲杂之人私借观玩，轻慢亵渎，致有损坏遗失。敢有违者，必究治之。故谕。

正统十年二月十五日。

明宪宗护敕

皇帝敕谕官员、军民诸色人等：朕惟佛氏之教，以空寂为宗，以慈悲为用，开导善类，觉悟群迷，功德所及，无间幽显，此有国家者所宜崇尚而不替也。南京灵谷寺，实我太祖高皇帝敕建，为孝陵香火，特拨赐赡僧田土，并当江沙芦场等处，入寺供用。其后，太宗文皇帝又添造殿宇、山门。宣德年间，寺毁于火，虽有岁入钱粮，缺人收积修理。暨朕嗣位之六年，特命僧录司左觉义德默往彼提督，渐次盖造，所以上为祖宗

① 据《金陵梵刹志》卷三《钟山灵谷寺》、卷十六《凤山天界寺》、卷三十一《聚宝山报恩寺》等各收录明英宗：《藏经护敕》及文意校改。

列圣举已坠之典，下为国家生民祈方来之福。今德默奏言，以本寺岁久被人作践搅扰，用是特颁敕护持。凡官员、军民诸色人等，自今以往，毋得出入作践，纵肆樵牧，轻易亵渎欺凌，及不许侵占原拨芦场，并赡僧田地。敢有违者，许本寺住持指实奏闻，论之以法。钦哉！故谕。

成化九年正月二十四日。

明神宗敕

朕惟自古帝王，以儒道治天下，而儒术之外，复有释教，相翼并行。朕以冲昧，嗣承大统，迄今二十有七祀，天下和平，臣民乐业。仰思天眷，祖德洪庇，良繇大公同善之因。况国初建置僧录司，职掌厥事，盖仁慈清净，其功德不殊，神道设教，于化诱为易，祖睿谟意深远矣。佛氏藏经，旧刻六百三十七函，我圣母慈圣宣文明肃皇太后续刻四十一函。朕既恭序其端，而又因通行印施，序其前后，敕谕护持，所以锡孝类、流慈恩也。

兹者朕嘉善道之可依，念传布之未广，爰命所司，印造全藏六百七十八函，施舍在京及天下名山寺院，永垂不朽，庶表朕敬天法祖之意，宏仁普济之诚，使海内共享无为之福。先民有言：一念思善，和风庆云；一念不善，灾星厉气。夫善念有感而兴，无感而懈。是以皇极敷言，不厌谆恳；圣哲所贵，善与人同。古今相传，其揆一也。且善在一人，尚萃一家和气；若亿兆向善，岂不四海大和？此经颁布之处，本寺僧众人等，其务斋心礼诵，敬奉珍藏，不许亵玩，致有毁坏。特赐护敕，（收）

[以]垂永久[①]。钦哉！故谕。

按，旧志有《宋太宗敕》《真宗敕》《高宗敕》，乃抄撮太平兴国七年舒民得石篆、大中祥符五年取石篆示辅臣、绍兴辛巳显灵淮甸等事，并非敕文，悉删之。

祭文

宋太宗遣祭宝志公文

俾乃龙舒之壤，时维天柱之峰，始道见于苾刍，遂批文于琬琰。述祖宗之受命，年历攸同；昭皇绪以无疆，渊源罕测。秘于内府，播厥策书。绵载祀以居多，蕴祯祺而有待。近以至真临格，宝训躬闻。审基绪之由来，积于故府；识祥符之自启，获乃贞珉。觌篆刻之如新，若符节之斯合。诏自今不可以名斥，以显尊异，宜赐号道林真觉菩萨。

按，此乃宋太平兴国七年，因掘得石篆，遣使告祭之文也。《梵刹志》作《青词》。

明太祖祭志法师文

昔者，师能出世异人，性备六通，景张佛教，使凶顽从化，善者愈良。及其终也，择地于钟山之阳，阴其宅而居之，经今八百六十七年。今朕建宫在迩，其为师焚修者，俯而视之。因敕中书下工部，造浮图于钟山之左。今将完成，徙师于是。于戏！漏尽毋生人我，劫终勿堕尘埃。惟师神通尚飨！

---

① 据《金陵梵刹志》卷二十一《凤凰台瓦官寺》收录明神宗：《藏经护敕》、卷三十一《聚宝山报恩寺》收录明神宗：《续入藏经护敕》校改。按，葛寅亮于万历后期担任南京礼部祠祭司郎中，主管南京宗教及祭祀事宜。据其《金陵梵刹志》，万历时，南京仅有瓦官寺、报恩寺获赐《续入藏经》，并有此护敕。而且，包括正统年间皇帝颁赐各寺《大藏经》，护藏敕文中均填写有相应寺名。《金陵梵刹志·钟山灵谷寺》中未见万历《续入藏经》护敕，本志收录万历《续入藏经》护敕（即《明神宗敕》）中亦未见有灵谷寺名。故颇疑灵谷寺此藏来源。

祭道林真觉普济圣师文

惟师慧悟见机，变化神妙，道德高迈，振扬宗风。钟阜龙蟠，炳然灵迹。季春届序，爰遇诞辰。明荐奉陈，洋洋如在。

明太祖谕祭牧庵谦禅师文

维洪武二十九年岁在丙子十一月初七日辛丑，皇帝遣礼部员外郎潘善应谕祭于僧录司右阐教道谦之灵，尔其俯伏谛听，帝有谕焉：呜呼！尔寓世方若干年，今即归还，似月印千江，星沉渊底。朕斯之说，尔未来时，朕未知其然。今既弃色相于灵谷，其名不磨于世，孰谓非灵谷者乎？然星月之比，江渊之理，尔能有知，逍遥四禅，去轮回而自在。今特奠以素羞，尔其享焉。

明成祖谕祭幻居戒禅师文

维永乐十六年岁次戊戌七月己酉朔，越二十有一日己巳，皇帝遣行人丁诚谕祭于僧录司右阐教净戒之灵曰：惟尔荣膺国命，长率缁流，夙昔明慧，究竟精深，勤修戒行，至老不衰。属兹化逝，良用感悼。今特遣人，祭以素羞，法灵不昧，庶克享之。

皇太子谕祭净戒文

维永乐十六年岁次戊戌六月庚辰朔，越四日癸未，皇太子遣鸿胪寺右寺丞杨善致祭于僧录司右阐教净戒之灵曰：嗣法空门，素契宗旨，典领教事，厥既有年，振乃祖风，众所归誉。遄兹示寂，良用悼伤。今遣人致祭，性灵不昧，庶克享之。

皇太子谕祭损庵义禅师文

维永乐十七年岁次己亥七月乙巳朔，越十五日戊午，皇太子遣礼部员外郎苗贤谕祭于僧录司左讲经能义之灵曰：惟尔夙性聪明，戒行精专，博学老成，妙契宗旨，服勤修习，至老不替。方期长率释流，宏宣妙教，讵期一旦端坐而逝。呜呼！人孰无死？惟尔明心见性，超出死生，洞视空寂，去来无碍，良用叹嘉。今特遣人赐祭，法灵不昧，尚克享之。

又

维永乐十七年岁次己亥九月癸卯朔，越七日己酉，皇太子遣行人司行人王达致祭于僧录司左讲经能义之灵曰：惟尔素慕道法，精究内典，执守淡泊，离尘去累，老而弥笃。国家简尔，领袖宗门，上无忝于恩命，下允协于舆情矣，何意奄然而遂化。追念尔业之良，特兹遣祭。惟灵不昧，尚期享之。

皇太子谕祭无涯永禅师文

维永乐十八年岁次庚子闰正月朔，越二十有四日癸巳，皇太子遣僧录司左善世道成谕祭于僧录司右阐教道永之灵曰：尔禅林宿德，道业深至，兼山陵营建，多效勤劳，受荷国恩，命以官秩，为天下缁流之总率，荣亦至矣。优游太平，寿考而化。兹特遣祭，以著子嘉，念前劳之意。性灵不昧，庶克享之。

明英宗谕祭雪峰映禅师文

维正统四年岁次己未十二月乙亥朔，越二十二日丙申，皇帝遣礼部左侍郎陈琏谕祭于僧录司左讲经兼灵谷寺住持正映曰：讲经参礼梵教，灵谷为第一禅林，朝廷简尔兼领之，可谓至荣矣。遽焉归寂，得非命乎？眷念存殁，宜有始终。尔其有知，服兹谕祭，享之。

明英宗谕祭睿庵聪禅师文

维正统十三年岁次戊辰八月甲寅朔，越二十四日丁丑，皇帝遣南京礼部郎中梅森赐祭南京僧录司右觉义会聪曰：尔蚤从梵教，戒行精勤，擢领缁流，兼住名山。一旦圆寂，竟不可稽。特命所司，如例赐祭。尔其有灵，尚克享之。

明宪宗谕祭幻居龄禅师文

维成化七年岁次辛卯七月丙申朔，越二十六日丁酉，皇帝遣南京礼部郎中陈云谕祭于南京僧录司右觉义永龄曰：尔早通释典，克持戒律，正期阐扬宗风，胡遽一疾而逝？爰昭恤典，特赐以祭。尔灵有知，尚其歆服。

灵谷禅林志卷九终。

灵谷禅林志卷十

杂著二

榜文

御制蒋山寺广荐佛会榜文

明太祖

中书省洪武四年十一月二十一日奉圣旨:朕观二仪有象,覆载无穷。凡中国及化外之人,获安于世者,莫非阴阳为之表里。何为阴?何为阳?上至天子、大臣,下至庶民,凡生天地、能动作运用者,此之谓阳。天子郊祀天地,祭岳镇海渎,诸侯祭境内山川,庶民祭祖宗,皆求其神,有名无形,有心无相,此之谓阴。故中国与化外之人,所敬之心则同,所祀之礼则异。观自古至今,相传祭祀鬼神之事,岂不重乎?然事鬼神,必有礼有时,毋犯分,毋越礼,毋非时,毋昧于鬼神。若昧于鬼神,则为鬼神亦难矣。且聪明正直、变化不测之谓神,祸福所施,必不以亲疏而异。但世人愚而贪,欲心浩大,遂至犯分越礼。不知以敬求神,在于有礼有时也。

朕本农夫,自幼托身佛门,忽经大乱,不得已而从戎,今二十年矣。向与群雄并驱之时,务在操兵整队,救民于彷徨之中。今祸乱已平,天下已定,未尝朝僧暮道,妄祀鬼神,有所祀必以礼,有所祭必以时。尚虑军民身经大难,凡死者或遭兵刃,或陷水火,或迫于危急而自缢投河,或潜入山林而蛇伤虎咬,或天灾而殒灭,或因互斗而杀伤,或为国宣力而殒命,或思父母妻子因疾而亡身。凡此诸等死者,或满门灭绝,无祭无依,或虽有眷属,不能顾念,或有父母妻子,因兵流离,生者未安,死者谁为之祭?朕以己心度之,此等鬼魂,遇天阴时,莫不呻吟于风雨之间,遇晴明时,莫不悲号于星月之下。或因生前作恶,留连冥冥之中,无由自脱。又如我朝大军征讨四方,远入它境,或糇粮不继,一时手刃平民,或愚壮之军无故焚烧房舍,杀害老幼残疾,致惹重愆,有累身后。朕今因死者不得生天,恐有冤报,故作大善佛事,为死者超升,生者解冤,以此干求于佛。

今臣民将以为,帝王之道,但理见在,何求过去?果有此言,莫不善乎?然吾观古书,《列子》有言:西方有大圣人,不治而不乱,不言而自信,不化而自行。则佛者,岂特中国所敬?虽化外尤尊。洪武三年正月十五日,朕于钟山前蒋山寺奉佛供僧,实不为己。假若为己求福,福必不至,何也?盖帝王设施,皆出臣民之力,己无勤劳之资,若以财力而求福于一己,可乎?今特为死者超升,生者解冤,吾不昧于佛,以礼以时,香华灯烛,庄严素供。朕躬率先僧臣参礼,此之谓礼。今区宇平定,乱极而治,故为生、死者多方以解冤愆,此之谓时。吾之不昧于佛者如此。尔诸臣民,凡有自知所作之非,趁此大斋,洗心格虑,素斋一月。至日,各于家门望佛遥拜,以祈忏悔,庶资佛力,证成善果。钦此!都省合行出榜,晓谕天下官民士庶人等，遍行通知。须至榜者。

碑文

蒋山寺广荐佛会碑文①

明　宋景濂

皇帝御宝历之四年，海宇无虞，洽于太康，文武恬嬉，雨风时顺。于是恭默思道，端居穆清，罔有参贰，与天为徒。重念元季兵兴，六合雄争，有生之类，不得正命而终，动亿万计。灵氛纠蟠，充塞下上，吊奠靡至，茕然无依。天阴雨湿之夜，其声或啾啾有闻。宸衷蠹伤，若疚在躬，且谓洗涤阴郁，升陟阳明，惟大雄氏之教为然。乃冬十(月)[有]二(日)[月]，诏征江南有道浮屠来复等十人，诣于京师，命钦天监臣蓍以谷旦，就蒋山太平兴国禅寺丕建广荐法会。上宿斋室，却荤肉弗御者一月。复敕中书[右丞相汪广洋、左丞相胡惟庸]移文于城隍之神，具宣上意，俾神达诸幽冥，期以毕集。

五年春正月辛酉昧爽，上服皮弁服，临奉天前殿，群臣服朝衣，左、右侍。尚宝卿[梁子忠]启御撰章疏，识以皇帝之宝。上再拜，燎香于炉。复再拜，躬视疏已，授礼部尚书陶凯。凯捧从黄道出午门，置龙舆中，备法仗、鼓吹，导至蒋山。[天界总持万金及蒋山主]僧行容率僧伽千人，持香、花出迎。万金奉疏入大雄殿，用梵法从事，白而焚之。退，阅三藏诸文，自

---

① 按，该文题名，（明）宋濂：《文宪集》卷四（文渊阁四库全书本）收录该文，作："蒋山广荐佛会记"；（明）葛寅亮撰、何孝荣点校：《金陵梵刹志》卷三《钟山灵谷寺》（南京出版社，2017年版）收录该文，作："蒋山寺广荐佛会记"。本文其后据《文宪集》《金陵梵刹志》校改者，不赘注。

辛酉,[至]癸亥止。

当癸亥时,加申诸浮屠行祠事。已,上服皮弁服,搢玉珪,上殿,面大雄氏,北向立,群臣各衣法服以从。和声,(朗)[即]举[麾,奏]悦佛之乐。首奏《善世曲》,上再拜迎,群臣亦再拜。乐再奏《昭信曲》,上跪进熏芗、奠币,复再拜。乐三奏《延慈曲》,相以悦佛之舞。舞(二十)人[十],其手各有所执,或香或灯,或珠玉明水,或青莲花、冰桃,暨名葕、衣食之物,势皆低昂,应以节。上行初献礼,跪进清净馔、史册,祝,复再拜。亚、终二献同,其所异者,不用册。光禄卿[徐兴祖]进馔。乐四奏曰《法喜曲》,五奏《禅悦曲》,舞同三献。

已,上还大殿次,群臣退。诸浮屠旋绕大雄氏宝座,演梵咒三周,以寓攀驻之意。初,斸山(左)[右]地,成坎六十,漫以垩。至是,令军卒五百,负汤实之,汤蒸气成云。诸浮屠速幽爽入浴,焚象衣,使其(更)[徒]以彩幢、法乐,引至三解脱门。门内五十步筑方坛,高四尺,上升坛,(南)[东]向坐,(使者北)[侍仪使溥博西]向跪,受诏而出,集幽爽而戒饬之。诏已,引入殿,致参佛之礼。听法于径山禅师宗泐,受毗尼戒于天竺法师慧日。复引出,(供斛所斛)[命轨范师咒,饭摩伽陀解法食],凡四十有九。(命阇黎师咒食之)[饭已],(时)夜(以)半(礼将毕),上复上殿,群臣从如初。乐六奏《遍应曲》,执事者彻豆。上再拜,[群臣]同。[乐七奏《妙济曲》,上拜送者再,群臣复同。]乐[八]奏《善成曲》,上至望燎位。燎已,上还大殿次。解严,群臣趋出。

濂闻,前事二日,凄风成寒,飞雪洒空,山(山)[川]惨淡,不辨草木。銮舆一至，云开日明，祥光冲融，布满寰宇。天颜怿如，历陛而升。严恭对越，不违咫尺。俯伏拜跪，穆然无声。俨如象驭，陟降在庭。诸威神众，拱卫围绕。下逮冥灵，来歆来享。焄蒿凄怆，耸人毛发。此皆精诚动乎天地，感乎鬼神，初不可以声音笑貌为也。

肆惟皇上自临御以来，即诏礼官稽古定制，京师有泰厉之祭，王国有国厉之祭，若郡厉、邑厉、乡厉，类皆有祭。其兴哀于无祀之鬼，可谓备矣。然圣虑渊深，犹恐未尽幽明之故。特征内典，附以先王之礼，确然行之而弗疑，岂非（圣人）[仁]之至者乎？昔者，周文王作灵台，掘地得死人之骨，王曰：更葬之。天下谓文王为贤，泽及朽骨，而况于人？夫瘗骨且尔，矧欲挽其灵明于[生道者？我皇上好生之仁，流衍无际，将不间于显幽，诚与天地之德同，大]非言辞之可赞也。猗欤！盛哉！祠部郎中西夏李颜、主事浦阳张孟兼、南樵蔡秉彝、东武臧哲职专祷祀，亲睹胜因，谓不可无记载，以藏名山，以扬圣德于罔极，同请濂为之文。濂以老病，固辞弗获。（即）[既]为具列行事如右，复系之以诗曰：

皇鉴九有，宪天惟（钦）[仁]。明幽虽殊，锡福则均。死视如生，屈将（死）[使]伸。一归至和，同符大钧。

元纲解纽，乱是用作。黑祲荡摩，（白）日[月]为薄。孰灵匪人，流血沱若。积尸纵横，委沟溢壑。

霜月凄苦，凉飔酸嘶。茫然四顾，精爽何依？寒郊无人，似闻夜啼。铸铁为心，宁免涕洟？

惟我圣皇，夙受佛记。手执金轮，继天出治。轸念幽潜，宵不遑寐。爰(起)[启]灵场,豁彼蒙翳。

皇舆(再)[载]临,稽首大雄。遥瞻猊座,如觌睟容。香(凝)[疑]雾黑,灯类星红。梵呗震雷,鲸音号钟。

鬼宿渡河,夜漏将半。飙轮羽幢,其集如霰。神池洁清,鲜衣华灿。涤尘垢身,还清净观。

乃陟秘殿,乃觐慈皇。闻法去盖,受戒思防。昔也昏酣,棘途宵行。今(也)[焉]昭朗,白昼康庄。

法筵设食,厥名为斛。化至河沙,初因一粟。无量香味,用实其腹。神变无方,动皆充足。

鸿恩既广,氛祲全消。乾坤清夷,日月光昭。器车瑞协,玉烛时调。大庭击壤,康衢列谣。

惟佛道宏,誓拔群滞。惟皇体佛,仁德斯被。无潜弗灼,有生咸遂。(太)史[臣]载文,永垂来裔。

洪武五年夏四月戊寅,宋景濂记。

按,榜文为洪武四年,碑文为洪武五年,皆在蒋山寺,其时灵谷未建也。

宝公救民碑

国朝　吴云

《宝公菩萨行实碑》,宋名臣张魏国忠献公已详撰碑文矣。然宝公之行实已知,而宝公之心思未白。自六朝至宋,似皆重其知国祚,多以为图谶之流,即宋太宗亦所重在此。如此,则宝公之心不得白于世,且误以宝公之心累于世。

国祚之说,如梁武帝篡齐,有天上梁字之言。前乎此者,王莽托此以窃汉;后乎此者,杨隋托此以夺周;又后乎此,则天托此以乱唐。是冤宝公为袁天罡、李淳风之流,安得谓之佛？因宝公之携镜尺剪扇杖，遂以为剪齐曰齐，携尺为尺量曰梁，携扇以为扫尘曰陈，附会穿凿，以成其说，其于义亦不通，而于词亦不达，不知宝公之意。当时五代昏乱，国家不齐，剪者当修身齐家，尺者当度量，勿枉尺直寻，扇者当急除燥暴，免百姓如火益热尔。正所以默讽当世之事，岂预教陈篡梁者乎？若以剪为齐，尺为梁，扇为陈，其镜又何者？杖又何者乎？

夫当时梁武暴虐已极，而又聪明敏达，如达摩与之言禅，达摩曰：廓然无朕。即转曰：对朕者谁？是何等机锋！若使当时与达摩相善，大透于无心之旨，其恃心、法两俱空，必恣意肆行无忌，其暴虐愈甚。盖心学易悟，而心学又易怒，因悟而生怒，其肆更不可言。幸其不相得而去耳。宝公乃特出救世，知此人不可与言禅，故宝公精禅，不与言禅，而但以神通动之，是亦宝公不得已而为者。劝其恤刑，不听。又竭其第六神通，引以冥搜，见冥中酷刑者，受报甚惨，而后恐惧不遑，慈悲顿生。亦即浮杯未见而诛，宝公又言，梁武前生蚯蚓，浮杯锄蔬，无心误伤蚓命，致有今日之报。梁武更心惊胆寒。无心如此，有心何如？是皆宝公救民之苦心，真无可奈何者矣。所以救当世之生民，不知其几。

及后，西蜀救民，显像剑阁。宋时救民，显像淮甸。明时救民，显像金陵。又祷晴晴应，祷雨雨应。是宝公生救于民，没救于民，一生全未有已也；晴救于民，雨救于民，四时全未有已也；江南救民，四川救民，各地全未有已也；宋朝救民，明朝救民，历朝全未有已也。凡万世司生民之命，有牧民之职者,能不为之动心乎?若体宝公之心,即体上帝阴骘之心,体天子清问之心,体下民求生之心,是在在有宝公,时时有宝公,人人有宝公,岂但梁时有宝公哉?

宝公之意,但欲教人爱民,延国脉,而非教人知国数。凡一切图谶术数之流,朝廷尚严戒,而不许人习,公岂肯为之哉?予故曰:宝公非袁天罡、李淳风者流,乃吾帝王圣贤救世一流人也,不得已托佛而为之者。世人不言其救民之心,而但言其知国数,是岂知宝公者乎?或曰:宋之石何以有乎?曰:假造者也。公自隐言,非乎?曰:权为者也。夫不言其经,而言其权,岂理也哉?予故力为之辨,以杜乱臣贼子不得藉口于佛氏云。

按,文内言张忠献《宝公行实碑》,即其修志时臆断者也。所引浮杯等事,亦据旧志《行实》而言,俱未确。因其议论可采,姑存之。

祖道重辉碑

国朝　吴云

予至灵谷方丈,见许公题祖道重辉四字于方丈之门,赠晓公,予笑曰:此四字乃祖道之金针,祖庭之宝筏,可拨转天下之昏瞳,指回天下之迷津。晓公曰:虚誉山僧,何为此奖?予曰:非奖也,乃教也,请听吾语。

吾儒者,不知佛义,然何地非佛?若举何地为佛地?曰佛曾至此,此地必当为我之所有。佛既至此,此地必惟为我佛之所有。是若豪势之家,专为夺地之谋,安得谓之佛?乃自万历以来,仗佛威者甚多,专为夺地之事。至于今日,患犹未息。如昔日某祖庭毙,国学之生某祖庭掘合族之坟。近日某祖庭逐里民之居，某祖庭兴战斗之场。佛在西天，抚膺长叹，必谓我昔日舍家出家，今出家如此，甚非我心。当我入定鸟巢，我发出定之时，觉正抱雏，惟恐惊之，仍入定去。待其雏飞，然后出定。以物据我之心[①]，尚惟恐伤物。今何为争地，而遂忍于此？地虽可得，心地失矣。佛，心地乎？亦争地乎？佛岂有争心？

佛出家时，孤身耳，后自有五百王子之同，千二百五十人之俱。逝多林，久饿耳，而自有五百牛客之供，后自有八万龙天之养。雪山坐，苦冻耳，后自有紫金袈裟之献，黄金铺地之奉，何尝有争心于其间哉？而四百万劫之久，自无一敢与之争者。此其所以为佛，盖慈悲大忍，授安众生。如有争心，则万劫之唯心全消。盖佛在心，而不在居。若以佛至雪山，必占全雪山，佛至逝多林，必占全多林，佛至华严海，必占全海，佛至非非想天，必占全天，令百万龙天何处安生乎？此必无如是之佛也。佛必令天人物佛俱安，而后可。

即如灵谷第一禅林，三百年后，房倾物毁，破屋西风，仅余数尊佛像，在泠烟凄雨之间。乃一旦钟鼓自鸣，伽蓝托梦，于南和尚策杖忽至，争来之乎？非争来之乎？谁令钟自鸣也？麈仙和尚相继（阁）[开]堂[②]，普门、雪亭二公接守。今公又秉拂升坐，宣扬宗纲，告尊天尊天应，告众人众人应，告龙神龙神应，告风神风神又应，公争为之乎？非争为之乎？一有争心，不如是已。此横山、南屏得法三峰，乃为兄弟，横山无

① 按，“以物据我之心”，《道光寺志》作：“以物据我之身”。

② 据《道光寺志》校改。

法嗣，欲以南屏为徒，而南屏即为之徒，降弟作子。于南、麈仙得法南屏，亦为弟兄，于南无法嗣，又欲以麈仙为徒，降兄为儿，全无胜气，但有让心。普门、雪亭、晓苍得法麈仙，亦为兄弟，而三人交相递及，全无争意。至于晓公，即登正座，亦不肯居。每与人言，唯恐伤人。虽觉一行，亦必退后。此所以为祖道重辉，不但祖庭专辉也。若专辉祖庭，而不辉祖心，不辉祖道，而忍以祖堂之故，令众生有悲怨之气。祖虽荒天露雪，而不愿此居矣。

佛不云乎：树下一宿。即树下便是祖庭。佛不云乎：不入王宫供养。虽宫中不是祖庭。如必争多地，以为华堂方谓祖庭，何不塞天塞地，塞海塞山，塞空塞界，一一皆祖庭也？然究竟塞天塞地，塞海塞山，塞空塞界，何一不皆祖庭也？夫祖道虚空有尽，而愿力无穷，可不深思之乎？予故曰：见祖道重辉四字，可呼为金针宝筏也。晓公曰：有是哉，君之论祖道也，可勒碑以警于世。乃书。

按，吴舫翁所撰二碑，迄今仅百数十年，不知所在。岂当时修志时，撰有此文，未尝勒石耶？

游记

游新庵记

明太祖

钟山之阳有谷，谷有灵泉，曰八功德水。不稽何代，僧因水以建庵，不过数间而已，其向且未的。然而游人信士，无问春秋四季，时时来往，酌水焚香，涤愆忏罪，已有年矣。朕自至此，二十年余，每观此地，景虽佳丽，庵将颓焉。朕尝叹息：蒋山住持寺者，自建庵以至于斯时，前亡后化者，叠不知几人，曾有定向而革庵者乎？故空景美而庵颓。

一日，暇游于此，有僧求布施于朕，以崇建之。朕谓僧曰：愚哉！尔知梁武帝崇信慧超、云光等，舍身同泰寺；陈武帝敬真谛等，舍身大庄严寺。又如信道家之说者，秦皇遣方士而求神仙，汉武帝因李少君等而冀长生，魏道武因寇谦之行天宫静轮之法，唐玄宗与叶法善同游月宫，宋徽宗任林灵素度道士数万。此数帝之心，未必不善，然善则善矣，何愚之至甚？其僧、道能则能矣，何招祸之如是？答曰：未知。曰：前数僧、道，当是时，日习世法，颇异常人，故作聪明于王侯。僧特云天堂、地狱，道务云壶中日月、洞里乾坤、八寒八热，致使数帝畏地狱，惧八寒八热，愿登天堂，入壶中、洞里，所以昧之。国务日衰，海内不安，社稷移而君亡，谤及法门。是后三武因此而灭僧，不旋踵而覆，岂佛、老之过欤？盖当时僧、道不才，有累于一时。社稷移而异姓兴，非天不佑，乃君愚昧非仁，连谤于佛、老。其三武罔知佛[老]之机[1]，辄毁效者，因二教之机微而理秘，时难辨通，致令千古观于诸帝之纪录，达斯文者无有不切齿奋恨。以其所以，非独当时为人唾骂，虽万古亦污名，罪囚天地间。尔尚弗识，何愚之笃？

近者，有元京师有异僧名指空，独不类凡愚之徒，元君顺

① 据明太祖：《明太祖御制文集》卷十六（黄山书社，1995年版）、明太祖：《明太祖文集》卷十四（文渊阁四库全书本）各收录该文增补。本文其后据之校改者，不赘注。

帝有时问道于斯人，斯人答云：如来之教，虽云色空之比假，务化愚顽，阴理王度，又非帝者证果之场。若不解而至此，糜费黔黎，政务日杜，市衢嗷嗷，则天高听卑，祸将不远，豪杰生焉。苟能识我之言，悟我诚导，则君之修，甚有大焉。所以修者，宵衣旰食，修明政刑，四海咸安，彝伦攸叙，无有紊者。调和四时，使昆虫草木，各遂其生，此之谓修。岂不弥纶天地，生生世世，三千大千界中，安得不永为人皇者欤？指空曰：以此观之，贫僧以百劫未达于斯。若帝不依此而效前，其堕弥深，虽千劫，不出贫僧之右。

又丞相搠思监至，赍盛素羞以供，亦问于指空，意在增福。指空曰：凶顽至此，而王纲利，愚民来供，则国风淳。王臣游此，民无益。公相之来，是谓不可。修行多道，途异而理同。公相知否？曰：不知。曰：在知人，在安民，忠于君，孝于亲，无私于己，公于天下，调和鼎鼐，燮理阴阳，助君以仁。诚能足备，则生生世世，立人间天上王臣矣。吾将数劫，不达斯地。苟不依此，刻剥于民，欺君罔下，用施于(民)[我]，虽万劫，奚齐吾肩？

朕观指空之云如是。尔僧欲以庵为朕增福，可乎？彼虽有营造之机，朕安有己财于此？僧曰：富有天下，肯若是耶？[朕曰：]不然。国之富，乃民之财，君天下者主之，度出量入以安民，非朕之己物，乃农民膏血耳。若以此而施尔，必不蒙福而招愆。僧云：佛法付之国王、大臣。曰：当哉！所以付之者，国令无有敢谤，(德)[听]化流行，非王、臣则不可。僧乃省而叩头。时朕不施。

后更一住持法印者。朕务繁，不暇来此，将岁过七年，冬十一月二十有五日，因暇入山，遂达斯地。[想]昔日之径，崎岖高下，今者崎而平，岖而直，坦途如是，岂不异乎？何止此径而已？其庵架空幕谷，凌岩而出，松(背)[智]流泉，以成瀑布，飞吼长空，致猿啼夜月于峰巅，白鹤巢桐而每顾。深隐翠微，纵有飘风而不至。游人遂乐，禽兽情欢，焕然一新。观斯创造，庸愚者弗能。噫！有非常之人，建非常之功。法印如是，安得不神识者哉？傍曰：僧于此不贪而不盗，无私于己，有功于众，丛林仰之。于戏！庵为僧所新，僧为庵所名。人能知一躯为囊神之室，以神修躯。若不知修躯，以躯使神，岂不愚人者欤？

按，此文原非为寺而作，然云因八功德水以建庵，又有至此二十余年，及将岁过七年之语，是庵距寺不远，其时寺已建矣，故录以备考。

游灵谷寺记

明　刘三吾

灵谷有寺，昉自圣朝，实钟山阴灵之所钟，志公道场之所在，久矣企慕一游矣。去年冬十一月，皇上命天界僧官左觉义天台清濬上人改住是山，御赐之诗，例曾钦和，所写景致，恒愧瞽言。濬既住山，屡要予与春坊学士董安常订期一相过。晴雨不恒，愿莫之遂。今夏四月，濬之请益力，则请旨与董如约。

梅雨初霁，笋舆缓行。道出朝阳门半舍许，坡陀万松间，隐见金碧垩白，知为上方。方抵三门之前，横为丈者三十，从三之一，中甬道，步梁一。登三门，萦青缭白，殆天造地设然，皆自圣心经纶中出也。循两廊行，壁堵绘画，佛氏公案居多，名笔快人心目。前殿、后堂，大都一览次，延致其笏室，松风万籁，飒然为秋。参赵州禅，异其香味，本泉八德。茶已，馔已，引登志塔，摩挲其圹石，盖梁陆倕撰，范约云所书者。其志公像，则吴道子笔，李太白赞。然后过禅堂，绕床数匝，禅僧或坐或起，或阅经卷，清规肃然。载过其膳堂，人一蒲团，布幕承尘其上，县钵盂其下，凡两堂悉象志公。其间欲僧行观象，知所戒定也。

时日且昳矣，辞归。濬苦留，谓山下有泉未观。引过其所，循墙而东，可五六十步许，据胡床，松下方池，砖甃以受泉流，一泓渟涵，寂无声响，乃八德伏而见诸此者。使亭焉，将不让智仙之于滁泉也。于是导而溜诸槽，次第建之，以至于庖，一不劳人力之运焉。观泉后，蒙具汤沐澡，雪堀堁风乎？傍近僧舍，一领清致，辄出，不复候茶。斯灵谷为境大概然也。人定钟后，盘桓法堂阶次，有僧数人者散步阶下，濬为若人由坐禅而出者也。如是概不多见，亦犹儒者真诚用力，几何其人哉？所难者，心之乱，气之昏，必静焉斯能治其乱，必明焉斯能治其昏。不则，块坐致疾耳。

诘旦，四鼓，闻钟悉起，濬已领众讽经过堂。过予二人，谢曰：始意留宿，两学士须日出乃起，今缘声钟之蚤，翻蚤于趋朝之蚤，岂相留初意哉！遂乘月蚤回，假寐舆上，第所游为灵谷记，复体杜少陵岳麓、道林二寺行声之歌咏，寄谢濬公，并呈董学士，兼林公辅、顾文昭，庶不虚此一游云。游之岁月，洪武二十一年四月之十又八日也。

游灵谷记

明 都穆

丁卯二月，予与客为灵谷寺之游。寺在紫金山南，中有梁神僧宝志塔。国初，以塔逼宫，敕迁于此，锡以金额，御书第一禅林四字，刻之洞门。过此，长松夹道，苍翠如沐。行松间三里，及寺。其前有万工池，相传凿池时，尝役万夫，故名。入门，历琵琶街，人鼓掌，相应有声，若弹丝然。时山中桃李盛开，而幽花异卉，纷错其间，极为可玩。

午饭方丈，僧侑以香茗，兼出棋娱客，尘襟潇洒然。已而阅八功德水。八功德者，山记谓一清、二冷、三香、四柔、五甘、六净、七不(噎)[饐][①]、八除疴。昔寺僧法喜以居无泉，祷求西域阿耨池。七日，掘地得之。梁已前，尝取以给御。案，一云梁有胡僧寓锡，山中乏水，山龙为溢水，以成是池。释氏之说如此，弗能详也。池故在峭壁寺东，自迁志公塔，水从之而涌，旧池遂涸，人以为异。今山僧凿石，委曲引之。有松孤立其上，若庇荫然。客流杯水中，落花间浮，随杯而行。至客前，则竞取以饮。虽不饮者，亦徘徊忘去。

乐哉斯游！不可无述。同游为金华章廷式、蒙阴李应灵、宜阳金有制、东川黎廷表、麻城梅仲修、云间黄天章、永平李德哲、上饶郑立之，其一人则穆也。

---

① 据本志卷二《山水》收录（宋）梅挚《八功德水》、（明）何镗《古今游名山记》卷二《金陵》（嘉靖刻本）收录（明）都穆《游灵谷记》校改。

又

明 吕柟

三月之暮，五山潘子约诸僚同游灵谷，予以足疾，不能乘马，赁舆先往。盖灵谷周几十余里，东界木公山，而松亘四五里，纵横络绎，杂列间植，微瓴甋甃路，则不得其门而入矣。往年同南桥李子日午始往，不久即返，未尽其奇，于心恒不忘。故五山约，不俟联镳，而独先也。

至第一禅林门下舆，徒步里余，就荫伫立，四面睇望，虬枝蛟枚，如麻如葛，然体干瘦细，间有三二合抱者，则又有群木压挽匝挤，不能直挺，予叹玩焉。其下瑶草仙丹，碧紫烂熳，或并藤萝，缠樛萦盖。问诸吏皂，但曰野花，则又叹曰：彼抱美含芳于幽独而不名者，其殆此乎！比至方丈门，见洪武十八年至二十九年高祖七敕，备言栽种松、竹、果子之由，禁止刍牧。再进至青林堂，见檐前悬榜高祖亲制《山居诗》十二篇赐觉义清濬者，益悉灵谷幽胜，乃知此寺所造甚远，非偶然也。

未几，五山及双山秦子、在轩胡子、雍里顾子、郭山况子皆至，乃遂出游大佛殿。又后登禅堂，崇峻宏敞，爽人心目。而宝公石像正当其下，为吴道子所画，果非尘世形态。旁镌自著《十二时歌》。又北，观宝公塑像，在浮屠塔下。旁有长榜壁立，不可上，乃已。遂出东，观八功德水之九曲，曲上一松奇古。或云，高祖挂衣处。遂至无梁殿，殿皆瓴甋，作三券洞，不以木为梁。只此一殿，费可万金。其规制，又多自齐梁时来。国朝虽或补葺，然必不加也。上西廊，观吴道子所画《折芦渡江》及乌巢佛印三教画壁，乃还。

登青林堂，五山乃又行酌。酌未半，有满亲住持者(乃)[来]参[①]，持学士顾公诗以观，盖顾公九和依僧语作二偈尔。观毕，满茶，许之。时日已大西，遂行，而浩乃送至琵琶街，自鼓掌，请听琵琶声，口兼呼。诸从者亦鼓掌，浩亦大笑，然实未有闻也。因问：此殿前何以有此声？浩曰：空谷作声尔。曰：此殿以上凡四、五层，其上者何以无此声？浩不对，在轩、双山皆曰：山谷之声，太近亦无，太远亦无，虚实之间，远近之中，乃又夹以长廊，俯以崇台，此感彼应，气使然尔。

遂西至竹涧。有闭关僧，凿版窦以通饮食，窦上悬栖云处三字。予曰：此室中亦有云耶？五山屡以偈语诘浩，浩不能对，以他语应，遂出。时满亲以邀茶至，见壁上悬二尊官诗，浩与满亲犹指矜云云。曰：僧但不到家，到家便见其家中所有无尔。遂还。予先至朝阳门，候诸君而后别。

五山，名颖，字叔愚，宁海人。双山，名仪，字相之，临桂人。南桥，名清，字介卿，龙阳人。在轩，名廷禄，字原学，云南人。雍里，名梦圭，字武祥，昆山人。郭山，名维垣，字翰臣，高安人。予则名柟，字仲木，号泾野，高陵人。

游灵谷寺记

国朝　王士祯

游鸡笼、龙潭之明日，遂往钟山。过青溪，拜侍中黄公祠，祠有夫人血影石。出通济门，经天坛。坛已废，弥望蔓草蒙烟而已。沿钟山行，屡有向背峰崿，蔽亏云日，明晦诵沈隐侯千云非

① 据《道光寺志》校改。

一状、苏端明峰多巧障日之句，叹其极工。按，江左时，刺史还任，例种松千头。山在六朝，故多林木。胜国为陵园地，龙鳞虬鬣，弥遍山谷。上陵者，寒涛天籁中，不复见山，今十九供樵爨矣。

寺毁于乙酉、丙戌间，惟无量殿、宝公塔存。上人于南，灵隐豁堂师法嗣，为言寺废之由，乘愿而来，欲以十年重兴初地。午，浴楼下。楼后面屏风岭，风逢逢自绝壑下，林木飒然有声。饭方丈毕，偕上人观景阳钟，礼宝公塔。予登焉，上人不能从。问三绝碑，亦毁于火。三绝者，张僧繇画志公像，李太白赞，颜鲁公书也。寺旧有志公法衣、革履，吴道子画《折芦渡江》，乌巢佛印三教画壁，皆不见。惟颓壁数版，丹青漫漶，如天吴紫凤，颠倒裋褐而已。

稍东，为说法台址。旁即八功德水，榛荆蒙茸，无复涓滴。南为琵琶街，僧雏拊掌，隐若丝弦之音。殿前有巨铁剪，锲大吴字，上人讹为赤乌时物。按，明高帝初定建康，为吴国公，八年为吴王。此当是未改元时所作，然不识何所用之？上人云：相传山有蛟，铸此为镇云。梅花庵在山门东，寒香数百树，尚横斜山翠中。周颙草堂，王安石定林旧址，皆不可详。会日夕，遂与上人别，樵唱满山，悲风骚屑，涧水潺湲，屡乱流而渡。昔人《登乐游原》诗，若为今咏之。上人贻予《豁堂诗》，自蒋陵至青溪，遂尽其卷，汤休、帛道猷之流也。

按，记内以元铸辟邪钟为景阳钟，以吴道子画像为张僧繇，以吴小仙画壁为吴道子，皆误。

灵谷禅林志卷十终。

灵谷禅林志卷十一

杂著三

书

答广信侯开善寺听讲书①

梁简文帝

王白：仰承(北)[比]往开善，听讲《涅槃》，纵赏山中，游心人外。青松白(雾)[露]，处处可悦。奇峰怪石，极目忘归。加以法水晨流，天华夜落，往而忘反，有会昔言。王牵物从务，无由独往。仰此高踪，寸心如结。谨白。

与开善寺智藏法师书②

梁元帝

菩萨萧法车置邮大士刘智藏侍者：自林宗遄反，玄度言

---

① 按，（唐）释道宣：《广弘明集》卷二十一（见《大正藏》第五十二册，第252页）收录该文，题作："答广信侯书"；（明）张溥：《汉魏六朝百三家集》卷八十二（文渊阁四库全书本）收录该文，题作："与广信侯述听讲事书"；惟（明）葛寅亮撰、何孝荣点校：《金陵梵刹志》卷三《钟山灵谷寺》（南京出版社，2017年版）收录该文，题与本志同。本文其后据《广弘明集》《汉魏六朝百三家集》校改者，不赘注。

② 按，《广弘明集》卷二十八（见《大正藏》第五十二册，第326页）、《汉魏六朝百三家集》卷八十四、（明）梅鼎祚：《释文纪》卷二十二（文渊阁四库全书本）各收录该文，题均作："与刘智藏书"；惟《金陵梵刹志》卷三《钟山灵谷寺》收录该文，题与本志同。本文其后据《广弘明集》《汉魏六朝百三家集》《释文纪》校改者，不赘注。

归,以结元礼之心,弥益真长之叹。故以临风望美,对月怀贤,有劳寤寐,无忘兴寝。方今玄冥在节,岁聿云遒,日似青缇,云浮红蕊,清台炭重,北宫井溢,想禅说为娱,稍符九次,成诵之功,转探三密。山间芳杜,自有松竹之娱;岩穴鸣琴,非无薜萝之致。修德之暇,差足乐也!昔韩梅两福,求羊二仲,郑林腾名于冯翊,周党传芳于太原。或有百镒可捐,千金非贵,松子为餐,蒲根是服。未有高蹈真如,归宗法海。梵王四鹤,集林籞而相鸣;帝释千马,经丘园而局步。有一于此,犹或称奇。兼而(有)[总]之,何其盛也!故知南临之水,已类吕梁之川;北眺之山,弥同武安之岭。岂复还思溆浦,尚想强台;眷彼汉池,载怀荒谷。以此相求,心可知已。

仆久厌尘邦,本怀人外,加以服膺常住,讽味了因,弥用思齐,每增求友。常欲登却月之岭,荫偃盖之松,挹璇玉之源,解莲花之剑。藩维有限,脱屣无由。每坐向翊之床,恒思管宁之榻,梦匡山而太息,想桓亭而延伫,白云间之,苍江不极。未因抵掌,我劳如何。想无金玉,数在邮示。弱水难航,犹致书于青乌;流川弗远,伫芳音于赤玉。鹤望还信,以代萱苏。得志忘言,此宁多述。法车叩头。叩头。

致大宝法王书

明成祖

大明皇帝致书如来大宝法王西天大善自在佛:四月十五

日，朕偕灌顶通悟宏济大国师[高]日瓦领禅伯[1]，往灵谷观向日所见塔影。朕至诚默祷曰：愿祝如来大宝法王西天大善自在佛吉祥如意，若果鉴朕诚心，则示塔影一。已而塔影随见。朕又默祝：愿天下太平，五谷丰登，家给人足，民不夭阏，物无疵疠。若果遂朕心，更示塔影一。已而复见塔影二。一时之间，三塔毕见。其色始若黄金在矿，含辉未露。俄若跃冶之金，精光煜煜。少焉如泥金布练，豪芒纷敷，若注若流，绮窗彩棂，黝垩丹碧，粲然呈露。至莫，有五色圆光，光中见二佛像，及如来大宝法王西天大善自在佛像。已而复见宝公像拱立于前。内官、僧官具以来闻，朕未之信。

至十六日，复与灌顶通悟宏济大国师往塔影之所。朕又默祝曰：明日朕初度之辰，吉庆福祥，则塔影更见。已而又见塔影二，一照于壁，一映于地，与前塔影联而为七。其色或黄或青，流丹炫紫，绀缥间施，锦绣错综，若琉璃映彻，水晶洞明，若琥珀光，若珊瑚色，若玛瑙砗磲。文采晃耀，若渊沉而珠朗，若山辉而玉润，若丹砂聚鼎，若空青出穴，若凤羽之陆离，若龙章之焱灼，若霓旌孔盖之飘摇、金支翠旗之掩映，若景星庆云之炳焕、紫芝瑶草之斓斑，若阳燧之迎太阳、方诸之透明水，若日出而霞彩丽也，雨霁而虹光吐也，岩空而电影掣也，

① 据本志卷三《建置·大宝法王殿》条及《明太宗实录》卷六十五，永乐五年三月丁巳条校补。《明太宗实录》原文如下："封尚师哈立麻为万行具足十方最胜圆觉妙智慧善普应佑国演教如来大宝法王西天大善自在佛，领天下释教，赐印、诰及金银、钞、彩币、织金珠袈裟、金银器皿、鞍马，命其徒孛隆逋瓦桑儿加领真为灌顶圆修净慧大国师，高日瓦领禅伯为灌顶通悟弘济大国师，……宴于华盖殿。"《明史》卷三百三十一《西域三·乌斯藏大宝法王》（中华书局，1974年版）作"高日瓦禅伯"，亦误。

闪烁荡漾，摇动光溢。虽擅丹青之巧，莫能图其万一。虽极言语形容，莫能状其万一。至于铃索振摇，宝轮层叠，霤瓦之鳞鳞，阑槛之纵横，玲珑疏透，一一可数。人之行走舞蹈，咸见于光中。其所服之色，各随而见。若鸟雀冲过，树动花飞，悉皆可见。而天花雨虚，悠扬交舞。

十七日，花遍下，其大者如杯，小者如手。东西两庑，又见塔影十，光辉照烛，皆如前之胜妙。十八日，朕复往观塔影，光彩大胜于前。有云彩五色，轮囷焕衍，郁郁缊缊，非雾非烟，低翔裴徊，葱茏塔影之上，乍舒乍敛，往而复续，变化万状，不可殚述。塔心复见塔影一，已而青篁绿竹之影，纷然毕呈。塔殿上所制七生，凡异香芬馥，充达远近。至莫，留灌顶通悟宏济大国师在寺观之。十九日早，灌顶通悟宏济大国师来报，塔影第一层见如来大宝法王西天大善自在佛像三，见罗汉像六，环立左右；第二层见红色观音像一，左右见菩萨像四，侍立拱手，捧香花供养。有圆光五色，覆于塔上，宝盖垂荫，璎珞葳蕤。

凡物只有一影，今一塔而见多影，要非常理所能推测。此皆如来大宝法王西天大善自在佛道超无等，德高无比，具足万行，阐扬道实，释迦牟尼佛再见于世，以化导群品，是以摄受功至，显兹灵应，不可思议。朕心欢喜，难以名言。灌顶通悟宏济大国师回，必能言塔影之详。然所言亦必不能尽其妙也，就今画工图来一观，盖万分得其一二尔。兹特遣书相报，吉祥如意，如来其亮之。

按，大宝法王西天大善自在佛，乃成祖封西僧哈立麻之号，有敕文，见第九卷。灌顶(法)[国]师名哈思巴啰,见《野获编》,此云[高]日瓦[领][1],岂翻绎各别欤?放光之事,与四明阿育王舍利塔相类,原书所恒有,即报恩寺塔亦尝放光,见《梵刹志》《金陵琐事》《金陵闻见录》诸书。然哈立麻以在世之西僧,而亦现身光中,未免过事侈陈,近于怪诞,故存之,以备异闻,而《灵感门》不录也。

此文,明释可浩旧志作为《致书》,吴云旧志同,惟于篇首大明皇帝致书下,加述灵谷宝塔祥光恭告于十字,自行增损,与以《志公行实》为张浚所撰碑同一臆断。葛寅亮《梵刹志》引之,又将篇首四月十五日之上三句,及篇尾盖万分得其一二尔之下三句删去,作为《御制灵谷塔影记》。但可浩旧志在嘉靖癸卯,原作《致书》,其时御制旧文应藏奉寺中,必有所本。《梵利志》成于天启丁卯,距嘉靖癸卯已逾八十余年之久,其中恐有舛误,况删节原文,乃明人纂书陋习耶?今仍从旧志,定为《致书》焉。

序

景泰志序

明　仪铭

太祖高皇帝定鼎于金陵钟山之阳,与宝公塔密迩,迁于湖之东,改额为灵谷寺,金碧辉映,冠于海内,御书第一禅林,揭于洞门,名其山曰紫金。列朝临幸,翠华銮从,千乘万骑,填溢山谷,草木增辉。至于桑门之流,衣被恩光可知。咫尺都门,衣冠之士,佳时暇日,乘游觞咏,忘失烦浊之虑,以不得者为慊。幽邃之胜,南京为最。其僧亦往往有出杰之才,嗣继故也。兹以僧洁庵公编集纪胜、宝公事实、历代住持、世系暨题咏,名之曰《钟山志》。募助缘,得庄福广梓刊,求予序之。嗟

① 据本志本卷上文收录明成祖:《致大宝法王书》及本志卷三《建置·大宝法王殿》条校改。

乎！是集虽以灵谷禅寺之事，而钟山形胜之奇，历代沿革之概，见者足考，余故弁其端云。

时景泰二年冬十月下澣。

嘉靖志序

明　黄河

钟山左胁有寺曰灵谷，台殿崇邃，林木朊美，士大夫暇游其间，谓为金陵第一境界。予时谒孝陵，亦往观焉，则见浮图卓立，金碧耀煌，仰瞻圣翰，凤翥鸾翔。予乃呼僧满亲，历历指导，则我太祖留意于此寺，颁降敕旨，不一而足。百七十年来，衣钵相传，优游佳胜，而高天厚地之恩，殆有安享而不知所自者。予惧其久而逸，逸而且忘也，乃谓之曰：是可以无志乎？夫大圣人一言一字，万世准则，士民期一见而不可得尔。寺乃特赐额颁敕，龙凤之文，金玉之章，层见叠出，照耀林壑，其光被山门，不啻万倍，而可以不志也？于是满亲唯唯而去。乃谋于僧录可浩，汇兹山事迹若干、诗文若干，请正于缙绅先生，校而刻之。

嘉靖癸卯孟冬之吉。

康熙间重修志序

国朝　马益

宇内名山大川，载在通志。即禅栖梵宇，隶于郡县者，例得并纪古迹中。凡以高僧卓锡之地，深山穷谷，林壑诚美，即处通都大邑间，莫不有奇迹可纪。况灵谷寺为钟山名刹，所称第一禅林者，而可以无志乎？

予自关中卜居金陵，六朝名胜，得恣幽探。间与方外交，则晓苍和尚尤称莫逆。时时过其丈室，饮八功泉，听说无生理。晓公手辟荒芜，雅意恢复，规模草创，尤惓惓于山志，拟重修雕版，忽感宝公塔放光之异。得豫章吴舫翁先生，为之厘定纪载，一仍古本而分卷，别具体裁，名山巨手，相得益彰。适吾友临安盛君紫翰偶来白下，客予静远斋，相与校定，兼募同人，捐赀剞劂。书成，请序。予喜钟山之奇丽，爱晓公之纯朴，而尤乐是书之足以备观览、垂永久也。为道其缘起如此。

又

［沈宗敬］[①]

余登钟山，谒明孝陵，迤逦而东，陟冈四五重，至灵谷寺，造晓苍和尚丈室。晓公烹山泉，劚笋蕨为饭。饭罢，同余遍游堂庑林木间，历指古所谓名胜处。复憩山房，出豫章吴先生新次志书，索余为叙。披览一过，识其由来。

兹寺也，众山环其左，森然若卫，右则孝陵巍峨，石头城郭之繁华，列列在目。松柏蓊郁，区宇寥廓，诚山川之奥区、瞿昙之窟宅也。孝陵是其故址，明太祖建都，以其逼近宫阙，降敕移造。寺为古志公道场，志公塔在焉。其龙宫绀殿，贝叶琅函，若龙象，若宝幢，若尚方之锡赉，与夫古迹、法器、土田、菽粟之供乎苾刍者，皆巨丽博大，非天下梵宇可比。天人叶应，其符瑞灵异，以及艺文之焕赫，古德之纯修，亦迥异寻常。

历有旧志如干卷，以壮厥观。三百余年来，岁月递嬗，世代迁移，殿宇摧颓，金碧非昨。斯志也，鸟啄虫穿，版图已不可

① 据《道光寺志》校补。

问矣，残编仅在，良可慨与！晓公主斯席，经行实事，宏敞宗风，手自修废举坠，日以恢复旧观为兢兢，欲辑旧志而未追。岁庚辰，豫章吴舫翁先生偶来山中，访求逸事，晓公因以是役请，先生诺而与门人笔削之。因其原本，而增其近事，分类题名，别为十六卷。条理秩秩，览者益瞭然。两阅月而告成。

先生年将八十，博古强记，吐辞成文章，行事落落，自异姓名，不炫于时。观其诗古文，类多铜驼禾黍之感，其殆隐君子与！先生将至之夕，志公塔放白毫。志之告成也，其夜亦然。噫！异矣。莫非志成之日，即灵谷振兴之日与？今天子迈郅隆之治，尊崇古先哲王，曩岁南巡，至省会，一再谒明陵，复其税，隆祀典，禁樵苏，置守陵尉，今且松柏青青，原庙聿新矣。一旦追前朝轶事，遣官庀材，复三百年巨丽博大之旧观，以应白毫之瑞，其在斯乎？其在斯乎？

又

盛宏邃

灵谷旧志，第编年耳。天门叟重加厘定，别类分卷，蔚然大观。予览之，而慨然于天道有往复，地运有盛衰，人事有得失，而废兴因之。方灵谷之兴也，岑楼杰阁，密竹深松，交辉互映，赐田绣错，赡僧千计。其间历代銮舆之所临幸，公侯卿相履舄之所接迹，与夫学士大夫、山人羁客之所吟咏，高僧耆宿谈经树拂之所提倡，以及丰年歉岁旱涝祈祷之所感应，按籍可考。世称第一禅林，良有以也。

今之灵谷，非昔矣。在《易》有之：无平不陂，无往不复。废兴相循，厥由人事。灵谷之兴，其在晓公乎？晓公侍其祖于南翁入山，经营况瘁，阅四十年，废者修，坠者举，既焕然改观矣。岁乙酉，恭逢皇上南巡江左，驾幸钟山，晓公奏对称旨，锡以联额，煌煌宸藻，炳耀林壑，固灵谷复兴之兆，抑亦晓公之勤修善行，有以感之而然欤？

今戊子春，偶客金陵，晤晓公，谈及山志，令其亟付雕，开取舫翁所定原稿，悉为校雠，代募同人，捐赀锓版。书成，晓公请予为序。余何言夫？予家距灵谷，不啻千里，与晓公曾未谋面，一见而欢若平生。是书之刻，实余为之权舆。倘亦灵山曾受付嘱，抑三生石畔，得无相视而笑耶？他时捧檄，得近名山，当力襄胜事，俾第一禅林重振海内，余之愿也。予何言？

又

吴云

予游灵谷山，晓苍和尚延修山志，两月成书，皆按旧文，订正字句，条理纲目，次叙先后，未敢笔削于其间。但前志混同，未及分类，予但编为十六条目，以便观览，不至淆杂。乃再拜稽首而序曰：

钟山之钟，灵谷之灵。山不甚高，谷不甚深。八功德水，一敕封林。万脩篁绿，千乔松青，宜奉天竺，上古先生。自明高皇敕建，辇道来临，太宗驻跸，御阶常升，非私佞佛，惟祝护民。广荐佛之会，超百万之幽冥，多工筑之，役赦五千之罪人。建寺自出天子帑内，必不烦于子民；礼佛必奏先王乐律，而不同于梵音。皆寓意于国事，不专属乎禅心。及太宗永乐之年，历佛显圣，诸天现身，宝公出见于天表，尊天高立于云程，祥光弥漫于旷野，雨花缤纷于苍旻，乃感动好生之德，无深怒殉难之臣，见天人之感应，想佛祖之慈仁。若夫让皇出走，万里只身，同鸿渡月，共鸦向晨，拖钵野店，补屦荒亭。如是者四十余年，始得还于帝京。九十余岁，老佛呼名，若非佛佑，何以延龄？是佛心与君心相应，前明无负于诸佛，诸佛无负于前明。

孝陵在望，与寺为邻。帝佛往来，俱如故人。帝感佛佑，佛念帝诚。是宜交述，勒铭山庭。乃志版已毁，文献何征？不止失三百年典故，而且废千余岁旧闻。石匣玉匮，岂忍壁沉？海岳洞室，何肯函倾？晓苍和尚，深念山灵，乃以此事，属予老人。予年将八十，目倦睛昏，路远三千，客思旅情，而又当卧疾之余，调参和苓，废放之久，笔秃墨尘，何以捧一卷之书，而能鼓众山之琴？墨松使者何在？藜杖老者何人？自不过寻行数字，按籍纪名，据事直书，因理考情。志公入梦两夜，宝塔放光三更。此宝公之自为宝，而灵谷之自为灵。予适当是时，逢之而已，何敢曰志气相感，神而明之？存乎其人，以应予之志成。谨序之。

又

释寂曙

灵谷山旧有《景泰志》《嘉靖志》，嘉靖以后，遂无志，常欲增修而未逮。庚辰正月十九夜，志公菩萨宝塔放光，众曰：山中必有佳话。二月间，豫章吴舫翁先生偶至寺中，寻别去，以一诗寄予曰：巾车二十里，越涧入高峰。岂是寻三笑，亦非问五宗。何须涂毒鼓，自有景阳钟。不见萧梁在，今惟存志公。予曰：此岂凡人乎？遣僧追留，一见相得，即问有志否？曰：

有。问：有版乎？曰：无。先生曰：万一此志忽失，必不可复得，岂非山中永无志哉？急宜修之，以存文献。予即以是举请，先生逊谢。予曰：先生旧史臣，何不念旧敕建乎？许之。携二门人，来山钞稿，先生一一分类编定。既而先生劳苦成疾，伏枕裹衾，饮柏子汤，不食者七日。七日内，仍目不停视，手不停披。凡五十日，而卒业。志成之日，宝公塔复放光，飞空结成紫云，众目共见，真异事也。

大慧禅师谓，张无尽护法，从十指上放光。良有以哉！先生修《樵峦志》成，瑞林上人实为化主，久住远方，十年不见，适以是日，来山斋僧，岂有约而然乎？编次既久，无力雕镂。戊子春，适临安盛紫翰先生来游白下，见过山中，索观旧志，因举舫翁所订志稿授之。越数日，予入城，答候于马惠我先生府中，谓予：此志经天门叟厘定允当，顾弗登剞劂，何以广流传、垂永久？惠我先生亦力赞付梓，各捐赀为檀护倡。紫翰先生复不吝校雠，多所辨定。阅数月，而书成。噫！异哉。舫翁年已八十，越数千里，来修此志；紫翁需次客游，亦不远千里，来成此志，皆属前缘，岂偶然哉？志公塔上，行且复放毫光，而现宝相矣。因详述之，以不忘所自焉。

道光志序

朱绪曾

甘实庵大令辑《灵谷寺志》成，体例分明，辨证博洽，其大指在抉择醇雅，而不语怪也。自明祖废钟山旧寺，并入灵谷，卜独龙阜为陵寝，徙宝公塔于屏风岭下，规模宏敞，凡钟山名胜，悉萃于兹寺中矣。嘉靖时，释可浩创有志略。踌国初，释晓苍踵成之。顾中多踳误，览者微有憾焉。

夫灵谷以宝公得名，而宝公非(灵)[云]光[1]、达摩比也。李延寿修《南史》，择言雅驯，列宝公与陶贞白于《隐逸》，盖尝论之。六代之间，干弋云扰，变如弈棋，达观洞识之士，恒远引于圭组之外。贞白挂冠神虎，宝公著屐都市，原不待梁武之世，而始翛然高蹈也。梁公以礼接士，故二人时与往来。然窥其太平日久，侈心渐萌。于是昭阳之殿，贞白题之；寿阳之师，宝公歌之。俱负前知之鉴，如合符券。人以其神妙不测，遂仅仅以术数称，而不知其为隐君子也。宝公灵著钟山，较贞白为更显。后世读其谶记，谓其定数之不可逃，岂知其定理之不可易哉？至志中谓，宝公托迹齐、梁，而对北魏胡后语者，别有宝公。《宋史·五行志》云：江南伏龟山下宝公墓中得诗碣，与葬钟山不合。引《高僧传》诸书，以断其非，刊讹正谬，皆有根据，尤非率尔操觚者比矣。

实庵家有藏书数万卷，金石鼎彝，充牣璀璨。且自东晋以来，世居金陵，为旧族，习知故事。一志，特著述之小者耳，而能不冗不滥，刊俗语之丹青，归于雅正，岂独为山灵生色已乎？故揭其旨趣，而为之叙。

上元述之氏拜撰。

又

甘熙

钟山旧有寺七十所，齐、梁以降，递有废兴。王荆公并诸

① 据《道光寺志》校改。

小刹于太平兴国寺，六代旧址，半为丘墟矣。明初，以其地连山陵，更并而为灵谷。当是时，缁流云集，足赡千僧，与报恩、天界为三大刹。道场之盛，论者叹观止焉。自明迄今，虽时殊事易，隆替靡常，而丛林规模，未之或改。当康熙、乾隆朝，屡蒙翠华临莅，宸章彪炳，永镇名山，尤征太平盛事。而自来名流硕彦，往往探奇揽秀，播为咏歌，此固一邦名胜之区，考古者所当三致意也。

旧有明景泰辛未仪铭志，久佚无传。今所存者，嘉靖癸卯释可浩志二卷，文甚简略，盖草创而成。康熙庚辰，释晓苍延豫章吴太史云复为重辑，中多舛漏，且沿袭旧习，体例殊乖，非善本也。矧自雍正间，侣石禅师奉敕住山，改传洞宗，多所更易，则征信阙疑，订讹补缺，及今弗为，不将久而愈紊乎？圆照上人屡请于予，予忆自壬申之春，随先子策蹇来游，礼圣师塔，获睹林泉之胜，后遂数数过从。间尝假宿山堂，挑灯煮茗，与诸衲子叙谈往古，辄中夜不倦。以故山中事迹，得诸目见耳闻者甚稔，盖忽忽卅载于兹矣。今闻其请，不禁怃然有感者久之。因搜采群书，重为厘定，与监院悟开往返旬月，咨询参校。阅半载，书成，付诸剞劂。同里朱述之大令淹博好古，熟悉金陵掌故，其中得匡助之力居多。

噫！时运有盛衰，而人事无难易，亦视乎所为何如耳。灵谷为金陵首刹，四百余年来，递兴递耗，皆有崛起之人，以维持乎其间。后之作者，诚事事师古，以前贤之心为心，将勇猛精进，百废具兴，起今日之衰，转而复昔年之盛。予所进于上人者，岂独修志一事也乎哉！

道光二十年岁次庚子秋七月，金陵石安居士序。

赞

宝公赞[①]

唐　释皎然

大(地)[动]之(动)[地]，我安其中。高景无氛，灵鹤在空。出生死(海)[泥]，随物有终。嫠形骇俗，借绘开蒙。尝携刀尺，精意(难)[谁]通?

又

唐　释惠远

一据独龙冈，三朝扬圣化。劈破老面皮，索尽辽天价。当时误杀张僧繇，谁料如今转更遥。描不成，画不就，三个骰儿抛十九。一段风光何处有?曲尺剪刀并扫帚。

又[②]

(僧)[唐]释普信[③]

鹰巢寄生，道林寓迹。首混齐梁，人初不识。杖头有眼，拂子刀尺。洞照古今，明逾赫日。梁王契厚，尤多取则。妙笔僧繇，形容不得。皈仰人天，钟崿示寂。塔锁烟萝，风生八极。

按，唐有李白赞，已见《旧迹门·三绝碑》，兹不复载。

---

① 按，该文题名，(唐)释皎然：《杼山集》卷八(文渊阁四库全书本)、(宋)姚铉：《唐文粹》卷二十四(文渊阁四库全书本)收录该文，均作："志公赞"。本文其后据之校改者，不赘注。

② 按，自"又僧释普信"至"又明盛端明"，本志遗漏，兹据《道光寺志》《光绪寺志》校补。

③ 据《道光寺志》校改。

又

宋　释祖庆

王化三朝，神出鬼没。劈破面皮，自纳败阙。咄！巍巍坐断独龙冈，缁素皈依心拱月。

又

宋　释至慧

自从不恋旧时窠，拄杖常悬拂尺多。六六化中余一化，夜深山月照松萝。

又①

宋　释（慧）[惠]洪

来往独龙冈下路，杖（挑）[头]落索闲家具。后事前观（皆）[如]目睹，非谶语，须知一念无今古。长笑老萧多疾苦，笑中与药皆狼虎。蜡炬一枝非（付）嘱[付]，聊戏汝，热来脱却娘生裤。

宝志公像赞

明太祖

竹杖头边垂落索，歌吟笑傲闲行乐。怪怪奇奇无检约，遭狱缚，神游布帽皆惊愕。

梁武有为多惑错，公能对病施良药。镜照剪裁连尺度，都用著，虚空透出无生乐。

按，此赞见《宝华山志》，明太祖本集无之。

---

① 按，该文题名，（宋）释惠洪：《林间录后集》（文渊阁四库全书本）收录该文，作："渔父六首·宝公"；（宋）释惠洪：《石门文字禅》卷十七（文渊阁四库全书本）收录该文，作："述古德遗事，作渔父词八首·宝公。"本文其后据《林间录后集》《石门文字禅》校改者，不赘注。

又

明　刘龙

南齐禅梁，历数在天。于时未至，孰成其然？维剪与尺，杖锡荷肩。裁之度之，国运载迁。世无慧眼，将谓尔颠。定而能静，觉而且圆。嗟吁万事，莫逃尔禅。灵谷之寺，钟山之阡，皇陵并峙，垂亿万年。

又

明　盛端明

鹰巢有声，妙色中音。繇笔无形，妙音中色。非相有相，紫檀江滨。有相非相，锦袍山侧。以相求相，是为邪见。不以相求，亦入妄想。见无见见，昔何有相？见有见见，今何音响？于虚空中，功德无量。

又

明　吕柟

若云无形，巢中伊雅。若云无声，胡闻乎野？云移峰头，根存山下。月照水中，光在天也。谓虚为无，虚何以名？谓有为有，其谁不明？水以火息，火以水生。万象无言，百物含情。各从其归，谢此营营。

又

明　林树声

鹰巢内显，未了生缘。拄杖头出，将来眼目。具十二面，那是本来。向二六时，谁生分别？含光殿上，泼散难收。僧繇笔下，描写难载。分明水月印虚空，拈来鼻孔依然在。

又

前人

是相非相，不以相求。以相求者，电影泡沤。如量虚空，恒沙可筹。色相本空，此老比丘。孰起幻者？彼哉僧繇。

又

前人

一柱崚嶒，万仞壁立。野鹤寥空，下垂天翼。

碧落高悬，苍茫独立。在虚空中，有相翼翼。

宝志公大师像赞

明　释观衡

无生示生，生缘自异。无用而用，用亦非常。度蟒而嗔，心顿化啖。鸽而生命，无伤修习。空华佛事，庄严水月。坛场集忏，语传慧灯。即文字，为津梁。

物先羲禅师像赞

明　释宏道

人中之龙，僧中之虎。出教入禅，越宗越祖。游戏乎南海、北海，风马牛若不相及；化道乎东州、西州，星凤凰争先快睹。重开圜悟之禅关，再启镜容之塔户。踞两街而阐教，肩被金襴；对万乘以谭玄，手挥玉麈。不忝为大慧之诸孙，是宜居真乐之妙土。猗欤盛哉！可谓揭慧月于八方，播慈风于万古者也！

又

明　释宗泐

生铁面具是甚么？灭却正法眼藏，要与佛祖出气。破新庵活计，语外无玄；展妙喜家风，竹篦用事。简而默也，其声如雷;怒而骂之,称性法善。坐道场,扫末法邪师;易道林,为人间睹史。黄金殿上荡茶杯,阐教清风殊未已。

牧庵禅师像赞

明　释大佑

潦倒牧庵,通身莽卤。合眼验取,点头自许。擅竹庵之的传,以广智为大父。浙江潮落,看万里之云山;五老峰高,挂千寻之瀑布。天书遄下,两膺僧录之除;祖印高题,五应名蓝之举。杖头刀尺现神通,劈破面门真可怖。夺食驱耕,呵风骂雨,揭开第二义门,别是向上一路。万仞岩头撒手行,不萌枝上花无数。

定岩戒公像赞

明　姚广孝

器量容物,才力逸群。昙总统之真子,訢大中之嫡孙。解元行懿,道茂德尊。克绍祖翁之命脉,钦承圣主之宠恩。四会宏法,一味纯真。握竹篦,示人背触;抛栗棘,要人吐吞。诚为先觉,启迪后昆。寿期赵州之甲子,名播左街之芳尘。灵谷禅林极品贵,春风桃李喜盈门。

又

明　张自初

圆同太虚,空本无相。求其道则四众归崇,视其德则诸方归向。绍蒲口之法源,振苕溪之宗匠。完三藏之文于六朝,续千灯之焰于百丈。是宜镇巨刹于钟山,被殊恩于天上。肆云门之辩无前,拟雪窦之机孰让?固宜阐象教于真丹,与大千而同寿者也。

又

明　高逊志

质萃青苕之秀，气钟弁冕之奇，拔尘俗而屏华固实，究出世而辍械忘机。造龙河，礼国师，入室有契；坐钟阜，接王侯，析(礼)[理]无疑[1]。蒙两朝之恩泽，作四众之皈依。续慧命以炳耀，跻妙觉以深期。所谓临济金刚王之宝剑，横拈侧用，实在于斯者也。

洁庵映禅师像赞

明　黄宗载

貌古而苍，气峻而清。得如来印，居舍卫城。心悟三空，自无挂而无碍；行苞四忍，乃有觉而有情。览遍绿水青山，挑包顶笠；参透黄梅翠柏，论义搜经。分九品之座，居最上之乘。斯僧也，僧录司讲经其职，灵谷寺雪峰其名。

自赞

春去丛林夏又过，客窗随分守禅那。蜡人不假西天验，砖镜无劳南岳磨。三个木球权放下，一条拄杖且横拖。问予布袋何时解？蟾桂秋风散玉河。

又

禁足不出门，守口不说话。禅颂答明时，安居结长夏。推出此木球，开示有缘者。见闻随喜发菩提，莫待光阴空过也。

① 据《道光寺志》校改。

印庵禅师像赞

明　王僎

秀目庞眉，此寿者相。广颡丰颐，此成佛像。阐大慈云，其瑞气芬郁；现无垢相，其祥光辉朗。据讲台，雨诸天之宝花；主灵山，飞半空之锡杖。契妙理于三昧，断尘根于百想。此其所以小住人间七十年，遍游物外三千界，而为万亿众生之归向也耶？

月泉像赞

明　王伟

流泉在地，明月在天。仰观俯察，皎皎涓涓。尔心既空，何有于月出之光？尔心既寂，胡有于流泉之声？尔以锱铢视天地，一旦委蜕而去之，又恶履顺夫流行而坎止，观变于朔后而晦前也。

自赞

是我非他，是他非我。若言是我，则成两个。若言是他，当面蹉过。咦！慧灯从此逊流传，浩浩声名天下播。

悉公像赞

国朝　甘煦

钝讷口锋，竟能喝世；直拙性格，偏会哄人。哄得普济菩萨转眼，无缝塔复新整旧；喝得(结)[给]孤长者发心[①]，破沙盆转废为兴。两手不弄虚空，倒要栽松种柏。一身只管朴实，自堪振古轹今。直恁么道：还识得老人真面目么？咦！扫除烦恼

① 据《道光寺志》校改。

绝贪嗔，留得金刚不坏身。雪里鹭鸶看不见，一星星火炷寒冰。

跋

《广荐佛会记》跋

明　张孟兼

昔日唐太宗征辽，怜将士陈亡，建闵忠阁，造观音大士像，以资冥福，千载以为美谈。夫太宗之意，仁则仁矣。以孟兼观之，不过哀一时从征之人。方今皇上好生之德，际天蟠地，凡四海遭乱离而没者，皆欲使其超度。盛会颇效奔走于其间，欲作一文记之，久且未成。适太史宋公景濂自江西还，因偕同列力请为之。其铺叙有法，凡读之者宛若亲睹，诚所谓笔端如画者也。灵隐见心禅师，当今有道浮图，僧中之麟凤也，谨录一篇遗之，共藏名山，以谨其传云。

《第一禅林碑》跋

国朝　吴云

明太祖御笔题第一禅林四字于灵谷山门，其意以为，敕建名山，本自天子，称之为第一禅林，以冠天下诸方，谁能出其右者？虽所以尊佛，亦所以尊君。然而揣度睿思，未必专指于是。若专指于是，徒以名义压四方之寺，共仰于九重之尊，谓天无二日，民无二王云尔。其第一之名分虽有，而第一之义理何在？帝意必尚有深于是者也。

岂以宝公之显圣为第一乎？何以处夫宝公以上之祖也？以世尊为第一乎？何以安夫释迦以上之佛也？以释迦之师燃灯为第一乎？何以位夫说偈之七尊也？以七佛为第一

乎？何以有夫三世一切诸佛也？以如来称摩诃伽叶为众生第一乎？何以了众生之心也？以如来许阿难为总持第一乎？何以及总持之外也？岂以法本法第一乎？法本法无法，既无法，则法本法不第一也。无法第一乎？然无法法亦法，既法亦法，则无法不第一也。法法何曾法第一乎？何以知法法何曾法，是法法何曾法亦不第一也。生灭灭已寂灭为乐第一乎？并灭而灭，并灭灭而寂，尚以何为乐乎？亦不第一也。然则以释迦佛初生，一手指天，一手指地为第一乎？后何以又见明星而悟道？言奇哉！

一切众生，皆有如来圆明智慧，是先自许为第一，后又不自许为第一也。然则以不二法门为第一乎？不二是一，万法归一，一归何处？是又无第一也。岂第一之义竟无之也？然人人自有第一在也。自生民以来，维皇上帝，降衷下民，若有恒性第一乎？不第一乎？孩提无不知爱亲第一乎？不第一乎？试问孩提有恶否？世必无恶孩提矣，人于此可思第一也。试想维皇有恶否？天必无恶维皇矣，人于此可思第一也。人人有第一，而偏不为第一，其故何哉？或者明祖睿思深意，寓教人人皆可第一，寓教于百官万民，亦未可知也，岂但为佛氏言欤？

疏

圣忌荐疏

明　释居顶

天佑下民，笃生圣哲，为其父母，道配穹昊，统御华夏，作之君师，建万世不拔之鸿基，新百王未更之庶政。攘群凶于沙漠之外，广扇仁风；拯黔首于涂炭之中，宏开寿域。夙承灵山付嘱，不忘释教护持，庄严塔宇，特赐两迁。美哉轮奂！开林辟禅。号称第一，宏矣规模！圣忌斯临，天颜莫觐。爰启金山胜会，披阅宝藏灵文，用竭愚衷，少伸报效。伏愿凝神妙化，享至乐于中天；体道冲元，垂洪休于下土。高升宝华王座，亲睹玉毫相光。本支益昌，幽显均庆。

募修灵谷寺四大天王殿疏

明　黄居中

江左名刹以十数，而灵谷为之长。寺跨独龙冈，钟山当其右，拱揖都城，拥卫陵寝。盖自高皇帝改建窣堵波，崇奉宝志，敕书天下第一禅林，则舍利与其传衣在焉，毫光时见，照耀人天。而亦为四天王殿者，摄八部，降四魔，佛之前茅，门之外护。今且栋宇摧残，风日穿漏。枯株破瓦，寂寥龙象之观；法界香台，萧瑟烟岚之气。金刚何以努目？菩萨得无低眉乎？

去春，家大宗伯拉予登山，顾而太息。予曰：是孝陵香火，领在祠官，不可不治。宗伯曰：此司空事也。然五方殿已久废，且奈时诎何？因各赋一诗，以志慨。予曰：南中自不乏檀信，会当有兴斯役者。都人高文学见而发慈悲念，谋之郑居士泽曰：是。及其未坏新之，可事半功倍，否则与五方殿鞠为茂草矣。各捐赀为倡，而思独力之难成也，乞予疏，广募四方。

阮家一文钱，东方一囊粟，从此所施舍。诸长者，善知识，能无发欢喜心，聚沙布金，共襄胜举耶？众生灵性，本抱悭贪，事度之门，启于诚信。如郑、高两君者，扶义种福，修姑熟、鸠兹通逵，赞庸赞贿，效已见于前事矣。四方善信，信两君檀度化人，如券取负，亦何藉于予言，作财施、法施、无畏施也？佛法首重君亲，意者惠徼于高皇创造二百余年之休养生息，吾侪四民，岂其忘报而爱其锱铢龠合，不以赴将事之义，庶几五方殿以次渐还旧观，其与八功德水孰大焉？若志公所云漏因小果，则以砭冠达帝，非为众生说法也。

灵谷禅林志卷十一终。

灵谷禅林志卷十二

杂著四

五古

开善寺法会

梁　萧统

栖乌犹未翔，命驾出山庄。诘屈登马岭，回互入羊肠。稍看原蔼蔼，渐见岫苍苍。落星埋远树，新雾起朝阳。阴池宿草雁，寒风(摧)[催]夜霜[①]。兹地信闲寂，清旷惟道场。玉树琉璃水，羽帐郁金床。紫柱珊瑚地，(理)[神]幢明月珰。牵萝下石磴，攀(柱)[桂]陟松梁。涧斜日欲隐，烟生楼半藏。千祀终何迈，百代归我皇。神功照不极，睿镜湛无方。法轮明暗室，梵海渡慈航。尘根久未洗，希沾垂露光。

游钟山开善寺

陈　徐伯阳

聊追邺城友，蹁步出兰宫。法侣殊人世，天花异俗中。鸟声不测处，松吟未觉风。此时超爱网，还复洗尘蒙。

---

① 据（梁）萧统：《昭明太子集》卷一（文渊阁四库全书本）、（明）张溥：《汉魏六朝百三家集》卷八十一（文渊阁四库全书本）等各收录该诗校改。本诗其后据之校改者，不赘注。

开善寺

陈　阴铿

鹫岭春光遍，王城野望通。登临情不极，萧散趣无穷。莺随入户树，花逐下山风。栋里归云白，窗外落晖红。古石何年卧，枯树几春空。淹留昔未及，幽桂在芳丛。

游钟山之开善、定林[①]

陈　释洪偃

杖策步前岭，褰裳出外扉。轻萝转蒙密，幽径复纡威。树高枝影细，山（静）[尽]鸟声稀[②]。石苔时滑屐，虫网乍黏衣。涧旁紫芝晔，岩上白云霏。松子排烟去，堂生寂不归。穷谷无还往，攀桂独依依。

同群公宿开善寺[③]

唐　高适

驾车出人境，避暑投僧家。徘徊龙象侧，始见香林花。读书不及经，饮酒不胜茶。知君悟此道，所未披袈裟。谈空忘外物，持戒破诸邪。则是无心地，相看唯月华。

---

① 按，该诗题名，（明）释正勉、释性涵：《古今禅藻集》卷一（文渊阁四库全书本）、（明）曹学佺：《石仓历代诗选》卷十（文渊阁四库全书本）、（明）冯惟讷：《古诗纪》卷一百十七（文渊阁四库全书本）等各收录该诗，均作"游钟山之开善、定林，息心宴坐，引笔赋诗"；惟（明）葛寅亮撰、何孝荣点校：《金陵梵刹志》卷三《钟山灵谷寺》（南京出版社，2017年版）收录该诗，诗题同于本志。

② 据《古今禅藻集》卷一、《石仓历代诗选》卷十、《古诗纪》卷一百十七、《金陵梵刹志》卷三《钟山灵谷寺》等各收录该诗校改。《古今禅藻集》且注曰："尽，一作昼。"

③ 按，该诗题名，（唐）高适：《高常侍集》卷七（文渊阁四库全书本）收录该诗，作："同群公宿开善寺陈十六所居。"

同李似之游蒋山（寺）①

宋　李纲

北风阻行舟，驾言游蒋山。相携得良友，谈笑穷跻攀。松林静杳冥，殿阁罗烟鬟。宝公骨已冷，白塔孤云间。乘高望长空，极目波涛翻。东南正戎马，戈甲照江干。与子适相遇，偷此半日闲。怀古六朝远，道旧一笑欢。忆昨赐对初，接武玉殿班。螭坳珥史笔，每惭追继难。迂疏与世违，谪官堕瓯蛮。宽恩幸脱去，假道来江关。邂逅两萍梗，飘泊惊风幡。回首顾浙河，不知涕泗潸。著鞭愿努力，世路方多艰。

入钟山开善寺

宋　刘子翚

双童肩竹舆，兀兀如乘舟。及兹朝暑微，远访招提幽。苍山望中横，清泉脚底流。所历已殊胜，况乃穷林丘。僧房在在凉，逢迎足茶瓯。岸帻幽鸟鸣，横琴素烟浮。倦借一榻眠，吾生复何求？熏风溪上来，虚檐散飕飕。开怀若倾倒，忽去不可留。人间苦炎热，物外常清秋。功名非所期，聊寻赤松游。

游钟阜（寺），呈同集诸公②

宋　张祁

（晚）[晓]出白下门，东山耸孱颜。脱身廛市中，办此一日闲。西风忽凛冽，秋容著坚顽。烟树小摇落，寒云起斓斑。但惊节物变，敢辞登陟艰。诸峰互崭绝，落势相回环。盘固

① 据（宋）李纲：《梁溪集》卷十四（文渊阁四库全书本）、《景定建康志》卷三十七《文籍志五》（文渊阁四库全书本）各收录该诗校改。

② 据《景定建康志》卷三十七《文籍志五》收录该诗校改。本诗其后据之校改者，不赘注。

建康城，俨若呵神奸。造化钟英灵，尽压东南山。厚疑接(地)[坤]轴，高欲窥帝关。太平严梵刹，华屋罗千间。向来劫烧灰，旧观初未还。象教岂易灭？佛力不可扳。风雷运梁栋，斤斧勤输般。会见落成日，千门响铜环。山僧肯分甘，我亦诛茅菅。人生少会心，胜处天所悭。归鞯理残照，欲去仍跻攀。后会傥可约，此兴犹未阑。只恐俗士驾，频来遭诋讪。哦诗记幽讨，剩语君其删。

春日游灵谷寺，分韵得绀字、霁字

明 商辂

晨出朝阳门，石磴何宁窔。水光漾清涟，山色半浓淡。东风回烧痕，碧草吐茅萏。缟李照人明，秾桃隔江暗。节物殊可人，践履忘壈轗。所与皆同心，樽罍动盈担。凭高快一观，六合归俯瞰。岭猿携子行，山犬出林覞。胜游足清欢，春意恣穷探。载登君子堂，款宴设肥腪。凿凿商古今，怡怡争笑詀。酒阑望青天，双瞳炯如绀。

良辰留花朝，风日况妍丽。相携出东城，胜集继修禊。长堤净无尘，一径入迢递。拜瞻皇祖陵，郁郁壮形势。金汤拱上游，垂祀千万岁。夹道团松阴，伫立成小憩。行行访名刹，福地躬造诣。画壁填青红，浮图出天际。老僧支远流，心境本空慧。招邀升讲堂，喜色动眉眦。茶分小团月，香袅沉檀细。载观功德泉，一脉湛溶滀。掬饮甘如饧，顿觉尘氛翳。兴阑整归鞍，斜日弄光霁。

访月泉

明　周伦

曾见月泉僧，未究月泉竟。月泉邀入庵，顿觉起人敬。翳壁富珠玉，名家竞投赠。字画宗汉秦，丹书傲吴郑。写松胜墨龙，霖雨太空迸。膏泽在万方，雷霆寂无听。谈玄照空色，月出迥明镜。日取功德泉，涤浣尘涴病。回首松门高，自云亦机穽。墙下碧桃花，劫外有春剩。幽兰秘禅室，坐对人堪定。何当再入山，月泉共清净？

赠古泉

前人

春风散游屟，灵谷循深松。蹑向藕塘上，屟音鸣洪镛。一步一响应，宛登齐山峰。僧闻梍清梵，袈裟出迎逢。延我禅榻坐，花竹丛如封。侧耳战檐马，俯瞩翻簳龙。构壁探宿果，拾野共鲜葑。酌以八功水，撞以千杵钟。杳然送尘想，万劫空心胸。谈玄醉醒妙，西山时下舂。

题赠月泉上人

明　释智鉴

皎月丽秋霄，流泉发源底。碾空扬素辉，泽物致丰美。匪独烛幽昏，足以涤尘耳。彼美方袍人，命之有良旨。常恐翳昏瑕，清漪变污滓。战栗曰兢兢，抚膺时省己。激浊返其明，洞豁先天理。

次韵

明　俞经

古月照今人，澄澈深无底。水发青莲花，金粟香兼美。流影寂然时，清高净齿耳。我来与同看，乃悟山僧旨。宦游三十年，纷纭在泥滓。暂将结良朋，数抱冰丝理。

春日游灵谷寺

明　黄居中

探春春不御，出尘尘未已。何如丘壑佳，况逢风日美。钟阜忽东来，灵石空中起。秀竹交青葱，长松互攒倚。拍手奏琵琶，清音快人耳。浮图四望通，烟华入镜里。山开一字天，泉涌八功水。对此涤尘歒，因之悟禅喜。香台岂世情，化城无俗轨。转觉圭组烦，终日纷朝市。清福徒与僧，役役如圈豕。愿毕三生缘，彼岸共栖止。

游灵谷寺作

国朝　郭宗正

闲身趁杪秋，驾言访灵谷。祇林倚蒋山，恰在东南麓。我闻长者言，在昔万松绿。长髯撼风雨，盛夏肤为粟。至今余几何，老枝撑突兀。石殿尤苍凉，窣堵更森肃。幽磬时一鸣，德水净如沐。还寻大士碑，体制尚淳朴。李赞及颜书，生气眉宇扑。独惜画状元，谓吴小仙。遗迹就磨没。升沉千古事，无须怛文佛。清话逢高僧，自觉浮生足。

辛卯孟夏游灵谷寺三首，兼赠晓公

陆昆曾

钟山何蜿蜒？根脉来句曲。其阳清淑气，结而为灵谷。我游值孟夏，翠色滋草木。寻幽未入寺，跃马周林麓。泉涧分东西，陵阜并征逐。览者殊莽卤，但夸径路熟。有如入匡庐，未识真面目。

画廊觅遗址，荒芜作驰道。穹碑纪高皇，埋没在春草。而况天监中，世远事莫考。苍公为余言，陈迹弃若扫。惟闻景阳钟，时时破烦恼。先生怀古意，于兹有大造。虚空供寝兴，幽境恣搜讨。愿参文字禅，相见苦不早。

坐我弹琴石，饮我阿耨泉。得来未移时，尽洗尘土缘。何物名与利，逐逐穷岁年。风波涉湘汉，轮蹄走幽燕。令人悔畴曩，不如公等贤。日暮促予去，归路心惘然。谅哉桑树下，三宿生拳拳。

游灵谷寺

陆衢

秋高山气深，曦旸翳复吐。山岭叠起伏，疲陟苦仄步。郁郁望苍松，迤逦花宫路。入径翠侵衣，金舆曾此度。老僧发垂垂，指寺话典故。禅龛花雨中，冷僻人天护。万虑此俱寂，登高发遐慕。回望大明宫，苍烟生草树。

游灵谷寺

袁枚

停骖独龙冈，爰寻古灵谷。密松荫五里，山门破群绿。绀殿俨皇居，榱栌无尺木。万甓叠穹窿，青苔凉昏旭。古画黯空廊，饥蚊鸣佛腹。访古足虽健，得僧路初熟。指我志公塔，浮图矗高屋。示我昙隐泉，八水势洄曲。卷帘谒惠远，更进松花粥。莺语聚垂杨，经声散疏竹。兴阑客入城，山花人一握。

谒明孝陵，游览灵谷寺，晤其方丈僧祇园

姚鼐

万事靡弗改，谁能测所终？蒋山自齐梁，幢盖浮图宫。

安知明祖宅，毁塔迁志公。何怪三百年，寝阙生蒿蓬？我来谒松下，黄槁闲霜丛。故事识已少，今帝德良隆。守令卫樵苏，金碧余穹窿。环峰嶂东南，西眺旷青空。郭外隐大江，杳来逝无穷。杖策越断桥，攀跻入岩东。密树欲无径，凉飙激榛中。颓垣外已尽，立殿中犹雄。想见徙建初，颇极匠制工。老僧为设餐，共语斜阳红。置彼万古怀，企此三幡通。人归壑谷闭，深翠澹蒙蒙。林杪余塔顶，盘鹘下秋风。

灵谷寺

胡本渊

翠色远浮空，落荫满山谷。入耳清涛生，泠泠奏丝竹。禅堂寂无人，但见苔痕绿。修竹接流水，涓涓自洄曲。寻之得石泉，尘少纤芥触。宿雾散遥岑，寒林上初旭。高阁一登眺，双清在心目。欲携冰雪文，深松结茅屋。

游灵谷寺遇雨

方于彀

晓出建业城，笋舆度岩壑。残冈带平楚，精舍背城郭。到门娑罗香，清阴散广错。古瓦侵蘼芜，平田覆花药。宝公有聚沙，法华传衣钵。禅心悟花鸟，佛力驯狖玃。剑水踪已遥，古刹幽如昨。徘徊此灵境，归路寻寥廓。倏尔天四垂，云气压兰若。凉雨过空山，松声度高阁。深谷啼鼯鼪，秋风厉雕鹗。落木满溪桥，飞泉响铃铎。藉此孤筇健，不觉单绡薄。四顾旷无人，皎皎云中鹤。

丁亥三月朔日，甘梦六福招同方茶山体、瞿秩山曾辑、黄友兰屿、钮非石树玉灵谷寺设斋，荐粢、葆采二子随侍

张敦仁

有约郭外行，雨点洒晨起。怅然游兴阻，乃忽净尘滓。及兹浩荡春，果我夙宵唯。快焉理冠裾，遂造钟阜址。松篁夹路阴，绀碧矗空峙。山环匼匝周，泉流断续沘。禅堂坐小憩，同好亦萃止。志怀各欣欣，清谈殊亹亹。笕竹接流长，味此功德水。斋厨供午饱，酒盏却常旨。盼言志公符，蹇步塔难礼。寺僧意殷拳，碑拓三绝纸。剪尺扇拂垂，孑然杖头倚。谶协齐梁陈，后事先机启。代谢定前缘，遑增孝陵唏。兴亡转瞬过，丘壑终古美。安得铁拄杖，健我登临趾。寺藏志公铁杖，近已失去。

丁亥三月朔，甘梦六封君招同人游灵谷寺，次张古余观察韵

瞿曾辑

佳气郁葱葱，宝刹半山起。松杉一万树，绿净无尘滓。老僧说志公，愿闻我唯唯。云昔志公塔，本在孝陵址。梵呗久寂寥，荒垄空山峙。有泉缭绕之，八德细流沘。奉敕塔远移，到此乃忽止。百夫不能前，灵异谈亹亹。斯邱公所乐，暗徙功德水。伏地向东来，仰出清且旨。江山占第一，金阶肃瞻礼。百乳铿鲸钟，三绝拓茧纸。公知千载后，帝力藉可倚。易地开道场，尔宇遂大启。漫道夺佳城，愚氓枉嘘唏。琳宫隐翠微，林壑尤秀美。我来陟其巅，取次高举趾。

访灵谷古迹，家大人命赋和张古余先生韵

甘熙

昔随杖履游，岁自壬申起。于今十六载，每到涤尘滓。胜迹恣搜寻，旧闻敢阿唯。灵谷开道场，地近明庆址。石洞门前开，屏风岭后峙。西跨霹雳沟，水流清且泚。东辟梅花坞，探春客萃止。老僧阅年久，犹能道亹亹。太息兵燹余，往事随逝水。榜悬青林堂，何处读遗旨？萧梁移法函，鸡鸣塔空礼。三绝被三劫，新碑匪故纸。月夜传挂衣，老松向谁倚？言观辟邪钟，相将殿扉启。铸从元至元，景阳枉嘘唏。名公结胜游，珠玑字字美。小子翳何知，敢云步芳趾？

次张古余观察《游灵谷寺》原韵

释悟开

古寺少车马，尘喧何处起？客来破苔纹，丈室净尘滓。居士兴匪浅，游山践夙唯。千载窣堵波，志公留故址。凭眺独龙冈，峰峦竞环峙。灵液孕其腹，湛然清有泚。竹笕逗寒声，涓涓流不止。迄今功德名，令闻颇亹亹。沾溉遍大千，思源同饮水。山僧供客尝，烹茶味弥旨。自惭落钝根，应对每失礼。缄寄琼瑶篇，山门镇片纸。佳话岂偶然？因缘相伏倚。莲社事已往，今复蒋山启。胜彼石上因，怍我座中唏。莫嫌蔬笋澹，禅味亦堪美。日暮客难留，春云逐归趾。

七古

答慧泉禅师[①]

宋　苏轼

今日江头天色恶，炮(声)[车]云起风欲作。独望钟山唤宝公，林间白塔如孤鹤。宝公(冷)骨[冷]唤不闻，却有老泉来唤人。电眸虎齿霹雳舌，为予吹散千峰云。南(来)[行]万里亦何事？一酌曹溪知水味。他年若(作)[画]《蒋山图》，仍作泉公唤居士。

游灵谷寺，寄谢濬公，并呈董学士兼林公辅、顾文昭

明　刘三吾

圣恩许过灵谷寺，琼署春坊两学士。路出朝阳半舍余，天与胜游今日霁。笋舆缓缓度崇冈，野花在在来香气。隐见钟山紫翠开，知是上方楼阁地。池塘新凿鸿蒙天，殿宇高凌霄汉际。志公移来舍利身，道场始自圣明世。历观壁上诸画图，皆出天下高手艺。万松响起海波涛，四月转为寒赑屃。所爱结庐种修篁，辄一到门领清致。为感濬公笃所友，留宿山房情甚至。因偕一往山之阳，饱看八德泉所自。刳木能令建写来，到厨不假琏运费。煮茶可以仙灵通，入馔可以醍醐味。周行载历会膳堂，三绕仍临坐禅次。住山得此尊宿贤，当代允符清

① 按，该诗题名，(宋)苏轼：《东坡全集》卷二十二(文渊阁四库全书本)、(宋)王十朋：《东坡诗集注》卷一(文渊阁四库全书本)、(宋)苏轼撰、施元之原注、(清)邵长蘅删补：《施注苏诗》卷三十四(文渊阁四库全书本)、(清)查慎行：《苏诗补注》卷三十七(文渊阁四库全书本)等各收录该诗，均作："六月七日泊金陵，阻风，得钟山泉公书，寄诗为谢。"本诗其后据之校改者，不赘注。

众议。惟应学行足服人，岂但官称为觉义？超然天界劫灰前，本我帝心简在赐。嗟予好作名山游，所至不辟履行勩。天禧高塔忆曾登，上人一初不相值。偷闲敢辱圣主知，即事上廑御亲制。今兹觉义过殷勤，相期二老至再四。平生愿望获遂酬，他日论谈成故事。留衣为别愧未能，作诗寄赠谢先施。倩书垩壁纪岁年，敢冀碧纱笼姓字？

赠古泉住持灵谷

明　徐缙

上人昔隐雨花台，时惹空香天际来。上人今住灵谷寺，山水中间觅幽思。竹林开却志公居，犹是南朝花雨余。泉声袅袅出空翠，塔影层层冲碧虚。春风飞锡还山去，日对钟峰有真趣。志老风流尚可攀，谭玄说法仍题句。

赠灵谷月泉禅师

明　冯世雍

岚风吹衣江雾黄，浮尘蔽面身欲僵。山人懊恼住不得，赤脚夜上青林冈。青林冈上灵谷寺，中有老僧知绘事。苍松写出虬龙势，瘦石翻成霹雳字。渊明种菊萃灵葩，西域蒲萄入汉家。更喜老梅凌绝壑，翠禽疏影落胡笳。山中秋月照如镜，山下春泉流不尽，猛虎一声山意静。我来两度逢暮秋，千峰万峰泉自流。松林不扫月如昼，照人短发寒飕飕。醉来乘兴写素纸，掩霭山云千万里。老僧一见鼓掌笑，不觉堕落毗卢帽。

赠洌泉富上人住持灵谷寺词

明　金大车

志公栖迹远人境，禅关屡向君门请。梁武赐地仅盈区，长廊掩映连千顷。寺门疑入兜率天,长松夹道散清影。半塔疏灯梵语清,五月寒风佛骨冷。一声钟磬彻云霄,半夜令人发深省。石门迥出钟山阳,千章松桧何苍苍。虚堂诘曲千岩下,广殿崔嵬万壑旁。香炉烟篆散帘幕,金身丈六旃檀香。夏日山堂如邃谷,走马来过荫乔木。红尘满目自年年,暂向幽岩避凡俗。刻竹题名纪胜游,流觞几向清溪曲。喜逢旧好话幽期,幸有山僧献山簌。白石磷磷天姥峰,紫芝翳翳商山麓。何当此地遂栖迟,支公惠远相追逐。

赠古泉灵谷住持

明　周广

三月清明天气融,衣冠萃止城之东。轻车结驷飞华盖,绣陌遥驰芳锦丛。花熏草色亦可醉,况复流泉觞八功。请观佛子与英雄,万劫都归一梦中。莫惜风前斜日里,兔葵燕麦摆春风。

赠月泉

明　张衮

山僧手提白卷一丈余,清晨谒我长安庐。为云少小拂尘服,逃名削发无拘束。白昼晴翻贝叶书,灵飙长转金银谷。昨朝朝帝天上回,岭松槛竹相徘徊。莲花了悟照心寂,清梵何缘向尔陪?

人日同曹廷尉、吴非熊诸子灵谷寺看梅

明　林古度

去年人日春始朝,闽天梅暖花已飘。今年人日春已早,灵谷花寒梅始条。人日还逢故国人,看花易地复更春。疏枝

亦闲青松畔，几树还临绿水滨。树头春雪入林消，寺前春雨更潇潇。行来松径千林寂，犹忆藤山十里遥。

游灵谷寺

国朝　贾铣

我爱秣陵城北居，登楼每眺钟山麓。嶙峋古刹灵谷幽，不惜频来倚修竹。泉声响自悬崖中，穿林清泻如冰玉。花径云封僧出迟，却见苍松形似鹄。

五律

蒋山开善寺[①]

唐　崔峒

山殿秋云里，香烟出翠微。客寻朝磬至，僧背夕阳归。下界千门在，前朝万事非。看心兼送目，葭菼自依依。

和友封题开善寺

唐　元（禛）[稹][②]

梁王开佛（殿）[庙]，云构岁时遥。珠缀飞闲鸽，红泥落碎椒。灯笼青焰短，香印白灰销。古匣收遗施，行廊画本朝。藏经沾雨烂，魔女捧花娇。亚树牵藤阁，横查压石桥。竹荒新笋细，池浅小鱼跳。匠正琉璃瓦，僧锄芍药苗。旋蒸茶嫩叶，

---

① 按，该诗题名，（宋）李昉等：《文苑英华》卷二百三十六（文渊阁四库全书本）、（明）曹学佺：《石仓历代诗选》卷六十八（文渊阁四库全书本）、（清）彭定求等：《全唐诗》卷二百九十四（文渊阁四库全书本）等各收录该诗，均作："登蒋山开善寺"；惟《金陵梵刹志》卷三《钟山灵谷寺》收录该诗，诗题同于本志。

② 据《道光寺志》及（唐）元稹：《元氏长庆集》卷十三（文渊阁四库全书本）、《全唐诗》卷四百八等各收录该诗校改。本诗其后据《元氏长庆集》《全唐诗》校改者，不赘注。

偏把柳长条。便欲忘归路，方知隐易招。

宿开善寺[1]

唐　李中

宿投林下寺，中夜觉神清。磬罢僧初定，山空月又生。笼灯吐冷艳，岩树起寒声。待晓红尘里，依前冒远程。

灵谷道中

明　祖儁

为言灵谷好，太古色重重。烟雨半岩翠，风涛十里松。春途多滑马，晚寺但闻钟。自愧求名者，无由寄隐踪。

蒋山法会瑞应诗，应制作

明　王偁

宝地(捧)[奉]金仙[2]，璇宫启梵筵。真僧腾异域，开士唱三缘。说法云成盖，谈经花雨天。祥光凝彩绚，甘露泻珠圆。(大)[天]乐凭虚下，神灯彻夜悬。胜因济妙筏，觉路指迷川。祇树春光溢，灵山会俨然。愿兹宏至化，皇运共千年。

初夏访定岩禅师

明　姚广孝

萧寺锁烟萝，游人杂佩珂。半山红艳尽，一坞绿阴多。探胜时应到，乘闲暮亦过。禅翁深祖道，谁解问如何。

---

① 按，该诗题名，《全唐诗》卷七百五十收录该诗，作：“宿钟山知觉院”。

② 据（明）王偁：《虚舟集》卷四（文渊阁四库全书本）收录该诗校改。本诗其后据之校改者，不赘注。

定岩禅师方丈[1]

明　李[昌]祺

一径入青松，楼台峙化(工)[宫]。雨深山果落，云入石床空。树老多巢鹤，潭清或见龙。上方禅寂地，暂得寄尘踪。

秋日与门人同游灵谷

明　陈沂

禅阙空山里，钟声何处寻？径穿丛树断，门锁古苔深。绀殿扬朝彩，雕廊下夕阴。钟陵有佳气，秋尽未萧森。

上巳日与许彦明诸友游灵谷，泉上流觞

前人

野寺来寻胜，流觞亦偶然。山房鸣夜雨，石甃泻寒泉。绕膝澄空境，同袍结胜缘。愧非王逸少，那望后人传。

登灵谷浮图绝顶，题壁

前人

古寺慈云塔，崚峻霄汉悬。风暄金铎缓，日正宝轮圆。陵阙浮佳气，阑楹洒绛泉。临高不自觉，人望已登仙。

灵谷寺

明　顾梦圭

夙驾北山好，行行松径深。五陵秋欲暮，万木昼长阴。画壁犹云气，枯泉但鸟音。却于丝竹里，有愧独游心。

---

① 按，该诗题名，（明）李昌祺：《运甓漫稿》卷三（文渊阁四库全书本）收录该诗，作：“灵谷寺”。本诗其后据之校改者，不赘注。

又

明　冯世雍

窈窕青莲界，秋来登眺新。开山宝公塔，下马汉江人。驰路松云合，空廊草

露深。萍踪嗟去岁，向逐绮罗尘。

又

明　丰坊

试入招提境，炎蒸顿欲忘。风行三界迥，云卧九天凉。凤吹腾虚谷，龙泓递晚芳。林蝉更可听，冉冉到斜阳。

又

明　袁衮

古寺桥陵侧，高松数里阴。入门呦鹿卧，穿径白云深。谷响传天籁，泉声和梵音。顿令尘虑尽，寒日下空林。

又

明　樊鹏

万壑松声暝，孤冈径一通。兴亡六代地，今古梵王宫。京国浮云外，江流落日中。孝陵闻画鼓，悲壮向秋空。

又

明　杨雷

秋莫入灵谷，苍然松色齐。路深残壑外，云绕数峰西。水落余荒涧，台空杂旧畦。虎溪应不远，惠老独栖栖。

又

明　高简

山堂聊小憩，钟阜霭云间。斜日穿松末，空门通水湾。

狂歌因鸟歇，清话共僧闲。遥讶秋鸿度，何心有去还？

又

明　吴节

莲台天半起，恍惚似黉宫。水抱当初石，风来上古松。经行同月步，辇道集苔封。僧重六时课，林深卧梵钟。

赠月泉上人①

明　唐顺之

宝地风尘绝，琳宫日月偏。雁来还绕塔，龙去尚留泉。户里天花落，空中梵乐传。远师休禁酒，客(去)[醉]欲逃禅。

灵谷寺呈浩公

明　何良俊

支遁幽栖处，房栊俯帝台。虬松千尺偃，鹫岭百重开。妙语芳莲吐，经文贝叶裁。三车应有托，不负许询来。

灵谷寺

明　蔡汝楠

禅关何窈窕，春物正氛氲。檐絮兼花度，山钟带雨闻。鸟喧僧出定，树暝客离群。独向清斋卧，空令梦白云。

赠月泉上人

前人

宝志开山地，参差世代移。寺门千树里，城阙万峰西。苔傍空廊蔓，莺窥化阁啼。禅踪不可记，只识旧曹溪。

---

① 按，该诗题名，（明）唐顺之：《荆川集》卷二（文渊阁四库全书本）收录该诗，作："同孟中丞游龙泉寺二首"，此为第二首。本诗其后据之校改者，不赘注。

次蔡白石韵

明　蔡圻

招提梁武胜，光景未全移。泉响莲台下，花深宝殿西。山青留客醉，寺静少莺啼。怅别僧相送，因之过虎溪。

游灵谷，兼宿水泉禅房二首

明　吴扩

邃壑锁龙宫，苍苍万木中。漫游非傲世，嗜酒狎群公。野鹿迷深草，春云满太空。悠然人境外，举手接冥鸿。

客行何处宿？迢递百花间。倦鸟独归寺，闲云常恋山。春泉响石涧，夕气澄松关。城郭仍多寺，逍游且未还。

赠月泉上人

明　金谋

上人住灵谷，多年生二毛。俯泉思泡影，坐月啸林皋。石径余苍藓，松岩起翠涛。临池名颇振，退笔冢应高。

游灵谷寺

明　尹耕

问讯招提境，寒湫泛古泉。飞空本无意，瀑布不知年。云锡通元脉，虹桥带素莲。暗涛惊不动，虚阒得心禅。

又

明　鲁昂

看山元习静，结社本逃禅。问佛寻初祖，归山学大颠。慈灯光映月，慧镜影澄泉。面壁翻然悟，中空即是天。

又

明　林廷机

客里风霜晚，同心此合并。眼迷金色界，欢洽化人城。过雁留寒影，疏钟咽暮声。归途天渐暝，斜日半山明。

又

明　乔世宁

游览龙山胜，真如鹿苑行。风涛万树落，塔殿五云平。不见乘芦客，空悬出世情。玉泉功德在，一为涤尘缨。

又

明　张舜臣

灵谷何年寺？重来路不迷。地幽僧惯住，林茂鸟争啼。松径千盘转，龙峰万仞齐。洞门多古咏，端为志公题。

一入招提境，钟声杂涧泉。烟霞开宝地，萝薜现诸天。幽胜真难得，登临似有缘。锡公在何许？吾欲叩真诠。

乘兴看山数，来游讵止三？月中时听法，石上漫空谈。云去山容碧，烟深树色蓝。鬓霜无奈老，偏爱菊花潭。

次章丘张公韵

明　瞿景淳

相携游法界，窈窕路多迷。石偃泉还发[①]，山空鸟自啼。松阴堪止息，云路任攀跻。归来心顿豁，愧莫续新题。

访古来山寺，崎岖识慧泉。洗心应自我，何事说诸天？一悟皆成幻，相逢亦胜缘。禅关不须叩，了此即真诠。

---

① 按，“石偃泉还发”，《道光寺志》作：“石偃泉还废”。

法王非异教，无极本含三。水月空中相，松风静里谈。连峰高并玉，曲涧远拖蓝。起灭诚何意，天光在碧潭。

初夏晚坐月泉方丈漫纪

明　张鸿仪

古寺穷幽胜，悠然湛客心。山岩苍霭积，树杪白云深。谷响流天籁，泉声撼夕阴。为学禅关趣，天空月满林。

复过灵谷，柬月泉

明　程秀民

古寺重来到，高僧喜再逢。云房分梦鹤，石磴挹容松。扫竹看残刻，鸣钟觅去踪。更多尘外思，萧逸画图中。

入灵谷

明　廖孔悦

十年休暇处，离别叹光阴。岁月总辛苦，云林唯静深。入门破松色，绕涧发钟音。寥廓满天地，如何世外心？

灵谷寺

明　余孟麟

先皇标杰构，一塔隐千峰。窈窕云中路，玲珑石上松。宝函传白马，金鼎伏苍龙。剥尽长廊画，青山不改容。

灵谷寺

明　焦竑

法筵开浩劫，佛塔自先朝。磴石三休至，松云十里遥。禅心随(岁)[步]寂[1]，客望对秋高。不尽经行意，颓垣起暮箫。

---

① 据（明）焦竑撰、李剑雄点校：《澹园集》卷三十九（中华书局，1999年版）、《金陵梵刹志》卷三《钟山灵谷寺》各收录该诗校改。

访月泉师[1]

明　徐元春

山郭寻僧出，行行黄叶边。石泉秋听急，江月坐来圆。(性破)[兴豁]长昏夜，门开不住天。时闻钟磬发，独立万峰前。

灵谷寺

明　顾起元

花宫千嶂合，松径一林开。殿古分青荔，池荒浸绿苔。水随龙卧去，花倩鹿衔来。寂寂山堂夜，风声万壑哀。

又

明　刘逵

秋郊寻野寺，寺在白云岑。山色侵衣润，烟光入座深。松高清鹤梦，僧老净禅心。为问空门事，焚香坐石林。

又

明　唐珏

寻芳来古寺，联袂步松阴。寂寂群山静，迢迢一径深。有缘闻绪语，何地著尘心？酒送邻家酿，歌传盛世音。对床翻贝叶，移席听沙禽。人生在行乐，一醉一狂吟。

此地多名胜，松团十里阴。泉通青嶂曲，塔隐碧云深。自得参禅趣，还怜爱日心。浊醪存妙理，清庙见遗音。玩世悲蕉鹿，忘机狎海禽。况逢张仲友，空谷恣长吟。

---

① 按，该诗题名，《金陵梵刹志》卷三《钟山灵谷寺》收录该诗，作：“访月泉禅师”；（清）朱彝尊：《明诗综》卷五十七（文渊阁四库全书本）、（清）张豫章：《御选明诗》卷六十一（文渊阁四库全书本）各收录该诗，均作：“灵谷寺访月泉禅师”。本诗其后据之校改者，不赘注。

灵谷寺避暑

明　林古度

灵谷千年启，松林十里通。到来怜寺静，坐久觉山空。寂寂回廊月，萧萧广陌风。应知来处路，何似火城中？

游灵谷

国朝　顾国泰

径曲溪流咽，冈连树色浓。断堤通竹坞，幽寺嵌云峰。日午疏钟静，山空宿雾封。夕阳清梵起，留恋倚长松。

夏日灵谷寺寻叶自中读书处

吴绍熹

结厦何嫌僻？凭僧导引深。云峰含雨气，石路入松阴。蔬果居山味，文章出世心。炎氛真不到，斜日发微吟。

灵谷寺

蔡望

香积泉流会，山空谷响灵。梅仍今日白，松忆旧时青。寺接蟠龙地，僧成野鹤形。依然钟阜在，紫翠作云屏。

同人游灵谷，晓公和尚留山止宿，漫赋二首

徐麟吉

扪萝寻(彻)[辙]迹[①]，搔首望名山。绝壑疑无路，欹崖别有湾。钟传空谷外，寺在万松间。欲话萧梁事，真僧早放关。

饭毕伊蒲馔，行来选佛场。晤时千掌合，定后一炉香。问钵传尊者，敲金记武皇。灵山迟倦客，不止爱同乡。

---

① 据《道光寺志》校改。

同人游灵谷，时值上堂

释达宗

实相原非相，真香不自香。一尘超法界，大地即禅堂。悟境唯心现，迷头任影忙。无绳自缚者，枯坐理何长？

再游灵谷

前人

一径入修竹，行行到蒋山。山林深翠处，人物往来间。久别尝相忆，重来不忍还。登高频极目，惆怅白云端。

灵谷寺

朱篔

灵谷前朝寺，长松五里阴。高僧瞻妙相，净水洗尘心。山色变朝暮，钟声无古今。跻攀历云树，衰老强登临。

寄灵谷寺僧

姚鼐

自昔居灵谷，终年听石湍。落花趺坐软，深树衲衣寒。孤月胸前指，千山定后看。无缘居士室，暂接问轻安。

灵谷寺

王友亮

松深不见寺，五里到方知。泡影空三绝，涛声自六时。北山新霁翠，西域旧寒漪。古塔僧频礼，犹传宝志师。

初夏游灵谷寺

俞瀜

欹侧向山背，先春寻薜萝。崖崩缘石上，桥折借松过。艰险得奇快，幽修称啸歌。归鞍何太迫？前路雨丝多。

游灵谷寺三首

孙龄

萧寺绝尘氛，旃檀古殿焚。翠排千嶂木，幽护一堂云。壁响下飞瀑，山高挂夕曛。与僧半日话，归路暮钟闻。

五里入松径，岚光满目(清)[青][1]。来寻六代寺，更上半山亭。试茗烹云涧，临风听塔铃。一声清磬响，摇曳度禅扃。

石磴穿空翠，幽深殿几层。窗撑山外雨，云暗佛前灯。垒甓何年建？攀萝此日登。欲询六代事，闲话白头僧。

甲午八月十二日，过灵谷寺，访圆照上人不遇

杨庆琛

留住孤云影，禅扉昼不扃。门环千树碧，山是六朝青。初地缘重结，余以襄事文闱过此。浮生屐几经。笠瓢何处去？秋色满闲庭。

灵谷寺

周宝瑛

五里松林入，涛声亦壮哉。路盘青嶂转，人踏白云来。萧寺余钟鼓，孙陵半草莱。好凭图画记，幽意足徘徊。

灵谷寺

吴湘

野鸟啼阴壑，疲驴策夕曛。稻香钟阜路，松瞑孝陵云。古刹旃檀净，空山梵呗闻。我来贪瀹茗，不吊志公坟。

---

① 据《道光寺志》校改。

灵谷僧寮夜坐偶成

甘煦

悄然结跏坐，心迹喜双清。明月澹相照，幽禽时一鸣。瓶花散芬馥，龛火缀清莹。色相本无著，葛藤何自生？

与静一首座夜话

又

万籁此俱寂，天清无一尘。空山坐永夕，流水悄然春。灯动影摇碧，花开香近人。禅心与夜气，相守本来真。

由钟山之阴至灵谷，话悉上人

又

逶迤四五里，始复见平原。塔影出丛树，钟声浮远村。僧闲随坐卧，客熟罢寒暄。我愧根尘缚，相从智者论。

灵谷寺晚步

又

苍然独散步，暝色寺门深。斜照暖高岭，归禽响隔林。抚松得古趣，观水息机心。还复款僧室，香云清欲沉。

偕甘祺仁、石安两表兄游灵谷寺

叶声扬

一径入寒翠，深深五里松。台荒青草径，塔倚白云峰。石鼎新泉煮，山厨野簌供。笋舆归路晚，僧打夕阳钟。

灵谷禅林志卷十二终。

灵谷寺林志卷十三

杂著五

七律

(游钟山寺，勉二、三子)[道林寺][①]

南唐　李建勋

(谁)[虽]向钟峰数寺连，就中奇胜出其间。不教幽树妨闲地，别著高窗向远山。莲沼水从双涧入，客堂僧自九华还。无因得结香(炉)[灯]社，空(倚)[向]王门玷玉班。

游开善寺

宋　马之纯

凌霄同作蒋山游，细雨丝轻雾不收。谢得东风如有意，故教晴色渐盈眸。松阴十里青丝障，石磴千层白玉楼。弥望宽平有如此，故应常作帝王州。

---

① 据（清）彭定求等：《全唐诗》卷七百三十九（文渊阁四库全书本）、（清）郑方坤：《五代诗话》卷三（文渊阁四库全书本）各收录该诗校改。按，《全唐诗》卷七百三十九收录南唐李建勋诗数十首，其中有《钟山寺避暑，勉二、三子》一首，然并非本志收录本诗；《钟山寺避暑，勉二、三子》一首后，收录《道林寺》一首，即本诗。《五代诗话》卷三引《金陵旧事》引李建勋“蒋山寺诗”“题道林诗”，“蒋山寺诗”即《钟山寺避暑，勉二、三子》一首，“题道林诗”即《道林寺》一首。本志撰者盖因二诗在《全唐诗》等中前后相接，而将前一首诗题名误置于第二首，且稍作改动。兹据《全唐诗》《五代诗话》校改。本诗其后据之校改者，不赘注。

御制山居诗十二首[1]

明太祖

廛中禅起诣山房，灵谷山高志可当。四壁远民尘俗杳，(一)[山]川近水世机忘。崇朝榻外香烟袅，终夜堂前灯焰煌。从此(众)[尔]僧公案悟，邯郸何必问黄粱！

(布)[市]起高僧屋翠微，一灵派寂入重嵬。松森蓊郁阴浓道，涧曲潺湲声绕扉。有客上门(尝相)[罗织]叩，无端举杖作成威。此时解得黄龙法，自在岩前碧眼机。

谁谓山僧运化工，山居真个得从容。(听风)[调猿]松底观玄鹤，玩月渊中悦白龙。烟爇地炉香一盏，嫩肥铜鼎笋三钟。叩禅若解岩前趣，皓首庞眉振祖风。

出廛大隐寓崇巅，去尽人喧听鸟便。云来云去山寂寂，岚生岚没采鲜鲜。洞门鬼哭求哀忏，湫底龙吟乞化全。如是往来经几劫，因风炽火力何先？

僧屋云山事事便，蕨薇轻取胜农田。黄精雨长堪僧奠，紫芋云埋供佛筵。茶灶频煨风聚叶，饭堂勤集水流泉。青猿夜啸峰头月，清兴忘机傲岁年。

蒙茸隐道女萝县，太古岩前一老禅。玩月就溪临碧水，看云环树仰青天。双亲鞠育归何日？五祖窥觇已有年。欲识住山人自在，除非宿债并无愆。

侣影山间兴趣幽，竹鸡声断悟禅由。山房夜月明心镜，

---

① 按，该组诗题名，（明）葛寅亮撰、何孝荣点校：《金陵梵刹志》卷一《御制集》（南京出版社，2017年版）收录，作："御制山居律诗十二首，赐灵谷寺左觉义清濬。"本组诗其后据之校改者，不赘注。

水国宵灯照衲头。崖柿熟甜须九月，溪芹味美必三秋。忘尘思入重嵬迴，道备咸称释氏流。

孤寂山根近钓矶，神魂凄怆命难依。都言避厄深幽隐，本为离凶出险机。晨爨必蒸山蕨嫩，午炊须熟水芹肥。天然不待劳筋力，方识稽源道甚微。

谷居幽趣景偏多，明月山房夜半过。白日岭边岩鹿叫，黄昏水际野猿歌。精魂惨淡无从侣，神思踟蹰奈若何。性定拟看华藏景，欲生翻作万般魔。

至性从来隐碧萝，林泉深处任蹉跎。鸟啼（深）［春］树笙簧语，渔放秋江橹棹歌。落魄有情知就里，从容无事见（婆）娑［婆］。岩前苔合初由径，门外风堆槲叶多。

潜踪匿迹但优游，世事从来岂究头？整日懒除阶下草，将灯倦点壁间油。烟封谷口（传）［听］樵语，云锁柴扉（听）［聆］鸟啾。甲子未闻忘岁月，岩前坠叶始知秋。

蹑云深入万重山，回首烟村远世间。初夜不闻三弄（影）［引］[①]，五更惟觉四时寒。天香馥郁盈禅悟，月色精英照影闲。比似市廛车马集，此心无事与相关。

銮舆春日幸钟山寺

明　汪广洋

道林灵刹拥祥光，法驾来临日载阳。五色云中环雾旆，万年枝上发天香。风传鸣鸟笙竽合，石荫垂萝紫翠凉。拟对明时歌胜事，愧无词赋续班扬。

---

① 据《道光寺志》及《金陵梵刹志》卷一《御制集》校改。

春日蒋山应制[①]

明　林鸿

钟山月晓(树)[曙]苍苍,凤辇乘春到上方。驯鸟不随天仗散,(墨)[昙]花故落御衣香。珠林霁雪明山殿,玉涧飞泉近苑墙。自愧才非枚乘匹,也陪巡幸沐恩光。

寄蒋山禅师春日早朝二首[②]

前人

王气匆匆曙色开,钟声隐隐九天来。钟山半压金鳌上,淮水新从玉涧回。花拥千官瞻衮冕,雪消三殿隔蓬莱。我皇曾赋《中和曲》[③],散作阳春遍九垓。

奉天宫殿五云间,旧是春官侍早班。大礼庆成严鹭序,《长杨赋》奏觐龙颜。风光渐报三眠柳,佳气长浮万岁山。身落江湖心魏阙,梦魂犹逐晓钟还。

宿毕公房[④]

前人

跻阁攀岩入化城,薜萝高卧寄闲情。孤窗上月分灯影,乱叶随风杂磬声。麋鹿自知谐野性,簪珪何用绊虚名?真僧出世心无事,戒得冰壶彻底清。

---

① 按，该诗题名，（明）林鸿：《鸣盛集》卷三（文渊阁四库全书本）收录该诗，作："春日陪车驾幸蒋山应制"，计四首，此为第一首。《金陵梵刹志》卷三《钟山灵谷寺》收录本诗，与本志同。本诗其后据之校改者，不赘注。

② 按，该诗题名，《鸣盛集》卷三收录该诗，作："寄右讲经春日早朝二首"。

③ 按，"我皇曾赋《中和曲》"，《鸣盛集》卷三收录该诗，作："小臣曾奏《中和曲》"。

④ 按，该诗题名，《鸣盛集》卷三收录该诗，作："毕公房"。

御制赐僧清濬诗，钦和十二首

明　刘三吾

水满溪桥云满房，山中人景两相当。已从天界诸禅定，不用心斋得坐忘。松遇霜余方郁郁，菊经霜后尚煌煌。懒残自有煨来芋，服食宁资禹日粮？

濬公觉义义幽微，改住名山得最嵬。圣主制诗临黼座，内官传旨出彤扉。当持炉篆虔恭迓，如对龙颜咫尺威。珍重山门永为镇，中间字字总天机。

名山自得老宗工，枯槁回为润泽容。松顶露华宵警鹤，谷中云气日从龙。闲心已断尘诸想，清福宜过禄万钟。准拟开春一相访，请公举似赵州风。

龙蟠钟阜最高巅，岂但游人纵眼便？一统山河古来少，五云宫阙望中鲜。学宗儒教文章好，吟到唐音家数全。惟有濬公俱透彻，和诗宜在翰林先。

水秀山清性所便，皆资圣主福为田。袈裟载展开山地，龙象重新说法筵。既荷同门相致赠，更麾衲子与参禅。近来闻得蒲团力，静坐惟应忘岁年。

山中此榻不虚悬，人得丛林第一禅。锦绣幡幢临讲座，丹青楼阁起中天。法筵曷致殷勤祝，圣寿宜歌亿万年。早起日华融泽腹，似冰冰释世间愆。

会得山中境趣幽，总缘此处日经由。梅英簇簇溪湾上，雁字悠悠天尽头。八德水香茶鼎夜，六朝碑晕藓花秋。凭公领袖诸清众，清众推公第一流。

寻诗偶过钓鱼矶，鱼水相忘得所依。秀气钟为万花谷，巧思织就五云机。闲身昼永林泉乐，斋供春来笋蕨肥。安得过从方丈室，为谈名理抉幽微。

草堂人去历年多，天与诗僧此地过。每到临流斠水嗅，便思在涧《考槃》歌。法门兴起公为始，圣代遭逢人几何？莫学中峰吟思敏，遄嗔旧病复来魔。

路入岩云穿薜萝，会心不觉为蹉跎。九秋明月清溪夜，一曲沧浪孺子歌。送客临流俄过去，答禅挥(尘)[麈][①]定婆娑。住山能赋能文者，得以扬休不甚多。

出门一笑得天游，山色青青总佛头。只好焚香销宝篆，底须继晷事膏油。音闻梵呗群僧集，歌弄宫商百鸟啾。好是住山廑御制，遂成典故播千秋。

天风吹锡过名山，山在东头紫翠间。禅定香随梅影到，谷虚音答鼓声寒。年华似水长流去，心境和云一共闲。送客回头能几远，便分尘世与禅关。

上命和《山居诗十二首》缺一首

明　释清濬

钟山深处住禅房，圣遇优隆不敢当。道镇丛林真有忝，恩承殿陛实无忘。鼓钟白昼传镗铪，幢盖青春照炜煌。愿率同袍勤报效，已甘蔬味胜膏粱。

每愧匡宗道力微，却辞城寺入层嵬。清风曲涧频移杖，落日空山独掩扉。只假香灯为佛事，不将棒喝逞全威。金圈栗棘闲抛却，未许来参了此机。

---

① 据《道光寺志》校改。

楼台一簇已休工，宝塔中居老镜容。云护石城如踞虎，地连钟阜似蟠龙。紫芝产处饥堪乐，甘露流来秀所钟。野衲安居何以报？愿同率土仰仁风。

潭潭宝构倚层巅，晚岁深居乐静便。畬稻旋舂炊易熟，溪芹频茹味尤鲜。道承诸祖颜何厚，任重宗纲力岂全？随分生涯甘淡泊，也知率众必身先。

深居乐道自便便，负郭宁夸二顷田？夕殿灯明多宝塔，春庭香散雨花筵。心源湛寂超三世，尘虑消忘即四禅。愿把杨枝洒甘露，尽令大地作丰年。

澄空湛湛月高悬，冷照山中静夜禅。献佛有时来化乐，散花无数拥诸天。每怀僧到赤乌日，犹忆经来白马年。稽首法王宏愿力，归心即使涤尘愆。

老来一钵住岩幽，尘境无心得自由。空里每看花满眼，镜中渐觉雪盈头。吟余月照千峰夜，定(后)[起]云生万壑秋[①]。身世已知浑是梦，百年光景水东流。

清江曲曲绕危矶，晚岁云林得所依。山鸟频来如有意，野鸥相对似忘机。雪晴当槛松篁密，雨后漫山笋蕨肥。安稳只凭禅定力，清修岂复倦衰微？

独爱山中静趣多，只缘地僻少人过。山开晓野如屏幛，鸟语春林似啸歌。结社只应怀永远，赋诗不必拟阴何。坐来万虑俱忘却，道力真堪摘众魔。

---

① 据《金陵梵刹志》卷三《钟山灵谷寺》、（清）张豫章：《御选明诗》卷九十（文渊阁四库全书本）各收录本诗校改。按，《金陵梵刹志》收录本首诗，题作：“灵谷寺法会应制”；《御选明诗》收录本首诗及后“白发山僧住翠萝”一首，题作：“上命和《山居诗》”。

白发山僧住翠萝，余生身事任蹉跎。倦从石上支颐坐，闲向云中拍手歌。舍利现时光煜煜，伽梨披处影娑娑。钟山咫尺城东地，草木偏承雨露多。

自愧平生江海游，何缘直到此峰头。既无宝案投青玉，岂有高幢建碧油？龙出洞云观变化，鸟鸣谷树听啁啾。禅余感戴惟称颂，愿祝吾皇亿万秋。

驾幸灵谷赐宴，上命口占一律

前人

钟山高处御筵开，野服趋迎凤辇来。宝扆上临香积界，羽林深绕雨花台。对扬已喜天颜近，坐次还叨玉馔陪。此日遭逢真有忝，圣明何以答涓埃。

赐衣，谢恩命诗

明　释居顶

内使传宣出紫宸，赐衣何幸及微臣。金襕照耀天人喜，白氎鲜明雨露新。光宠山林回佛日，逼除霜雪布阳春。余生受用流传远，万岁宗门沐至仁。

上命赋诗三首，贺清濬[①]

明　释宗泐

圣朝(重)[新]建钟山寺，此日禅翁奉诏居。云汉载瞻仙阙近，山林大启法筵初。世缘随顺心无著，静地熏修趣有余。万籁不生钟鼓寂，一堂松月夜窗虚。

五年阙下预朝班，新奉纶音又住山。觉苑喜逢今日盛，道

① 按，该诗题名，（明）释宗泐：《全室外集》卷一（文渊阁四库全书本）收录该诗，作："奉制赋灵谷寺住持濬天渊三首"。本诗其后据之校改者，不赘注。

林行见古风还。岂惟(净)[行]业高流辈，更有才名动世间。五色奎文仍赐与，朝回擎出九重关。

入门挝鼓便升堂，龙象筵中听举扬。最上宗乘开[后]学(子)，无边寿量祝吾皇。人心(却)[都]与天心合，法运将随国运昌。从此山林增气概，松头白鹤也低昂。

又

明　释守仁

寒岩草木政严冬，一日春回雨露浓。安石故居遗雪竹，道林新塔倚云松。木鱼声断催朝饭，铜鼎香销起暮钟。千载奎文留秘藏，天光午夜照金容。

宝所迢遥接化城，关开阛悟摄群生。八窗月色禅心净，一榻松声梦寐清。岩下佛光宁有种？涧边草木不知名。缁衣共乐无为化，夙夜无忘答圣情。

入山路转谷逶迤，每怪登临客到迟。拥衲懒添煨芋火，分泉频溉种莲池。静听乳鹿鸣莎草，闲看跳猿环树枝。整顿宗纲扬圣化，镜容大士笑掀眉。

洪武五年正月十五日，朝廷就寺大建法会，普济幽冥。先于四年十二月十五日，上御奉天殿，集公侯百官，宣谕建会之因，禁天下屠宰。上先斋戒一月，以严法律。赋斋戒一首

明　释夷简

玉食金盘去八珍，九重斋戒谕群臣。版图宾贡无中外，鬼录流亡有故新。佛事五天均至化，民生四海贺同仁。普通有愿长蔬食，曾梦神僧水陆因。

法会赋迎驾[①]

前人

千骑东华玉辇来，钟山浑胜妙高台。旌旗宝树重重入，楼阁香云一一开。仙仗斋从三日幸，春宫诏许五王陪。近臣共说天颜喜，收得娑婆树子回。

正月十三日三鼓，上御奉天殿，集公侯百官，奉上佛表，命礼部尚书赍赴钟山，启建法会，焚之。赋奉表一首

前人

御手(封)[书]函出紫宸[②]，百灵效职共纷(纷)[纭]。尚书夜待三更漏，使者朝(行)[持]五色云。宣室鬼神徒有问，茂林封禅谩能文？陈情此日趋灵鹫，万岁千秋报圣君。

十五日，上服衮冕，乘辇辂，赴法会。至日夕，迎佛，上率公侯百官临法筵，供佛，行大礼，乐用《善世》等曲。先是，十四日，微雪呈祥，寻即开霁。是夕，星月在天，风露湛寂，丝竹迭奏，灯火交辉。礼仪之盛，前古莫及。赋迎佛、礼佛、送佛三首

前人

鹫岭幢幡下界来，先令滕六净(尘)[氛]埃[③]。微风不动灯如昼，明月初升(乐)[鼓]似雷。宿卫万夫严虎旅，从官千(骑)

① 按，该诗题名，《金陵梵刹志》卷三《钟山灵谷寺》收录该诗，作："法会赋迎驾，诏皇太子、诸王同观"；（清）朱彝尊：《明诗综》卷八十九（文渊阁四库全书本）收录该诗，作："钟山法会诗"，仅录首尾四句，当为节略。

② 据《御选明诗》卷九十收录该诗校改。本诗其后据之校改者，不赘注。

③ 据《御选明诗》卷九十收录该诗校改。本诗其后据之校改者，不赘注。

[旗]驻龙媒。衮衣俨在通明殿,一朵红云拥不开。

天子临筵礼觉皇,衣冠陪位亦侯王。宝台高处金莲色,珠树中间玉(佩)[珮]光。币帛(恭)[奉]陈先盥洗,茶瓯初献谨焚香。汉庭不必论前梦,亲睹金容在上方。

皓月华星傍九霄,夜深端坐圣躬劳。乐声按舞鱼山近,花雨飘空鹫岭高。玉册读文传太祝,金柈捧奠出仪曹。从容望燎銮舆动,目送中天白玉毫。

宣谕鬼魂,赐以法食而升济之,赋谕鬼一首

前人

万方杀戮到渔樵,三日斋宫德泽饶。朽骨又蒙周室葬,游魂不待楚人招。千年象教来中国,一代威仪出圣朝。惭愧山林何所报?耕桑满野甲兵销。

龙湾普放水灯,以烛幽暗,诏赋水灯一首[1]

前人

持节冯夷向夕过,远分灯火出官河。斗牛光动天垂野,风露声沉水息波。海族楼台休罢市,鲛人机杼不停梭。九原无复悲长夜,莫问南山白石歌。

上命赋诗三首,贺清濬

明　释宏道

钟山云起近蓬莱,楼阁重重锦绣堆。兜率宫从天上降,娑椤花向月中开。道林再世承恩泽,圜悟当关震法雷。祖道

---

① 按,该诗题名,(明)释正勉、释性涵:《古今禅藻集》卷二十四(文渊阁四库全书本)收录该诗,作:"应诏放水灯,因赋";《金陵梵刹志》卷三《钟山灵谷寺》收录该诗,作:"诏于龙湾普放水灯赋"。

一丝悬九鼎,提持全仗出群材。

大觉谈宗彻九重,蔚然扶起少林宗。龙光照映神奎阁,象教尊崇玉几峰。自昔草堂留胜践,即今灵谷纵高踪。御题诗笔光云汉,更觉兹山雨露浓。

传得凌霄无尽灯,兰膏烈焰愈辉腾。笺经未逊洪觉范,辅教直追嵩仲灵。闭户遍探三藏教,入朝分录两街僧。皇恩浩荡深如海,声价奚论十倍增。

宿毕公房

明　释溥叡

祇树联辉翠羽寒,殿飞秋影落松关。天空图画微茫里,云近蓬莱咫尺间。密雨护龙池面起,长风送鹤海头还。仰惟神卫钟山好,永作吾皇万岁山。

题钟山新寺

明　释来复

千载龙冈地有灵,布金重荷主恩荣。五云楼阁开兜率,一统河山际太平。贝叶传经狮子现,宝花围座象王迎。天中雨露无时降,尽洗群生劫浊清。

淮水东边梵刹开,常时花雨散经台。夜龛明月千僧定,春殿香云七佛来。般若深谈中道秘,醍醐饱饫上方斋。皇仁庇覆如天广,欲颂无为愧不才。

道林大士苦谈玄,海内今居第一禅。闲占白云千亩地,近依红日九重天。赐田无役秋多粟,汲井长清夏有泉。劫石可消恩莫报,袈裟愿共祝尧年。

题诗后二日，钦蒙圣制和章。感遇之余，谨再用韵赋

前人

宝刹新成护百灵，钟山泉石有光荣。金轮朝佛诸天喜，玉帛来王万国平。定起不知明月上，身闲只爱白云迎。龙飞幸际雍熙日，亲见黄河一度清。

莲花塔户镜容开，舍利流光月满台。江吼鼍声东海去，地蟠龙势北山来。云中梵呗和仙乐，天上香盂送佛斋。盛世只今隆外护，匡宗须藉仲灵材。

圣主虚心论道元，宸章特赐起枯禅。瑞浮云彩来双阙，光映奎文动九天。蒲座开函风满石，花池洗钵雨添泉。经驼白马今重到，绝胜摩腾入汉年。

灵谷寺

明　释法聚

石磴迢遥入翠微，倚空台阁映斜晖。长廊春寂花初落，万木云深鸟自归。灵谷慈风生梵境，寝园佳气护朱扉。未应志老无长舌，古塔铃声彻上机。

夏同魏冢宰、王宗伯游灵谷二首

明　周叙

东出都门曙景凉，钟山佳气郁苍苍。日临城堞参差迥，风送林花迤逦香。田野千村饶菽麦，人烟万户隐松篁。政闲偶欲观时令，不为东游洽咏觞。

路入禅林第一关，天藏灵刹倚钟山。皇陵迥出红云表，宝塔高陵碧汉间。万树松阴青蓊郁，一泓泉溜绿湾环。佳辰幸接尚书履，谩得尘寰半日闲。

次周学士韵二首

明　魏骥

短策轻罗袭露凉，行行蜡屐破苔苍。日烘远树侵云碧，风飐飞花满涧香。麦陇萦纡循野径，人家参错间修篁。由来四美真难具，宾主须期酒尽觞。

尘襟暂豁访禅关，散策缘溪入万山。莺啭好风深树杪，鹤归斜日乱云间。晴峰历历罗屏嶂，幽涧泠泠响佩环。最是相看总知己，不妨谈笑且清闲。

次韵

明　王英

出郭轻风送早凉，入山曙色正苍苍。小桥石涧通潮水，细草幽花带露香。行尽深林到兰若，且同老衲坐松篁。独怜松下流泉好，九曲偏宜泛羽觞。

重山群叠拥禅关，曾侍先皇幸此山。銮驭已回霄汉上，桥陵犹在紫云间。侵阶竹影疑旌旆，绕涧泉声似珮环。访旧重来多感慨，深恩未报敢投闲。

次韵

明　贺确

紫禁城开初日凉，绀园东下万山苍。松云逐步轻无迹，花露沾衣润有香。辇路平临通别苑，禅扉半掩隔笙篁。主僧奉客情怀好，茗碗频供胜举觞。

先皇此地辟禅关，御笔曾书第一山。龙虎风云霄汉上，金银楼阁画图间。休因劫火怜煨烬，且就凉飙振珮环。昭代于今重元老，不妨观览暂乘闲。

游灵谷寺

明　乔宇

宝公兰若近东林，十里松萝紫雾深。山涧泉声移盏斝，异花香气袭衣襟。山分建业名先著，寺记南朝迹可寻。向晚欲归还伫立，爱从山谷听余音。

次题

明　陈凤梧

曈昽旭日照丛林，夹道松篁深更深。花欲散时频劝酒，山当爽处共披襟。宝公塔迥凌云上，功德泉幽傍石寻。佳节胜游真不偶，坐听仙乐奏清音。

次题

明　黄彦果

策马披乘翡翠林，元关隐隐白云深。志公旧事瞻题壁，圣祖雄图见宰襟。寝殿崔嵬星可摘，修廊层曲路难寻。春光三十今收去，清夏还来听作音。

雪后游灵谷寺

明　秦金

十里肩舆任往还，雪晴东郭看青山。灵湫接竹泉堪引，绝磴扪萝径可攀。抚景七言聊遣兴，愿丰三白重开颜。翛然欲振凌风羽，玉殿参差杳霭间。

咏月泉

前人

衲衣云卧此禅林，秋月寒泉入定深。万里扬辉如见性，一泓涵碧自澄心。江山老去有真乐，花鸟春来付短吟。怀素浪仙今已矣，试看灵谷有知音。

送古泉住持灵谷

明　刘龙

志公遗迹已成尘，衣钵今传亲上人。胜地久知飞锡卓，高台曾见雨花声。诗篇潦倒征何用，命局崎岖讲亦神。归向惠连频为说，年来双鬓欲如银。

游灵谷寺[①]

前人

青霞宿雾净朝阴，长笛洞箫悲远林。云窦泉流一罄静，石门路入万松深。回廊古壁存名画，坠叶落风悬梵音。此地岩峦最幽胜，几时携酒一登临。

甲午重游

前人

灵谷春游曾两度，三来却是履长时。觞开惠远招元亮，带脱坡仙款印师。风日清缘聊共适，兴衰来事有谁知。焦桐忽鼓《高山调》，不信人间少子期。

赠古泉灵谷住持

明　周伦

南国登台每雨花，谈玄偏喜接袈裟。清心庚甲推能中，碧眼妍媸试不差。道箓解参支老乘，礼分符领志公家。归山谷上泉休闭，留取吾来汲煮茶。

---

① 按，（明）曹学佺：《石仓历代诗选》卷四百八十一（文渊阁四库全书本）收录（明）严嵩：《至日集灵谷寺》诗二首，其第一首与本志本诗大同小异，颇疑本诗为（明）严嵩：《至日集灵谷寺》第一首之误。

赠月泉住持灵谷

明　陈沂

遥开金刹白云间，泉引曹溪向北山。灵谷昔传清濬住，袈裟今待宝公还。风吹万壑禅初定，月照孤松夜自闲。只恐禅林飞锡后，丹崖从此绝高攀。

访见山社主月泉

前人

沃州飞锡过江东，三到僧堂识远公。片石夜光明月在，万峰秋影碧潭空。径开黄叶风尘外，门对青莲色界中。不为见山因见性，未来灵鹫本来同。

游灵谷寺

明　王廷相

青山翠壑朋游远，宫府神仙此一时。幽胜久知灵谷寺，菩提今仰志公师。门前树老云常宿，石底香清龙自知。入座顿令心地净，不须仍与海鸥期。

次王浚川韵

明　潘珍

白鹤青松映酒卮，重开灵谷胜游时。回廊画里吴仙子，宝塔名存志法师。山下寒泉何日见？阶前清响几人知。二难四美今皆具，有约重来敢后期？

访月泉社主月泉

明　王韦

昙花室里共跏趺，昔日栽莲尚未枯。社在上方空色相，山当灵牖总虚无。悠然举目真何见，到此攒眉亦可酤。不用移书招范宁，门前须谢利名徒。

游灵谷寺

明　张璧

珠林宝刹郁岧嶤，灵谷仙源空寂寥。万壑松烟通鸟道，半帘斜日听鸾箫。班荆与客寻三界，杖锡逢僧话六朝。更倚诸天发长啸，不堪城柝报寒宵。

钟山萧寺藏灵谷，树杪僧来夹道迎。盂钵漫寻泉上水，琵琶虚应掌中声。珠光古刹攀萝上，画粉回廊绕砌行。自是丛林足幽胜，重游还趁月华明。

戊子夏五月十日，访卿禅月泉、古泉二上人于灵谷。是会，西唐太常公以下八人，东园锦衣实为之主，固佳会也。酒间联句六首，付主僧收之。虎丘逸士吴一鹏白楼、大学士南京吏部尚书西唐太常牛公杰、麯庵京兆柴公奇、钟石少宰费公寀、毅斋光禄刘公乾、北川翰林吴公惠、泉园魏国公子徐天锡，暨乡进士顾与因八人也

（楼）[桥]陵东畔古禅林[①]，白楼。驰道横斜万木森。好鸟吟风声上下，西唐。回廊翳日影阴沉。香消清梵诸天近，麯庵。磬发幽堂白昼深。从此登临知不厌，钟石。有诗频赋酒频斟。

风林将暑过晴塘，西唐。久坐聊乘一味凉。日宴僧厨供笋蕨，白楼。兴余客席罄壶觞。松涛鸟语添吟思，毅斋。云影天光

① 据《道光寺志》校改。按，“桥陵”于本志各卷多次出现，如卷十二（明）袁衮：《灵谷寺》：“古寺桥陵侧”；本卷（明）陈良谟：《游灵谷寺》：“桥陵咫尺金银寺”。

落舞裳。此地何人曾此会，北川。他年应忆宝公堂。

禅林御墨此淋漓，毅斋。传诵曾令四海知。万顷赐田恩最渥，白楼。诸山璃翠势仍奇。龙归沧海遗弓剑，西唐。鹤化琳宫感岁时。一度登临一惆怅，黼庵。诗成聊寄百年思。

百年灵谷此登临，北川。仰见高皇创始心。水绕八功龙脉远，毅斋。松成千尺土膏深。山灵昨已收雷雨，白楼。林鸟时方送乐音。野兴不随红日下，西唐。直须今日宿禅林。白楼。

紫气金光远近山，黼庵。鸣珂飞盖此偷闲。地邻原庙风云会，西唐。春入祇林草木蕃。踪迹十年惊复到，白楼。梦魂千里忆曾还。酒阑不尽东游兴，毅斋。点点归鸦夕照间。黼庵。

沿松十里坐禅房，钟石。山鸟无声日正长。佳兴不妨频瀹茗，黼庵。清谈正好旋焚香。酒怀诗思相招引，西唐。岩水溪风要主张。游衍一番聊避暑，白楼。醉来那问者僧忙。钟石。

七月望日，偕诸台丈游灵谷

明　葛涧

栋宇何年构此山？高僧苦行历时艰。万松蓊郁凝元露，八水澄泓绕碧湾。色相皆空禅境寂，卷舒任我白云闲。莲台拟结同心社，参透人间第一关。

赠古泉灵谷住持

明　周凤鸣

夜深风雨宿招提，十里重临径竹迷。小石忆来依绀殿，老僧独指隔丹梯。虚寮静数闲云过，远树时闻一鸟啼。世路茫茫幽思剧，但逢佳处便留题。

游灵谷寺

明　陈良谟

桥陵咫尺金银寺，石径萦回松桧林。六月我来寒浛浛，半空云净昼阴阴。泉移鹫岭灵源远，山抱龙宫王气深。筑玉埋金俱一笑，且将诗酒赋登临。

又

明　符验

郊行爱憩山间寺，十里虬松夹路阴。策马无心惊野鹿，听钟有韵出禅林。水回功德留云影，街应琵琶间足音。翘首荣光犹万丈，碧天龙象散氛祲。

又

明　程秀民

骁骑[1]穿云入翠微，万松烟雾碧山围。草荒古殿群游鹿，竹暗僧房半掩扉。孤塔嶙嶒看缥缈，六朝风物说依稀。回廊古壁空图画，不尽秋声一叶飞。

题月泉山房

明　张衮

晓来陟巘万松遮，谷有仙灵气转佳。画栋含烟巢翡翠，空阶流籁响琵琶。日高古瓦苍鼯窜，霜压颓垣翠竹斜。独想劫灰成浩叹，细将功德问《楞伽》。

---

① 按，“骁骑”，《道光寺志》作：“晓骑”。

和阳峰宗伯韵

前人

冬霭霏微石径遥，上方台殿碧寥寥。草藏泉窦流钟乳，风转萝窗起暮箫。神妙丹青留四壁，半欹梁栋自前(前)[朝][1]。独游喜悟真空在，只听松风伴客宵。

访月泉禅师

明　郑作

欲结三生未有因，偶从上刹访高人。风清曲槛红莲净，雨浥重冈碧树青。自谓渊明为行辈，谁知惠远是前身。拂衣万里江湖外，始信闲中道味真。

访月泉

明　谢承举

风雨禅林看桂花，祇园春色散天葩。君同顽子笑斟酒，我对老禅清啜茶。墨汁淋漓开画帙，炉香杳霭扬袈裟。算来万事俱归幻，若更少年应出家。

月泉茶话

前人

半年不访东堂老，一月堂中竟四过。世上有家真我累，人间无事奈公何。诸尘障俗苦不少，片语破迷安在多？正是清和堪结夏，随身已办紫蒲酡。

---

① 据《道光寺志》校改。

灵谷寺

明　傅汝舟

古木滩中放野花，闲歌李白作生涯。我与青山皆过客，心随明月是归家。石榻岂容眠褦襶，松杉依旧著袈裟。吞来一掬天池水，舌底云香雨气奢。

访月泉禅师

明　廖梯

勒马东行出郭门，碧桃红杏自成村。遥峰南海青螺小，古刹西天白象尊。千古《移文》嘲捷径，钟山陈迹笑争墩。轻衫短履登临暮，片石三生得尽论。

又

明　魏纶

十里松阴到寺门，上方云气俯花村。牛车大小禅宗秘，龙脉低昂帝座尊。风外断蓬吴主墓，雨中荒草谢公墩。古今多少兴亡事，懒向山僧次第论。

游灵谷

明　蔡圻

登临何必问齐梁，灵谷千年属圣皇。白石尽留宸刻润，青松犹带御衣香。行来金界烟霞远，坐爱菩提日月长。举首钟山瞻王气，都城凤舞与龙翔。

又

明　狄冲

灵谷云深万树松，塔棱殿角隐重重。山中龙国雄相倚，径外蜂房曲自通。露井秋干梧叶雨，滮池水冷苇花风。谁将摇落伤春暮？正属登临眼界空。

又

明　刘世扬

青山相见便欣然，况接松云俯涧泉。嘉树翠浮灵谷暖，渊流清映艳阳天。斋心古殿金光净，拍掌空阶石暗传。记取山人初到日，诸公迹我共游篇。

又

明　王教

朝来出郭快新晴，神烈山前眼倍明。宝塔松楸藏曲径，空街丝竹递繁声。廊悬画幅凭谁笔？墙迸泉香尚有名。为觅乾坤真胜概，斜阳立马更留情。

又

明　叶良珮

长江日夜流人老，灵谷莺花唤客酬。歇马我从蓬岛入，携壶君在画图游。行从粉壁看诸相，寻到真源洗杖头。日暮茶烟孤鹤起，海云千顷去悠悠。

大司空石渚马公邀饮灵谷，同三渠太宰、洞山少宰、砺峰宗伯

明　林廷机

上方台阁郁岧峣，长夏开筵此见招。十里松阴横郭外，一声仙磬发山椒。尘襟尽向闲中涤，炎气偏从静里消。自是郑庄能好客，追随不惮马蹄遥。

游灵谷寺二首

明　张舜臣

钟陵东阜谷偏幽，古寺春深此胜游。云拥千峰迷上界，风摇万树俨清秋。青崖白鸟时相见，翠壑丹霞晚欲流。况是远公能说偈，不妨禅阁剧淹留。

上方古刹枕松林，洞口阴森落日深。万壑千岩饶胜迹，神仙宫府净幽襟。云间宝塔攀萝上，竹里香泉趁月寻。何处清风飘枕簟？梵音遥接管箫音。

访月泉禅师

明　施峻

出郭幽探春事稀，灵岩聊与试春衣。松云漠漠鹿闲卧，花雨冥冥鸽自飞。白日孤灯悬宝塔，空阶流水应金徽。从知心境无喧寂，独立林端香气微。

又

明　徐珏

毗陵飞锡到江东，千载僧家又远公。晦迹山楼当胜地，结盟莲社起宗风。阅经心了真乘外，礼佛人归法相中。我欲寻师师识否？渊明诗酒颇相同。

赠云坡上人兼住灵谷

明　喻时

发落金刀三十年，最怜少小得真传。为僧到此便清福，知尔生前有宿缘。万树山松绕灵谷，八功德水发心泉。焚修领众招提事，空羡山窗老衲眠。

访见山社主月泉

明　严荣

悟得浮生万事痴，红尘踪迹竟何思？谈经已到寻幽处，爱客多妨习静时。明月尝瞻天上镜，好山都是眼前诗。也知慎行兼儒雅，声誉还追惠远师。

又

明　姚侗

为谒名师到上方，危楼高处住禅床。谈空往往明缘业，入定时时放寂光。足禁户庭今几腊，手披经卷已三霜。一身飘泊如萍水，到处栖迟是故乡。

题月泉

明　朱鸣阳

独坐虚庵号月泉，寒光清照水涓涓。一轮明揭天心处，万派东归海屋间。兔桂影疏人已老，田桑变尽福犹绵。也知自得西来法，我效坡公静道禅。

又

明　沈经

清光皎洁带溪流，远隔红尘近白鸥。万壑泉声风雨夜，一奁月色海天秋。吟余石鼎频添火，坐久湘帘不下钩。水观成时诸品静，翛然身在广寒游。

(偕)[次]赵克用《游灵谷》三首[①]

明　顾璘

禅宫寄在万松深，绀殿阴阴入紫岑。古碣长留开士影，颓廊堪惜画师心。嗟予卧病虚春色，爱尔清斋听梵音。石室乘凉十年事，诗成幽兴转难禁。

入山飞翠满衣襟，一径松萝曲坞深。龙寝云高横王气，鹤林风定净禅心。开堂为有真僧出，避地应无俗累侵。响石林泉多胜迹，与君扶杖细相寻。

紫崖苍巘(倚)[隐]云房，春尽惟闻药草香。风磴喷泉晴欲雨，石林含露午生凉。醉怜半落花辞树，坐叹西飞日转廊。回首碧城灯火乱，淡烟疏柳路微茫。

游灵谷寺

明　王问

连镳出郭远相随，正是松门鹿下时。山接帝陵瞻王气，谷通云液长神芝。尘清梵院僧尝定，日转岩廊午自移。共喜官闲得幽胜，欲同玄度访支师。

又

明　王蕡

云深何处是玄门？流水桃花别有村。幸窃官闲寻胜集，漫将心实付青尊。森森野荻生荒沼，漠漠山禽下远墩。登望偏令成感慨，六朝遗事莫深论。

---

① 据（明）顾璘：《顾华玉集·山中集》卷二（文渊阁四库全书本）收录该组诗校改。本组诗其后据之校改者，不赘注。

游灵谷，书月泉禅房二首

明　徐识

僧居寥廓客来稀，花径春深香满衣。十里松楸堪鹿卧，半空楼阁有云飞。画留残壁传金觉，人拍空街应玉徽。还拟重探元豹穴，攀跻端与入岑微。

幽寻山寺来灵谷，直上浮屠第五层。功德泉边存古碣[①]，琵琶阶下长苍藤。昙云隐约前朝殿，贝叶偏翻了悟僧。何日得陈匡世策？重游方丈讲三乘。

金陵多古刹，灵谷其一也。我高皇亲题第一禅林，益复称最。庚寅九月，闽将乐石华揭科、甫田少峰陈翰、漳浦梅坡许鼎、楚长沙少庐陈维藩相携往游，步自西廊，观小仙遗墨。月泉老禅具服出，延至青林，情款甚洽。已而纵览名胜，漫联二章。林中清境，未易具题。然孝陵在望，金殿辉煌，高出孤云落日之外，则所以压坤维、奠鳌极，又不特山水间矣，诗故著重云

朝阳十里绕禅关，科。御墨昭题第一山。古洞光摇诸佛现，翰。青林云卧一僧闲。共看篱菊惭秋鬓，维藩。欲采岩松驻寿颜。惆怅孝陵南去近，鼎。悲风瑟瑟马班班。(秋)[科][②]。

芦苇箫萧白露浓，鼎。芙蓉独自待秋风。西山日月瞻依外，翰。南国衣冠感慨中。平地烟霞迷径路，科。诸天楼阁在虚空。百年闽楚同良会，维藩。方丈东头起夕钟。鼎。

---

① 按，“古碣”，《道光寺志》作：“古偈”。

② 据《道光寺志》校改。

赠月泉上人

明　王俨

分得曹溪一派真，泠泠澄碧接天津。金蟆影彻三千界，玉髓清消十二尘。洗钵夜寒心浪净，烹茶春暖慧云屯。玩来万象归空处，化出光明自在身。

又

明　陈应之

纡回深处是沙门，玉树青屏第一村。殿号无梁冷轻葛，酒逢知己倒清尊。流觞曲水空尘迹，归鸟斜阳在半墩。隐隐谷灵还可作，老僧清话对平论。

游灵谷寺

明　舒缨

洗剑于时愧未能，冲尘谩欲试飞腾。风前把酒浑忘客，象外看心已近僧。花满镜池春远俗，云回石室昼悬灯。坐深忽复迷归路，碧锁重林知几层。

又

明　丁圮

仕游须放酒肠宽，百岁能为几度欢？古寺已非梁色相，荒丘都是晋衣冠。岩亭云拥晴疑雨，石径松声昼觉寒。直上浮图望天堑，东吴胜概此中看。

游灵谷，次郑司徒韵

明　李杰

吾爱山中笋蕨甜，山灵况复不吾嫌。日华浓染绯桃色，云影轻笼翠柏尖。尊酒兴催诗兴发，管弦声与鸟声兼。韶光满眼供春望，分付奚奴为卷帘。

同康、虞诸子游灵谷寺

明　谭元春

出关途径已经奇，难测幽深到转迟。涧水荷香残雨后，寺门松影细风时。因临古殿侵凉气，随坐僧房抱远思。为语同游闲眺者，高皇典则尽如斯。

与诸同寅游灵谷寺三首

明　赵庠

入寺寻幽载酒行，松阴满地午风轻。长廊昼静僧初定，钟阜云闲雨乍晴。且向尊前留一醉，不须石上问三生。百年高致谁能继？又与坡翁续旧盟。

平生龌龊性非宽，独有登山兴未阑。速我又劳投短刺，后期应被笑忙官。入门问寺犹三里，岸帻题诗博一欢。雅会况当清绝地，几番垂袖拂尘冠。

寝园朝罢过蓬丘，微雨空濛石路幽。兴里连车不觉远，天涯览胜却消忧。万松晻蔼笼仙宅，八水萦回接禁流。闻道古来宝公事，至今灵谷作皇州。

游灵谷寺

明　孙瑶

重向禅林觅旧游，无端风物望中收。松盘猿鹤栖霄汉，池引虬龙漾碧流。金铎声传千古胜，宝轮光映万年秋。可怜昔日谈经处，野黍离离满地愁。

赠月泉

明　翟铣

泉在山间月在天，明蟾夜夜照寒泉。流来一派涓涓净，落向千山个个圆。光莹玉壶元混合，影涵银汉本通连。静观理趣穷深妙，两得同归不二禅。

赠古泉

前人

不知疏凿自何年，想出齐梁六代前。夙有根源留上刹，更多功德在西天。香分玉井元同派，甘比金山止二泉。见说丛林蒙润泽，好将一钵世相传。

游灵谷，留话古泉精舍

明　方宪

松下敲君白板扉，愿参瓶钵与相依。风停万木鸟初静，日落半山僧未归。行径暗香随处度，讲堂空翠望中飞。攀缘欲罢思难住，赖有乘高力不微。

访宝山瑀禅师

明　刘夔

寻幽赢得一官闲，灵谷禅林识宝山。古貌此翁真佛子，法踪何日至乡关？心同皎月尝清白，身与浮云共往还。踏遍金陵多少寺，高风那许并跻攀？

游灵谷禅林三首

明　俞咨益

息马祇林拂曙烟，半天钟磬晓堂禅。风穿飞窦虹幡曳，云净闲阶凤刹悬。涧水远从功德落，池莲偏向道光鲜。空山古道行应遍，还扪藤萝陟翠巅。

霏微殿阁隐三天，坐拂寒云白鹤旋。法说有为还有法，禅参无定却无禅。莲花荏苒围丹仗，桂子氤氲袭讲筵。一自乘龙归幻后，至今真诀竟谁传？

琳宫迢递接宸居，定入蒲团叩太初。支遁隐山非藉诀，昙摩度海岂闻书？锡飞云壑灵光迥，鹤上天门谷影虚。雨露帝休垂浩劫，万方崇德仰真如。

又

明　刘逵

灵谷山深一径幽，天开梵刹更何求？宝公道行千年在，吴伟仙踪四壁留。地拥金陵龙脉壮，江连巴蜀水光浮。禅林未必能争胜，莫厌驰驱得得游。

灵谷寺

明　汤有光

紫翠(透)[逶]迤路几重[①]，青山面面削芙蓉。云连内苑城边树，风送南朝寺里钟。御道人过时下马，孝陵王气自成龙。一尊到处俱堪醉，回首斜阳隔万松。

游灵谷寺

明　周山

年老闲来步灵谷，长松数里壮皇州。无梁金碧由天建，得道沙门跨鹿游。帝岳四雄吞五岳，江流东下合诸流。凭虚一顾真佳丽，王气云浮万代休。

---

① 据《道光寺志》校改。

游灵谷三首

明　钱师周

佛日照山飞紫烟，远寻公案此闻禅。风生万壑金竽奏，泉落半空玉蝀悬。野鹿衔芝岚洞冷，麝香眠竹雨苔鲜。平生观海登山眼，又上浮屠九仞巅。

翠竹黄花是佛居，重来常忆入山初。老僧惯说如来偈，圣世原无封禅书。龙带草香归钵静，树分云影度窗虚。向来总为尘缘缚，一扣禅关得自如。

骑马登山如上天，几人解脱此盘旋。只消玉版闲谈偈，却胜曹溪远问禅。石髓屏床今有主，吴宫罗绮孰当筵？松萝自是招提径，宝树祇林亦浪传。

住山心上人

明　刘榘

梵仙居室又峥嵘，刀尺禅师是主人。古宿游山名故在，西龙供水味常新。祥光遍满大千界，窣堵难藏百亿身。长至瓣香无别祷，俾将丰稔畀斯民。

（游）灵谷寺[①]

明　皇甫汸

宝公（昔）[旧]日安禅处，双树依然初地开。岁（入）[久]丹青凋画壁，春深花雨落经台。招提境接（山）桥[山]外，功德池分坝水来。闻说此中容吏隐，滥巾时向草堂回。

---

① 据（明）皇甫汸：《皇甫司勋集》卷二十六（文渊阁四库全书本）、《金陵梵刹志》卷三《钟山灵谷寺》各收录该诗校改。本诗其后据《道光寺志》及《皇甫司勋集》《金陵梵刹志》校改者，不赘注。

上巳日集灵谷寺

明　王世懋

宝公塔挂白云隈，西接钟陵王气回。锡住灵峰惊鹤去，钵分慈水噀龙来。松风落子春阴寂，山鸟啼花暝色催。今日便成千载胜，不须重忆永和才。

秋日灵谷寺同绍斋赵公、印川潘公偶憩

明　李言恭

入寺人天界自分，二陵佳气昼氤氲。千峰薜荔含秋雨，十里松杉下白云。树杪楼台僧作舍，花间麋鹿客为群。即教名勒燕然石，能似来披贝叶文。

灵谷寺酬吕正宾

明　焦竑

停杯昨夜夏云生，散帙香台见远情。风定水声来绝涧，坐深松子落空枰。愁多今喜逢张俭，赋就谁当惜祢衡。世路风尘俱涕泪，不妨贫贱久藏名。

游灵谷

明　朱之蕃

万松深护法王筵，暂可探春客借眠。一榻钟声传别院，半窗暝色散诸天。劫灰有尽灵光在，幽谷无哗选地偏。为剪柴关中夜烛，玄言相共涤尘缘。

又

明　顾起元

山门才入便悠然，十里深松上绿天。佛刹启扉皆叠嶂，僧寮汲水尽飞泉。玉阶碧草无人踏，石户苍苔有鹿眠。漫谓

山灵谢逋客，滥巾仍得共攀缘。

秋日过灵谷，忆先大夫昔游，志感

前人

松杉黯淡碧萝愁，虚阁荒台非昔游。自向高秋思北渚，谁驱短策过西州？泽麋逐子穿幽涧，山鸟将雏绕暮楼。目断寒云迷杖履，对君空有泪双流。

秋过灵谷寺

前人

上界人天迥自分，空堂秋色晓氤氲。千崖爽气疏山月，万壑风声响涧云。石鼎翠生新菜甲，药栏青护旧苔纹。滥巾暂遣依莲社，羡尔林中麋鹿群。

同顾孝敷、许长卿、李宠之、倪元道、朱元上、家弟用南集灵谷

前人

金宫兀律际天翔，珠塔崔嵬射日光。十里松阴回北岭，八池水色胜西方。鹍弦暗奏空阶乐，猊座深含古殿霜。可许《移文》谢逋客，却逢多病礼空王。

游灵谷

前人

落落长松十里余，纵横疏影上衣裾。山禽共下僧厨食，野鹿群依佛土居。霜冷疏钟飘万壑，日高清磬演三车。仙音岂必关丝竹，八水斟来病已除。

灵谷寺

明　朱应昌

独龙冈远陟嵯峨，五里松声旧日过。紫角鹿眠芳草熟，白头僧坐落花多。沧桑泡影禅能破，刀尺齐梁谶久讹。寄语村童挑野菜，青青莫上孝陵坡。

游灵谷

明　陈敏昭

云泉山色共平安，百遍闻钟到眼残。是夕远帆真入梦，谁家酒瓮最难干？鸥凫就日惟成睡，虎豹今年已畏寒。消渴相如坐梅树，白头老叟转相看。

正月廿七日，蔡总戎招，同黎参府灵谷观梅二首

明　黄居中

雪后看山山倍青，闲随小队出郊垧。连村离落梅为坞，十里松涛谷有灵。老我诗篇无尽兴，袭人巾袖有余馨。知交眷属同时聚，肯使花神笑独醒。

去年此日赋梅诗，今岁重来似有期。济胜自怜双屐健，对花应笑二毛欺。难忘醉嗅杯频劝，不觉寻香席屡移。几树垂垂春色里，含情犹忆未开时。

重游灵谷寺

明　林古度

禅林远在禁城东，与客来游岁不同。常对数峰深翠里，始寻孤涧夕阳中。宏规遍绕思高帝，愿力犹存见志公。暑气乍能消竟日，却愁归路别松风。

灵谷禅林志卷十三终。

灵谷禅林志卷十四

杂著六

七律

游灵谷废寺[①]

国朝　王士祯

为爱蒋山山色好，笋舆终日不逢人。杖藜入寺花扶屐，岩谷迎秋雨垫巾。王舍城中荒草遍，乐游原上野麇春。志公衣履今还在，苑外悲风卧石麟。

游灵谷寺

曹寅

香台漠漠世间尘，玉殿空山有比邻。五里苍寒多云雾，千年王气尚嶙峋。马塍酹客穿陵隧，鸭脚干霄逼相轮。我亦倦游同苦行，钟声频謦出坡人。

又

于准

名蓝地脉接桥陵，山绕川萦淑气凝。骑从且教松外驻，林峦试向塔前登。烟霞深锁千年寺，云水争归万里僧。况是

① 按，该诗题名，（清）王士祯：《精华录》卷六（文渊阁四库全书本）收录该诗，作："题灵谷废寺"。

翠华曾莅止，至今龙象尚奔腾。

灵谷赠晓苍和尚

沈宗敬

万松深处有高僧，运水搬柴是尔能。耳畔流泉常瀧瀧，眼前世路自层层。袈裟穿起千针衲，拄杖拈来七尺藤。忙里登临逢惠远，寻山且喜得良朋。

又

黄梦麟

珠湖洞口问苍髯，无复虬枝拂帽檐。杖入青林穿荦确，堂开绿玉爱精严。石池小甃通泉脉，云岫微凝露塔尖。为听无生归路晚，半规红日坠西崦。

晓苍和尚振起灵谷，阐扬宗风。予来游山中，留题方丈二首

吴云

灵谷图经御览裁，此山曾换蒋山来。志公宝塔留高座，太祖銮舆幸几回。苔藓久封飞锡地，红云常护讲经台。于今法席欣重振，翠柏盈庭赵老栽。

第一禅林太祖题，当时辇路草萋萋。香生石鼎衣冠集，乐奏云门拜舞齐。花悟佛拈能自笑，鸟知禅定不轻啼。宝公自昔多灵异，亲见毫光放塔西。

灵谷寺送春，同吴舫翁、朱字绿、王安节作

范莱

花残乱草碍人行，流水韶华感此生。入寺方知闲不易，对僧自觉老无成。应声山谷如幽侣，触目云泉称隐情。一路

青青何所在？空山新得领啼莺。

灵谷寺

刘芳荫

山转朝阳辇路东，堆寒金粟鸟呼风。牧牛俯砺台碑角，石马横眠蔓草丛。白发监臣谈庆历，青鞋野客念岐丰。郁葱佳气依然在，紫翠秋来映碧空。

晓苍和尚招游灵谷，题赠二首

盛宏邃

遥见浮图树杪悬，嵯峨宫殿始何年。麦畦剡剡翻新浪，松径阴阴湿翠烟。笋味正修千佛供，茶香初瀹八功泉。灵山合有前缘在，定化双凫叩老禅。

钟山佳气霭晴晖，帝辇南来驻翠微。宸藻墨波分丈室，御炉香篆浃条衣。宝公遗帔看犹在，灵谷深松听已非。恰羡支公重振锡，林间白鹤亦高飞。

喜盛东田先生入山，奉和见赠元韵二首

释寂曙

新诗欲轹谢元晖，直上青林喻法微。谷口近曾邀凤辇，松枝昔亦挂龙衣。宝公往事真堪异，玉局前身未必非。敢谓风流追二老，过溪一笑兴遄飞。

懒将囊钵百城悬，忆住钟山亦有年。夜坐衲头分皓月，晓行杖底曳寒烟。愧无佳句能参偈，喜有高贤共品泉。好待重来留玉带，须知不二是真禅。

灵谷寺

释宏选

旃檀祇树古禅丛，灵谷新移禁苑东。白屋几丁人迹少，朱林一带石楠丰。予因出谷看黄鸟，客为余闲访雪峰。泉水流香烹茗坐，半山园下忆荆公。

四月八日游灵谷，赠晓苍和尚

马逸姿

山深四月有余春，喜值如来诞降辰。香篆袅时闻贝叶，斋钟动处饷溪芹。青林锡振云间鹤，白足僧谈天上麟。我亦灵山曾听法，漫随人说宰官身。

游灵谷寺

于灏

钟山横亘石城东，梵宇曾开天监中。洞口更无松五里，塔旁犹有竹千丛。龛同弥勒参三昧，水听瞿昙说八功。地底檀槽随步响，空余苔藓映阶红。殿西古有琵琶街，覆以回廊。今存废址。

四月八日偕内弟赵圣木游灵谷，兼谒孝陵

马益

淡云初日蔚蓝天，联骑骎骎破晓烟。仙梵遥传方浴佛，花宫深寄好栖禅。客来午饷还烧笋，定后清谈更煮泉。西去孝陵知不远，归途犹拟暂停鞭。

次韵

赵柽

佛诞斯辰霁晓天，瑜珈声动袅炉烟。松间暂憩流觞地，竹里仍安补衲禅。虎踞层云栖杰塔，龙归深洞涌飞泉。晴霞

抹处桥山出，白鼻休教纵玉鞭。

偕友人童鹿游、许丹书、马镜亭游灵谷

韩焕

钟山古寺名灵谷，有约来登选佛场。五里松阴青不改，八功泉味冷犹香。烟云羃历藏禅室，花竹参差映讲堂。坐看指挥参半偈，顿教尘俗虑皆忘。

又

童昌龄

五里松传一径阴，前朝遗植杳难寻。山名灵谷峰俱秀，锡卓高僧腊已深。隐隐云幢开法席，泠泠烟磬静禅心。八功水味初（禅）［尝］后[①]，一沁诗脾得快吟。

又

许龙章

长忆精蓝近石头，送春兼作蒋山游。乍离城市心俱远，才过桥陵景便幽。云里塔尖穿树出，石边泉眼迸池流。景阳钟在摩挲久，喜听僧谈历代由。

又

马国鉴

正值残春欲尽时，高僧有约肯逾期。笋舆度岭行偏捷，芒鞒登山步较（涯）［迟］[②]。石上过泉惟竹笕，窗前写影但松枝。流觞胜事知谁续，日暮应攒酒客眉。

---

① 据《道光寺志》校改。
② 据《道光寺志》校改。

过灵谷，赠晓苍和尚

王永年

昔予病剧，梦入一大刹中，升座说法。方饭香积，忽然惊寤，病亦寻愈。近以迎銮诣寺，宛然梦中所见，而晓公和尚即说法时首座也，岂予前身亦浮图耶？诗以纪之。

梦中说法现诸天，此日经过境宛然。偶晤高僧如夙契，重来灵谷总前缘。喜(飧)[餐]香积伊蒲馔①，愧镜尘容功德泉。二老风流如可续，参寥佳话至今传。

灵谷寺建自梁，徙自明，沧桑代易，故址丘墟。吾淮晓公和尚居此三十八载，芜者植，废者修，几复当年之盛。丙戌十月，同友人至其处，晓公止宿，漫成一律

许其恕

钟山寺古白云深，翠竹寒松拂涧阴。山映夕阳含黛色，谷藏灵气有清音。志公遗舄犹争识，武帝荒台尚许寻。更喜禅关留信宿，晚来钟磬净尘心。

锡飞讵避久荒芜，手植松筠几万株。树影依然开画障，山形若为拱浮图。不辞阒寂来萧寺，翻喜殷勤话故都。指点当年兴废处，六朝云物任虚无。

游灵谷

凌天杓

乘兴招寻亦偶然，春光远引杖头钱。横拖短策欹驴背，多买村醪趁仆肩。十庙乌啼红树里，一峰青到禁城边。朝阳

① 据《道光寺志》校改。按，《道光寺志》原作："喜飡香积伊蒲馔"。"飡"为"餐"异体字。"飧"，意为晚饭。

门外游人少，风景依稀在眼前。

松声不与旧时同，五里浓阴一半空。废殿尽教春草绿，残碑欲断夕阳红。葵充僧饭蔬畦瘦，泉引山厨竹笕通。薄暮空林归路暗，迢迢清磬锁烟丛。

奉访晓公和尚一律

谢树

木脱空山景物微，尚疑霜叶斗芳菲。溪桥古径僧来远，岩石荒廊云早归。半偈名香消俗虑，数声清磬对斜晖。仰瞻圣藻焜煌处，龙象依然绕座围。

寄赠灵谷方丈

许田

闻说名蓝近白门，宝公遗迹至今存。珠湖洞口松非旧，银杏林中树独尊。六代风烟余蔓草，八功泉响漱云根。何时得听莲花漏？岩畔青萝手自扪。

寄赠灵谷方丈

释明辂

君住钟山四十秋，(灵)[云]林我已雪浑头[①]。祖孙相继宗风振，瓢衲争趋法派流。悟后花香生鼻观，定中月色过层楼。近闻宝塔多灵异，百丈毫光天际浮。

灵谷寺

李向隆

孝陵东去见精蓝，松盖亭亭罩佛龛。街响檀槽听不倦，

---

① 据《道光寺志》校改。

泉通竹笕饮尤甘。人从樵径归深坞，鸟逐残霞度夕岚。色相欲空尘虑涤，钵龙留影在寒潭。

又

汪大乾

闲寻初地得徘徊，虎踞冈峦亦壮哉。飞锡曾惊玄鹤去，听经时引白龙来。松门寂历栖禅室，云气溟濛护讲台。黄叶试看银杏杪，此中元有不凡材。

试后同王卓人、王孚五游灵谷寺

顾承烈

金陵逐队踏黄花，出棘寻幽到佛家。云隐寺门环叠嶂，池涵松影度流霞。饭炊香积餐菰米，泉沸铜铛瀹茗芽。试上浮图还极目，不禁秋色满天涯。

游灵谷寺

王栻

偶客金陵选胜游，趨来灵谷爱清幽。云归远岫依松住，泉出青林咽竹流。银杏无心初荐实，天香有意独宜秋。山中景物随时变，木叶萧疏见石头。

又

黄炳先

钟山山势独峥嵘，虎踞龙蟠接石城。竹影参差阴讲席，松涛澎湃和经声。

定中僧坐蒲团稳，静里人听莲漏清。归傍珠湖看暮色，余霞一片水边明。

又

佴肇毅

卜居恰喜近钟山，为访高僧数往还。池凿万工云掩映，松传五里径湾环。优昙花发过苍鹿，祇树林间舞白鹇。一自道林飞锡后，至今岩石总无顽。

又

佴肇政

出城数里见招提，隐隐禅关在竹西。但有兴时花欲醉，更无人处鸟争啼。听经已许探龙藏，送客应忘过虎溪。顶礼塔前窥宝相，毫光千丈与云齐。

又

马国镇

远公如意指禅机，宝地千秋锁翠微。迤逦山光青极目，萦回松径冷侵衣。经谈静夜鱼龙隐，锡响空林虎豹归。世上俗尘都不到，只令玄度欲皈依。

咏灵谷八景

释德玉

钟阜晴云

崔嵬不与众山群，形势犹龙自吐云。六代御烟时叆叇，千年王气日氤氲。晴空乍展疑为雨，夜月常铺忽作雯。靡限苍松成劫焰，至今鹤唳杳无闻。

浮图秋月

峰麓孤标窣堵波，志公千载近如何？毫光白昼冲银汉，灯火清霄映绿萝。突兀难教鸿雁度，玲珑却许斗牛窝。最宜秋月时登眺，恍觉身从天上过。

古殿钟声

胜境宏开选佛场，岿然古殿拟灵光。擎天百尺无容柱，跨海千寻岂藉梁？仙子漫劳夸洞府，圣君曾已幸云堂。疏帘动处声旋绕，静夜悠悠听转长。

沧池松影[1]

池凿先朝敕万工，汇归众派注其中。难图重叠松头影，且玩涟漪水面风。洗钵能令鱼性伏，濯缨欲使客尘空。蛟龙变化由兹去，长渥恩波报莫穷。

银杏栖霞

秦松汉柏总称臣，银杏封王罕古今。知自冠黄疑有性，缘何结实又无心？婆娑只为烟霞癖，盘旋多因雨露深。群树四围俱侧向，终朝聆法卫禅林。

清泉咽竹

名驰八德已争传，味厌中泠第一泉。竹引供厨声似咽，瓢分瀹茗啜尤鲜。临冬愈暖蒸云气，届夏偏寒辟暑天。不染黄埃能避世，乐饥相对亦陶然。

空街应掌

怪底琵琶地底鸣，惟凭鼓掌导空声。山随钟号音能聚，谷以灵呼响益生。雅俗咸堪行乐事，禅儒兼可畅幽情。几回闻乐思韶濩，犹续高皇奏九成。

---

① 按，“沧池松影”作为“灵谷八景”之一，本志本卷后文两组同题吟咏之诗皆作“苍池松影”。

曲水流觞

彷佛兰亭曲水幽，昔时豪士竞遨游。诗惊野鸟参差和，酒满香卮次第流。近惜荒台余落照，更嗟渠涸付残秋。古今隆替皆如此，安用凄其对景愁？

秋风寄怀晓公和尚

王概

院若难修志竟成，诸山并倚作禅英。餐霞客亦思闻法，挟弹人皆识护生。如水中怀殊活泼，爱山幽性特撑撑。论交世外称三世，又续临溪旧笑声。

游灵谷寺，呈晓公上人

蔡士桢

萧梁古寺倚钟山，谷口孤云自往还。倦客久怀方外想，高僧常向定中闲。谈经花雨流青嶂，洗钵松涛落翠湾。欲叩猊床参半偈，西风落叶满禅关。

庚寅冬日游灵谷

毕星炯

香焚宝地晓氤氲，奕奕浮图锁白云。岭上旃檀千地起，楼中钟鼓四天闻。满空香雨金舆度，绕径松风翠霭分。却忆远公谈法处，月中桂子落纷纷。

游灵谷寺

程瑞枋

旷野人烟入望稀，梵宫不改旧京畿。泉从初地喷珠出，剪似并州傍锡飞。栋宇倾颓秋讲散，松筠杂乱午钟微。我来六代繁华后，一望钟山景尽非。

又

涂学诗

空岩依旧隐招提，曲曲青松鸟乱啼。竹笕水流秋色净，草堂人去夕阳低。欲寻遗迹尘中换，懒把新诗壁上题。八难三涂未知免，况兼何肉与周妻？

游灵谷寺

余宾硕

南朝古寺倚岩隈，百尺乔松五里栽。石转径回开洞壑，山连云断见楼台。空闻白鹿清泉过，但听哀笳向夕来。一曲寒泉流不尽，御衣枝上月徘徊。

灵谷寺

先著

连冈横亘接孙陵，一望荒凉散野驷。晴日忽埋峰顶黑，新霜犹放树头青。福僧另辟金棺地，劫火烧残御墨经。欲问梁陈兴废事，志公尺拂久飘零。

由天坛、神乐观至灵谷，同屺公访普门师

前人

有恨秋山率意行，一回一动故宫情。云中弓剑神仍肃，天上笙璈梦不清。塔户尚封遗地轴，松根尽劚忆涛声。予生直合依禅老，拨草瞻风孰眼明。

由灵谷寺经孝陵

朱卉

青山无复翠华踪，古寺荒凉路几重。秋草人锄空苑地，夕阳僧打破楼钟。苍苔漠漠丰碑蚀，黄叶萧萧享殿封。宫殿

白头今卖酒，年来犹护几株松。

灵谷寺，用余鸿客韵

王琯

行穿山径入云隈，为想苍松五里栽。落叶拥阶迎客屐，轻风吹雨上香台。无边野景遥遥接，不竭幽泉曲曲来。漫向高楼驰远目，摩挲三绝一低徊。

又

王瑗

浮图矗矗傍山隈，夹道松非旧日栽。断续钟声传法界，氤氲香气散莲台。云飞高阁闲栖宿，燕拂空岩自去来。功德水流觞咏绝，琵琶街上独徘徊。

灵谷寺吊梁高僧志公

陈文述

万松深谷暮云层，符谶当年信可征。史传有人书隐士，名山何幸葬高僧。衲袍布帽留遗像，虎踞龙蟠让孝陵。三百赐庄今在否？六朝如梦澹秋灯。

晤灵谷僧祇园

马光祖

才从竹院叩禅关，握手欢然便解颜。不是三生盟石上，那能一笑契人间？平时常示维摩病，此会偏偷半日闲。何用丰干更饶舌，早知灵谷有寒山。

灵谷寺

孙龄

云里招提石径蟠，雨余山色碧犹寒。蒲牢几杵春将尽，杜宇一声花欲残。工部欣逢联咏好，维摩话旧触心酸。人间往事如流水，那及空门万虑宽。

松花绽雨石溪香，山翠飞来晚更苍。烟磬隔林僧课梵，鹅冠照水客流觞。杖迎舞蝶游桃坞，衣曳闲云过草堂。回首六朝成梦幻，空余荒径冷斜阳。

灵谷寺怀古

王赓言

灵谷仙岩曲径通，青龙山卧白云中。胸前镜影千潭月，耳畔涛声半壑风。涧水通厨泉味活，落枫满地寺楼空。唐陵汉寝凄凉甚，实塔崚嶒忆志公。

春日同朱学圃、胡问渠、吴寿峰、孙莲亭、甥偕游灵谷寺

马士图

春催把臂入深松，廿载重听灵谷钟。雪积翠钗栖白鹤，涛翻金地斗苍龙。巍峨寝殿瞻前代，冷隽《移文》忆此峰。顶礼志公身不坏，浮图七级法云封。

林下欣逢庾鲍流，双双玉树皎入眸。昔同绛帐穷黄卷，今被青山笑白头。茶助清谈香夺酒，泉邀幽听韵疑秋。朝阳门外催残照，十丈红尘归路愁。

灵谷寺怀古

朱绪曾

当日钟山法会来，层峦绀宇画图开。缁衣绾绶僧吴印，白袷吟诗泐秀才。甘露珍珠沾草木，彩云金碧覆楼台。孟兼仕鲁皆忠戆，惆怅猿声夜壑哀。

游灵谷，晤悉朗上人

甘熙

天开钟阜晓苍苍，松柏阴中绀宇凉。一塔云烟吹缥缈，半空钟磬落微茫。人携酒榼寒苔径，僧守茶铛古佛堂。却爱远公偏习静，息心相对象都忘。

莲溪同参住灵谷，执事有年，老而弗倦，赋此奉赠

释悟开

廿年同住此山林，笑破虚空识古今。越岭搬柴输我力，临池运水鉴君心。共探云石开松径，对补袈裟分月阴。众事身先师拔萃，普贤行愿令人钦。

五言排律

灵谷寺避暑

明　葛涧

伏暑蒸人剧，相期佛界游。振衣乘晓出，携榼及山留。古桧层霄郁，新篁满砌抽。红泉鸣碧涧，苍鹿卧青丘。绘壁云霞烂，雕甍日月浮。紫岑灵液萃，黄屋圣谟修。邃谷寒常结，幽岩暑自瘳。元阴时匝地，凉意忽生秋。轻飙澄绀宇，迢水肃芳洲。列牖霜铋曜，虚堂冰槊遒。翻经开秘匣，诵偈舞潜虬。禅槎遥海泛，法雨半天收。尘鞅笼中鸟，浮名水上沤。商歌聊发兴，永日漫销忧。锦席流仙醴，花栏响玉篌。诸天齐作供，孤塔若为酬。磊落群公抱，低徊迂士羞。策勋真浪说，种圃是良谋。崎路回镳拥，平畴落鹜稠。斜晖犹在岭，佳气满皇州。

偕夏竹香、孙虎溪、周月溪游灵谷霹雳涧联句

国朝　马光祖

四望气苍茫，竹香。俄焉皓月光。虎溪。金门辉碧瓦，石马卧清霜。月溪。鸿雁征人字，芙蓉倩女妆。月川。钟声幽谷出，竹香。山影远林藏。月川。两袖轻风爽，竹香。单衣薄露凉。月川。狂歌踏归路，虎溪。缓步陟高冈。竹香。村犬迎人吠，篱花泥客香。月川。数椽茅屋小，一径石桥长。竹香。蟹伏寒沙底，碑残古涧旁。虎溪。泉流犹在耳，诗思各回肠。竹香。名士成佳会，豪情入醉乡。月川。一时游兴适，何日不重阳？月溪。

七言排律

偕张益庄、闵蓼江、孙虎溪游灵谷联句

国朝　马光祖

秋光都在四山中，乘兴登临一眺空。风逐寒云遮鸟道，虎溪。竹摇疏磬出花宫。涧边霹雳声何壮，月川。风到崔嵬势倍雄。缠树古藤长闲短，学书新雁拙还工。虎溪。晨钟破处痴人醒，古寺行来曲径通。蓼江。沂水何殊今日乐？兰亭堪拟此山崇。月川。渐看晚霁霞拖北，才觉烟销月已东。禾稼收时平野阔，村村箫鼓庆年丰。益庄。

五绝

游灵谷寺

明　郭登庸

雨声过秋林，山翠下空野。晚遇王使君，疑是荷篠者。

石潭初月影，山寺暮钟声。犬吠归樵处，江舟渔火明。

赠月泉四首

明　赵善鸣

春泉花满涯，月色照人迴。灿灿点文章，色空同一境。

夏泉月正凉，圆澄肠可洗。无住即无生，上人能此唯。

秋月清且明，默照蒲团静。心息解相依，便是无为境。

冬泉孤月寒，或有神龙蛰。持钵洗梅花，切莫惊幽窟。

题月泉图

明　朱凤

明月一轮满，澄江万里碧。水月皆空清，到此示真寂。

又

明　释智鉴

冰轮扬素辉，湛湛涵空碧。凝神伫立时，万籁无声寂。

又

明　张佐

月照心田明，水湛性天碧。本来无色相，何用说空寂？

又

明　朱昱

皓月上东林，影浸寒潭碧。道人信步过，心境应同寂。

又

明　金璇

玉盘悬远空，澄江映秋碧。夜深悄无人，幽岩正寥寂。

又

明　王辙

秋林月华明，寒潭水痕碧。幽人出户来，悠然动岑寂。

又

明　谢承举

月光印流泉，水色涵青天。月落水东去，何人来问禅？

又

明　任德

碧月澄远汉，纤云净素天。此中即真境，何处问逃禅？

又

明　黄璋

求泉不在山，求月不在天。寒泉打破月，任人来问禅。

又

明　释果斌

月明影在地，泉清光(在)[彻]天[①]。何须分上下，空寂是吾禅。

灵谷山行

国朝　马光祖

岚气湿人衣，濛濛入云去。但闻流泉声，不见流泉处。

又

孙龄

破晓登宝山，斜阳下紫岫。漫道空手回，白云携满袖。

---

① 据（明）释正勉、释性通：《古今禅藻集》卷二十六（文渊阁四库全书本）收录该诗校改。

游灵谷寺二绝

卜汝为

寺古山俱古，松高塔并高。一声清磬彻，破我俗尘劳。

幽兴十分浓，入来第几峰？梅花寻旧坞，香冷一枝筇。

灵谷寺夜坐纳凉

甘煦

明月下回廊，松影霭深翠。洒然清风来，披襟带秋意。

耿耿星河稀，沉沉钟磬寂。灯火闭僧寮，暗蛩响断壁。

兰韵清微飔，荷香湛轻露。相对悄无言，吃茶得真趣。

竹柏萧以森，苍鼯竞来往。惊闻人语声，窜向轩楹上。

檐铎戛空清，塔灯互明灭。山禽时一鸣，西林挂斜月。

灵谷有夙缘，小住月几匝。来去云水踪，前身或老衲。

七绝

钟山僧寺，赓单仲右韵三首

明太祖

游山必是叩僧禅，闻说神僧透宿缘。山果玄猿摇绿树，方知入定是金仙。

精蓝幽谷寺嵯峨，风过松声韵碧波。寂寞出尘天外景，骅骝杂沓意奚何。

山势崚嶒谷隐僧，六通具足势层层。鹊巢冠顶忘机处，午夜明星识已能。

嘉靖丙申夏五月十日，群工骏奔孝陵行礼。礼毕过此，遇雨一绝

明　秦金

天开灵谷此禅宫，烟雨楼台一望中。坐久诗成浑漫兴，百年尘虑洗来空。

赠灵谷古泉

前人

灵泉通窍自何年？谁解寻源识性天？怪底袈裟尘不染，碧峰丹壑久栖禅。

灵谷寺

明　顾璘

曾是(南)[前]朝古佛坛[①]，天皇曾此侍金棺。松杉十里苍云黯，陵寝千秋玉露团。

访月泉

明　吕柟

不见支公已来年，重来灵谷似童颜。家藏大理屏风石，暗扫烟岚却假传。

赠月泉二首

明　邱九仞

乾坤红绿应万状，惟有苍翠成孤高。支翁遁入玉屏里，客堂终日倚寒皋。

西海龙髯紫云屯，也随槎使过昆仑。春风偶识西仙面，

---

① 据（明）顾璘：《顾华玉集·山中集》卷四（文渊阁四库全书本）收录该诗校改。

为我挥洒生清芬。

又

明　赵崇信

山下涓涓自有山，相传洗钵半灯残。《楞严》读罢诸天静，时样西湖不可看。

又

明　奚良辅

八功台上听泉声，曲水流觞酒数行。六代兴亡成往事，莫分草木叹枯荣。

登月泉精舍

明　方东

青林掣脱利名缰，始识人间梦一场。自是禅房壮诗兴，睡魔登此喜先降。

又

明　张云谟

天有月兮地有泉，月华皎皎泉涓涓。上人清白心如许，何必谈经与论禅？

又

明　孙甫

泉中有月月随泉，色相团空上下天。杨柳门前风拍塞，怪来花信满澄川。

又

明　赵善鸣

临觞一勺已涵天，孤月千峰隔涧烟。若个禅和参得破，一泓元自始开年。

又

明　赵庠

为参玉版到青林，万壑松涛杂梵音。丈室无尘禅榻净，苍苔满地白云深。

重过灵谷僧舍

明　史忠

寻诗看竹到僧家，春色无端散落花。何似老僧能款客？旋分活水煮新茶。

讲经台

明　释至慧

自是虚空讲得休，萧萧林木冷含秋。至今岩畔多顽石，似对春风一点头。

赠灵谷晓公

国朝　马逸姿

荷锸亲锄荆棘丛，法幢高竖乱云中。能教初地开生面，应识前身是志公。

卓锡空山四十春，栽松种竹一劳人。乍闻天语褒声色，高楔群瞻御墨新。上幸钟山，喜谓侍臣曰：灵谷寺有色有声。御书灵谷禅林四字额赐之。

灵谷八景

前人

钟阜晴云

忽然天半见青林，寺后有高阜，名青林冈。薄有云衣羃碧岑。乍卷还舒看变幻，谁知出岫本无心？

浮图秋月

昏钟初断涌银蟾，影入高松见塔尖。谁赋秋声当静夜，明河耿耿欲钩帘。

古殿钟声

景阳旧物出何年？长向毗卢殿外悬。清夜一声鱼子动，穿林度岭韵悠然。

苍池松影

鉴尽人间妍与媸，至今犹说万工池。风来忽讶苍虬舞，恰是髯翁写影时。

银杏栖霞

古干曾经玉带(园)[围][①]，树头黄叶俨垂衣。晓霞更欲拖龙藻，才入林间便不飞。

清泉咽竹

泉源遥出马鞍东，脉络潜从地底通。竹笕递来归石甃，千年长咽碧筒中。

空街应掌

殷地谁埋凤尾槽？应弦如奏《郁轮袍》。客来拍手长廊下，疑傍浔阳江上舠。

曲水流觞

湍流何处觅清泠？石上空存曲水形。修禊若还逢内史，肯将茧纸写《兰亭》。

---

① 据《道光寺志》校改。

其水亦出马鞍山，昔时引以流觞。今已枯涸，但存其名。

灵谷寺

朱鹤年

千年黄叶梁朝寺，废堞荒丘乱草芜。孤塔犹能标象外，行人影里白云铺。

咏灵谷八景

释觉明

钟阜晴云

白昼岚烟淡霭容，杳然若望画图中。金陵第一何推尔？威势能令俯万峰。

浮图秋月

迥然窣堵占蟠龙，千古真藏宝志公。不独青灯交皓月，白毫曾亦涌虚空。

古殿钟声

金碧辉煌古殿雄，凌虚拟与广寒同。蒲牢午夜殷勤甚，吼出松关觉梦中。

苍池松影

锁断双溪水汇融，澄清最羡影苍松。更余良夜空云霁，月透波心起卧龙。

银杏栖霞

久侣烟霞滋露浓，曾经玉带沐皇封。一枝顶上冠黄彩，翠树依依尚拱躬。

清泉咽竹

未识从何具八功？咨渊源与耨池通。但将竹影归香积，未肯分流浊浪中。

空街应掌

不假丝弦韵颇工，悄然太古寄其中。但随抚掌声声应，能使游情淡处浓。

曲水流觞

泛觞带水乐王公，近日云浮草自丛。何意圣皇南幸辇，六銮驻跸续前踪？

和夏竹香《游灵谷寺》

马光祖

曾此寻幽我旧谙，骑驴扫塔定林庵。若愁元亮攒眉去，莲社应添酒一坛。

六朝如梦一声钟，唤醒痴人春睡浓。欲问萧梁兴废事，饱看惟有寺门松。

当年九曲旧池名，风雅昭明何所之？千古英灵应识我，临流有客又题诗。

和夏竹香《游灵谷寺》

孙龄

钟阜遥横卧碧岚，四围山色冷云庵。钓诗兴在何方觅？童仆肩挑酒一坛。

四顾深山何处钟？遥闻声度紫烟浓。云披破衲僧归寺，雪点虬枝鹤上松。

悟开诗僧以《灵谷楼居》诗见示，走笔奉赠

杨庆琛

通幽曲径绿回环，人自喧嚣僧自闲。佛界也如仙界好，

楼居廿载看青山。

榫香松火纵高歌，诗味深兼禅味多。料得夜阑钟响急，一篇新句礼维摩。

游灵谷

甘炘

钟阜晴云面面环，琳宫绀宇翠微间。长松夹路人初到，但听泉声不见山。

煮茗谭禅俗虑清，屏风岭畔夕阳明。山僧留客殷勤甚，今夜何妨不入城？

《灵谷楼居》十绝之四

释悟幵

钟山霭霭白云浮，半绕浮图半入楼。静里忽惊铃铎响，许多禅味到心头。

文章意气总虚浮，莫羡元龙百尺楼。五里深松尘不扰，几人到此肯回头？

炉烟缥缈带香浮，镇日氤氲伴卧楼。几度关窗关不住，随风吹散蒋山头。

打破虚空念不浮，时宜不合独登楼。要知真合时宜处，说与钟山亦点头。

灵谷禅林志卷十四终。

灵谷禅林志卷十五

忠义

张忠武所建昭忠祠三：一在灵谷寺侧，一在孝陵卫之小水关，一在高桥门外。其所祀者，以祠毁于贼，不可复考。三处虽有义冢，亦多无碑识。今就德铠所记录之：

钦差大臣江南提督霍罗奇巴图鲁张国梁谥忠武。

江西南赣镇总兵奇成武巴图鲁刘开泰。

副将蔡其彪、陈南辅、唐义洪、蔡应龙、杜照瑞、蔡其荣、陈云彪。

参将萧逢春、林定海。

参将衔广东潮州镇左营游击杨瑞乾谥刚毅。

游击刘石凤、苏崇阿、李三福、贺大胜。

游击衔贵州大定协中军都司杨万青谥英勉。

补用都司杨冠孙谥仁睦、周显亲、沈正杰、陈飞雄、马超然、陈大、杨冠贤、何胜养、张扬保、汤廷槐。

候选知州陈朝宗、候补知县崔耀祖、候选县丞王敦五。

守备刘信忠、范遇廷、张德禄、春元、林应瑞、谭金常。

守备衔千总徐刚谥直简、曾魁、黄秀、邹朝光。

千总朱德隆、阮执中、黄福、刘镇扬、刘明辉、许金榜、黄武略、许世忠、郭铭勋、谭洪光。

把总刘培寿、廖学汉、黄佩、普正荣、张玉升、锺玉魁、覃正得、董洪升、马子超、杨应彪、文海、谭志辉、吴应祥、唐正忠、彭得标、张秉政、刘起胜、陶庆成、李胜龙、黎光亮、林定标、陈泰熙、曾华、李益昌、杨英、杨冠宏、杨凤、杨朝刚、李亚灶、刘新和、萧振声、谢恩光、罗建勋、黄大鹏、陈烈、张屏藩、黄鹰扬、许光辉、马成勋、林奋扬。

外委张玉升、李春林、洪得、冯森、伍志邦、韦玉雄、郑君弼、黄金胜、谢洪泽、李吉祥、周玉升、罗逢春、刁东秀、温世贵、叶保、刁群林、巫云清、黄云辉、王基生、廖扬安、阮导、刘成章、李兰六、余林亮、郑得成、郑宜科、吴玉振、萧高翔、林信、锺清亮、陈遇恩、谢开雄、许定雄、连通、萧英祥、周凤鸣、刘成辉、王顺、郑维显、锺朝安。

从九品王祥瑞、徐骏遹、王威邦、李芳甫。

武举赖登龙、附生张凤翀、武生廖鼎声。

五品蓝翎杨佑、李朝成、曾日华、郑学伦、龚友、吴任、杨廷英、唐清、邹德凤、黎有能、邹德龙、黄振荣、朱松培。

六品蓝翎李馨丛、赵永升、杨联芳、吴贵、黄凤翔、黄成、李福、杨开泰、杨建金、杨开国、莫让雄、巫才芳、陈胜昌、韦学庭、韦得标、潘塔明、萧勋、陈雄光、黄清亮、黄鲁、余添举、马和平、蔡凤、姚振威、郑峰仪、萧廷进、郑金、赵加荣、方志陞、方志略、周元高、黄锦标、魏大格、江恭安、覃泰昌、陈胜昌、韦志合、梁正高、黄辉、林铁。

六品军功刘胜、郑永光、周胜才、郑盛叶、何三、陆胜和、王芳联、李超明、徐焕章、刘永发、徐日文、陈长赛、巫云开、邓启川、黄连胜、李洪升、罗开玉、罗光华、刘安邦、林来、黄亚秀、廖启鹏、蒙五、周广然、韦义昌、谭朝贵、韦二、李大义、黄连胜、黄秀、林春、萧举才、萧功业、黄金保、黄载生、刘日高、刘敬才、张联辉、韦积泰、黄道清、李扬升、李宽福、王长福、张廷佐、韦以德、苏桂七、周得安、陈有贵、覃朝彩、苏德安、李贵昌、杨贤广、欧阳太、陈亚三。

广西提标中营阵亡兵丁：陈芝莲、余芝安、吕洪发、陈步云、蒙熙、龙志元、胡正扬、王正福、王得标、胡恩荣、王正标、胡得贵、王万胜、柏普仁、李永珍、赵正胜、李廷龙、黄开升、粟得胜、张文俊、卜清和、粟有得、唐胜雄、黄志庆、陈炳德、李桂升、沈如林、区得胜、廖明福、姚得龙、胡德魁、韦玉胜、柯汝林、谭义彪、黎宗胜、蒙庆祥、滕国胜、江景春、陈继华、韦学茂、韦正义、覃顺得、柯英、马国春、周玉华、张国荣、林茂得、唐启发、余得胜、王正茂、于兆龙、叶文胜、马维其、马如得、龙全、吕仁、王正彪、王玉得、雷玉得、曾发祥、王新盛、唐得升、唐玉洪、朱朝光、康福龙、韦正明、萧兴、区正得、朱福得、公义、温志刚、李世雄、易光明、宠玉龙、文祖胜、葛勇寿、苏洪、袁得盛、覃文礼、吴得胜、秦见昌、韦得高、海正歧、潘玉合、韦金胜、罗龙标、朱福寿、康顺、梁玉标、谭即胜、康明鲜。

前营阵亡兵丁：林智兴、秦得陞、阙政陞、梁定昌、谭友龙、秦开怀、覃安邦、黄金东、陈建章、唐亮、陈亮、陈连陞、刘得彪、韦士礼、廖得桂、秦怀彪、覃世平、覃志荣、黄得顺、秦秉忠、左世强、韦玉得、杨得彪、蔡玉胜、陈荣陞、罗朝然、周玉明、吴增、罗名高、谭怀彪、谭志得、马超龙、黄文彪、覃文凯、蒋正标、黄得彪、夏洪陞、张玉升、范计春、王福兴、张云科、李得高、蔡志林、曾长发、何得亮、范邓祥、林得、萧启凤、梁得胜、陈正荣、文胜、唐庆得、陈文龙、曹廷龙、侯廷良、张立金、银凤祥、韦成胜、宋义得、丁逢贵、刘正元、邹仁现、熊士亮、张国荣、杨正芳、贾位枝、李福、蓝国保、陈正刚。

后营阵亡兵丁：莫锦荣、杨顺得、韦正得、秦文龙、陈玉得、王得圣、李得林、王得五、王兰芳、张玉顺、张洪亮、李文超、何正标、邱成阳、李基昌、曾其昌、谢辉、金得标、李云辉、韦士强、韦朝龙、马意、赵廷标、韦得胜、覃得胜、陈广才、韦玉贵、马成信、刘宗美。

右营阵亡兵丁：瞿正刚、李友胜、龙志得、徐正荣、周飞熊、李玉得、覃忠、杨玉贵、覃中明、陈连熙、龙志强、黄荣升、黄文记、吴中得、朱祥胜、曾得胜、李得陞、廖永胜、黎得胜、刘品贵、李得胜、黄国珍、李永茂、潘玉国、莫元凯、张玉元、徐福胜、郭玉荣、蒋玉得、萧朝昔、吴荣庆、邓得明、张胜彪、刘现祥、萧玉春、韦正朝、邵得胜、张广惨、范品仪、龙志刚、柴卓书、李国荣、廖志胜、李玉春、陈秀扬、费元吉、林庆培、张洪胜、文玉凤、杨友升、陈光耀、吴贵胜、区良洪、罗义龙、区庆祥、何得胜、黄良贵、林茂发、朱文亮、宋美玉、薛忠亮、韦现龙、黄廷杰、林崇升、黄荣杰、韦锦秀、莫金元、李星高、吴继高、秦其昌、罗得胜、秦秀志、周文彬、谢洪升、周全、张尚福、周月胜、覃日新、郭彦名。

左营阵亡兵丁：容志太、程春、甯洪亮、罗巽、覃继祖、韦士青、韦永章、陈福孙、韦仁、韦义高、罗庆、蔡志青、黎顺、蔡田珠、邓永得、韦见光、马耀宗、韦仁义、韦学文、周恩荣、刘永明、廖上得、李谢升、蔡廷凤、梁士得、李加义、李长胜、韦景祖、韦升得、王富、覃日光、胡应林、韦全、张洪胜、黄胜、沈玉行、韦仁珍、颇洪金、何得胜、谢洪富、韦学敏、谢洪亮、邹世英、马玉云、韦玉安、蒋荣得、莫胜得、韦应高、覃正标、韦景文、周垂宗、温雄亮、张得禄、韦朝得、李义贵、谢洪玉、玉云标、莫玉贵、彭荣贵、张连得、蔡得胜、李美和、汤登杰、韦友亮、周成得、曾荣、谭廷仁、陈振龙、曾学义、韦纯德、张茂高、阮正标、李得洪、谭松林、韦盛洪、蒋玉标、龙汝林、陶正得、刘顺、何定心、陈治邦、唐秉全、邹兆标、唐永升、李中顺、陈吉昌、杨见元、陈治邦、杨玉顺、伍方元、赵得洪、刘景文、覃文得、彭胜洪、萧培松、郭庆祥、李春茂、黄正标、蒋胜标、韦胜亮、刘元发、区全昌、黎志胜、梁正义、李得林、银梁、林崇太、沈胜坤、吴洪标、刘志林、吴魁、康明亮、王得胜、李逢义、秦启发、区庚发、何仁得、覃广胜、童云瑞、麦雨田、马得泰、李锺灵、邱正宣、柯发亮、王珍、唐世魁、温清、陈方贵、哮正高、罗正标、祝文亮、胡吉胜、唐得胜、陈得胜、沈寓珩、邓汝舟。

义宁协左、右营阵亡兵丁：秦正祥、李正得、李光贤、杜明亮、杨再胜、李光全、杨正清、阳士贵、赵得亮、杨胜龙、吴胜宽、张松山、李宗华、陆成贵、林秀亮、江见得、舒正富、陈文开、周秀龙、杨得胜、李世乾、杨文明、唐全得、黄汉文、韦胜彪、张福林、庞骏寿、于贵宗、罗得胜、涂世得、周成荣、杨通吉、易再发、曹云陛、罗洪胜、黄洪福、王再胜、杨进开、李宗富、傅庆祥、黄利生、秦得胜、周得、易得彪、汪如吉、杨再荣、陈万顺、胡得彪、梁洪祥、刘国胜、赵净深、阳步云、涂明德、萧光元、李安发、秦正才、陈明亮、张国旺、吴发贵、黄通武、廖得胜、韦世福、萧荣贵、周绍益、向贵荣、陶得贵、首洪亮、魏玉兰、李得亮、廖福、常义能、罗斌。

城守营阵亡兵丁：韦荣、沈定邦、韦成贵、周茂胜、周明胜、朱洪贵、唐友胜、卢明亮、曾信、甘应龙、熊国玉、朱启贵、何占洪、韦玉清、马得洪、马得祥、秦正元、方胜荣、周正明、杨得升、唐文秀、祝洪亮、陈意胜、邓贤林、杜茂得、吕得顺、谭正洪、祝得顺、吴正祥、廖得荣、邓广胜、罗忠新、杨七林、吴得标、冯友余、邝金林、陈友旺、王友兴、朱合庆、蓝福庆、韦光哲、胡计贞、谢朝升、曾玉凤、陈元福、陆文韬、蒋凤朝、罗玉亮、许士元、朱得林、曹正发、谭世洪、许胜、刘庆龙、林玉发、金玉贵、吴国胜、廖玉胜、唐华、况明福、石洪朝、谭明胜、莫英雄、张大和、赵得胜、李凤高、宋德明、谭学明、义计荣、戚胜、杜茂胜、覃士连、刘庆昌、刘玉昌、曹玉得、黄顺利、邓正亮、吴得章、苏玉贵、王兆祥、高占魁、王怀圣、唐朝贵、郭常贵、郭常圣、覃永福、何正龙、龙正亮、蒋元福、严圣发。

提标壮勇阵亡勇丁：刘光炳、邹松胜、胡盛锦、刘绍松、刘绍汉、黄全福、黄金福、黄得安、刘桂福、何丕谟、何庆昌、蓝展清、韦胜昌、陈化鹏、陈喜、陈吉、陈朋来、运二、张盛和、陈好、马连胜、汪胜芳、利连陞、刘宗美、锺国昌、刘绍发、程超华、汪进、尹天竹、龙成喜、曾荣胜、朱凤才、宋天富、郑士胜、刘其章、黄老连、谢飞龙、巫四、黎老龙、俛挽、罗胜、黎玉胜、黄元、翁福、锺兴、李洪、黄锦、刘辛娇、张如胜、刘来胜、刘亚贵、温杰、许德、唐七、黄福、刘爱章、廖汝福、巫胜和、罗巳松、赵辉、刘三福、黄宽、朱金、刘兆汉、刘兆松、胡石才、姚绍得、赵得胜、黄定、苏胜、蔡有胜、巫连秀、丁崇本、石金胜、刘胜文、黄顺、练坤祥、刁西荣、罗祖恩、刘济胜、廖胜文、叶得升、陈福、包得才、郭嘉祥、刘龙章、韦开元、黄朝高 、李倍龙、谢金、林万森、彭平、李达仁、李明、吴德胜、邱建功、傅伍、刘炳明、刘荣、颜得胜、杨其勋、李子芳、吕得胜、蔡兴、张贵、龚顺、雷志恩、伍家元、徐捷祥、顾得才、张永球、梁得明、郑荣胜、张正荣、刘定、郭文忠、严正道、龙榜文、潘永禧、高应禧、黄玉、江占鳌、高远照、柏荣茂、蒙清贵、黄成清、易健文、吕天台、张宏兴、赵得起、蒋得安、戴魁、刘景胜、王大森、周得裕、周有才、李良有、张祥佑、黄全、黄清、濮得胜、汪荣贵、何元胜、张朝胜、孔嘉言、邱云山、张志芳、陈发、汪进、陈元、刘良才、骆得源、王伍、王进标、夏顺才、蔡焯太、陈得和、尹天琢、古纯辉、张旭文、刘荣安、赵玉福、傅禄、赵光寿、陈得、王成、朱顺、张雄、计得胜、陈胜安、汤大龙、郑四胜、梁木养、刘兴、翟立胜、刘安藏、胡连生、陈得胜、蔡朝康、舒拱辰、于永祥、陆华、黄得胜、黄华、李今胜、林进凤、杨龙光、韦胜、杨洪胜、刘元胜、陈大胜、宋安庆、孔照领、胡连贵、陈立、锺鸿陞、尹天林、张士高、万世荣、麦标、陈云腾、邢起仁、锺锦标、锺乙贵、锺三、滕廷昌、刘传、刘安高、庄义、曾乙麟、蔡荣秀、廖老伦、凌三、黄文、巫永和、张亚基、李正、何亚连、刘花炳、叶义、叶阿福、谢胜才、刘大坤、黄亚凤、赵贵、刘福、宋嘉昌、沈得兴、李洪兰、李亚朝、李财福、陈义新、张森国、章得顺、崔得胜、徐进郎、莫文星、张天宋、黄老盛、杨得芳、徐鳌、赵喜城、赵进才、赵邦、赵教祖、赵老二、刁廷相、郑兰兴、叶三袖、赵有德、刁芹林、刁金元、刁德祖、江逢春、李金养、谢胜才、赵见得、符老四、李顺培、叶四、胡得胜、刁西荣、汪荣贵、孔庆喜、李洪春、蓝彝瑞、蓝蕊榜、蓝喜榜、古凤淑、甯礼云、欧贵三、唐司、黄进标、蔡玫、郑保天、陈进升、黄周易、廖贤、蔡保进、赖荣、秦文秋、林伦、洪姨、张标、张喜、郭神贵、苏春、黄大钦、夏守法、刘顺、邱顺、张光有、吴林兴、林丰、林管、徐枝、陈振、翁铁、张传、林顺、张五福、杨宜、郭盛、徐檖、罗德元、李和。

广西提标右营阵亡兵丁：刘计胜、杨廷标、龙凤文、韦得顺、黄贵、张得胜、谢士高、刘正得、韦忠得、萧玉得、柯得、潘志仁、余得胜、郭彦明、陆玉亮、林发森、蒋义贵、刘春林、温锦彪、姬玉兴、李长胜、林玉才、宗士和、秦定邦、海长庆、陶友忠、朱友龙、戴存林、秦定标、韦喜得、曾高明、罗启祥、陆心华、张壮兴、陈佑彩、韦正刚、杨才宽、杨玉胜、朱荣胜、方正龙、张元发、陈昌林、张有得、区占元、袁得成、陈贵元、全胜、朱明亮、柒升、邓友贵、朱顺和、张万高、蒋明胜、杨松林、萧万兴、左友义、刘得祥、覃龙祖、覃光恩、黄玉元、李得周、陈玉升、林玉春、徐万、唐连发、王金标、杨连胜。

仁勇营阵亡勇丁：锺汝兴、李继南、程友便、谭有志、赖芳、韦陞、夏安成、沈福山、黎胜、梁国材、桂兴高、李虹光、廖锦昌、姚锦丰、杨正华、陶庆成、李义祥、周长青、曹得贵、黄照甯、许亚东、顾得胜、李伍、桂兴旺、陈忠、谢忠、谢是泰、黄元胜、李桂祥、鲁大贵、孙成材、韩永胜、张有元、郑合、吴江汉、赵金怀、李启胜、桂志德、雷胜、林大顺、潘胜光、胡玉贵、成宗盛、吴金保、锺辅卿、张德良、何胜歌、黄凤才、黄耀宗、覃得胜、陈应龙、林得才、谢得胜、杨其龙、赖先顺、韦有忠、刘安高、赖二、徐得富、陆二、李西福、谢福林、余金胜、朱长、余全胜、朱长德、洪三、黄三、王二太、李六、王亚岭、巫日光、覃安成、陈三、陈五、叶亚保、李继光、陈秀、黎金贵、梁二海、梁日锡、文胜忠、覃叶春、杜三、梁六、高世绵、甯兴、邓日利、谷光、王玉培、巫五、周章、张乾贵、何陞桂、陈志忠、林宽亮、卢高胜、张远有、江义生、黄福书、魏金龙、魏灶先、谭朝忠、吴得才、刘芳、江国桢、唐仁义、赵逢春、刘三、黎标、刘得胜、杨芝才、李四、郭新昌、周世发、杨向蔡、苏标、周江正、黄绪炳、曾来胜、王钦辉、叶有七、蒋信鸿、王得来、李得标、王得才、练亚虹、魏火秀、梁爵一、马荣亮、程高才、伍得标、裴胜才、王廷栋、刘大海、郭桂胜、梁庆祥、秦得胜、廖日光、夏得仁、马二、陈定邦、黄得胜、程胜、李亚常、邱德禧。

勇壮：曾胜、周廷贤、戴长兴、杨瑞云、杨冗、廖八、梁宏光、黄桂喜、廖德、陈胜、张绍白、徐四、韦以德、沈委、季亮臣、胡金标、高骏候、陈骥、曾廷禧、吴禾、马吉、杨岳、李金标、蔡崇文、蔡赞文、蔡竹筠、蔡清有、马成贵、陈美、马配仔、许添、马绍进、蔡凤、朱贵、单贵、覃日亮、覃贵、龚兴发、彭加成、林柑、彭柿、刘宋善、刘成福、林大、黄茂、刘贵、杨二、陈亚文、彭福、傅炳、梁满、徐鸿章、徐茂芳、阮三、曾满、李长林、杨满、林金保、李华、阳世芳、林五、王三、杨锡、杨绍基、李小福、吴荣、黄有连、曾谦、曾习兰、曾玉林、曾全胜、曾荣胜、曾德昌、赵桂生、陆禄桂、罗贵、余美镕、刘贵、游胜、覃八、周洪、唐得胜、叶起璋、叶楚明、李得顺、陈本兴、覃顺、梁五、覃玉顺、刁奎、戴才、韦有、徐世喜、陆得胜、林国安、李得胜、杨青、陆贵、卓秀、杨冠群、高美喜、刘上、刘频、郭歧、王志、雷志明、李二、胡洪海、陈金、陈满、曾二胜、郑观秀、叶福、覃得胜、邱得华、邱云梯、周志才、吴三盛、贺木生、吴见安、李得才、方达升、陆忠升、陈日光、陈三、洪景志、李安、林交、刘升、陈昌早、郑七有、陈得胜、陈四、温二、沈源、黄才、黄珍、高有富、张金华、张锺万、唐洪美、李忠、陈八、赵通、辛福、郑得胜、陈芝昌、李亨、左余昌、李奇胜、郑汉、郑保、李瑞进、陈秋兰、邱荣喜、苏喜、陈贵、何胜、徐广兴、黄富、徐其中、徐福贵、薛超华、徐云超、徐金堂、镡发贵、镡发绅、镡志捷、杨成烈、徐万兴、黄居义、黄得安、黄安泰、刘庚长、潘胜、聂安、潘行德、欧阳升、徐胜、何胜高、谢得全、谢永得、李昌、卢贵、覃宗亮、蔡德、马德胜、马中高、马看、马辉、刘保、许添、马糯、马喜、吴通、田亚三、李一生、洪顺、严水生、马荣、徐开艳、陆黄明、萧忠庆、谢正礼、严得胜、欧三胜、梁升泰、刘天保、杨大宝、刘者香、龙有胜、朱兴、李九、何章贵、陆保、杨大妹、郭本善、张祥佑、邱亚义、何胜昌、韦广、韦起凤、覃安、梁日得、石得贵、容正、黄中、陆机、王得胜、萧日山、徐有贵、石得、卢飞、吴逢、袁昌、李阳春、文寿、罗英、蓝三英、黄义、陈宝昌、李子谦、李有安、黄见恩、黄贵、邱振猷、邱亚四、涂义、李胜才、吴泰、涂观生、张苟、刘和、刘澍、吴襄、林意、陈日明、连信、庄中、庄谨、林荣、朱喜、曾宗保、郭有清、黄和、郭求升、黄合、郭德升、王泰、胡永隆、胡光明、王有兴、乔宗宝、吴胜、黄亚四、王教和、郑巧、郑顺、林高、陈宗正、陈绍先、陈能、郭宝、周燕、周长、周锡辅、周大双、周元、周大进、周清、周润平、周金、周贞富、周隆、黄财、周同、黄盛、黄绛、黄好、周逢高、郑畅、郑波、郑德、郑智加、杨堃清、黄汉、刘得胜、刘联芳、郭功存、古春、古亚四、黄亚三、黄亚四 、朱亚三、何活、郑学章、郑炎、郑贤、郑弟仔、徐养、戴亚四、郑眉、郑额、廖平、陈朝、许和盛、胡才、王江、张信、许利、蔡红、蔡仁、蔡伯耀、李石、李带、李金养、李忠标、刘忠、刘福、李明、韦胜、周日升、周义、杨应寿、覃盛、姚古、姚来成、林庄、刘泰□、侯广、侯盛、谢义、胡才、胡才林、郭孔银、张正嵩、孙振明、岳正安、郭谦升、吴瑶升、綦有明、梁升、乔胜、陈亚六、陈亚三、卢运发、姚得胜、林亚三、廖玉桂、陈得胜、韦顺、陈金、邱亦四、马金福、杨班、陈福亮、石有创、萧字、洪马、李坤、李合、杨正、黄铃、李夷、廖壮、蔡之良、陈贞、陈泰、陈颖、周勇、曾养、古荣广、曾勇、曾仪、周必德、周捷三、吴亚四、古藻华、古欢荣、冯和、马文明、冯益扬、宋家、巫申、锺万、邱德贵、吴清、谢得红、汪胜可、张本泰、尹虎、唐玉、李联三、陈得陞、石必发、王长泰、梁琮、黄词林、陈福、陆尚志、戴有居、杨凯盛、龚发升、黄怀忠、叶清、吴定安、罗天福、尹兴、刘连陞、杨苟、龙义、李有才、杨劳班、林禄、吴亚十、许三元、杨标、吴得安、曾彪、黄生、谢元芳、李观妹、唐安、杨大珠、古汝鉴、刘长胜、蔡思聪、黄日升、黄志鸿、赵成元、吴金桂、赖秀兴、王得胜、马亚篷、马醒、张捷辉、何家珍、宋满、周点才、杨信伦、李辉仁、梁士荣、周兆盈、马喜、谢良利、徐盛云、杨玉田、王胜友、杨得胜、石金龙、郑世、洪得胜、黄光、鲁兴、马文合、马贞、汤永和、梅福昌、黄荣、陈玉堂、陈米、张永胜、郭贡波、郑阿寮、黄永胜、欧义、黄义盛、彭长贵、孙裕福、廖胜、郑镇、周来、张世贞、郑五、李正源、曾义、曾三、曾胜、杨罗攀、杨细姝、张定才、朱玉、蔡五、严四、梁炳、严玉燕、杨应寿、巫胜、蔡应神、锺三、杨水生、王添泰、赵财、赵满、覃安、韦道昌、张敬祖、赵邦、梁八、罗德、覃安胜、黄禄、廖士平、莫建生、梁其、黄满、赵奀弟、谭三、梁四、赵起成、韦其胜、张三、朱兴、徐德、古昇、林元、张苟、黄苟四、覃罗、李英彪、曾月兰、蔡占魁、蔡其兴、镗求、韦美、龚兴才、陈得芳、陈汉芳、李茂青、宋玉、宋亚孟、黄兴发、周世秦、王全福、王必发、缪广兴、周点才、丁有元、孔得发、杨礼源、杨玉田、韦有贤、黄亚凤、何德昌、梁日德、梁世松、黄亚定、覃义、杨亚三、周四、赵进、廖观勺、李星、梁顺、李正元、陈广、严红先、严四、田亚三、马荣、陈红、陈桂龙、韦三、冯顺、钱亚四、孙亚二、孙贵、卢五、陈义、陈禄、陈伟六、黄亚明、黄亚义、林交、文昇、刘三、曾胜亚、古周四、古阿兰、古顺如、古春二、陆顺、陈云标、徐刚、杨瑞相、杨云珍、杨冠亮、杨冠英、叶云彪、叶云汉、饶廷璋、李顺、李因效、杨忠良、杨忠直、戴亨仁、吴三贵、吴三胜、吴三仁、吴洪、覃得胜、张长贵、阮至中、杨佑、杨振兴、李庆荣、张长庚、张坤、李芳圃、刘胜、植四、李六、杨水全、徐元方、陆志高、覃天贵、覃忠明、覃光礼、覃月亮、覃顺、廖得、孙成贵、孙成才、李贵昌、覃光义、覃英、覃忠礼、覃六三、覃国正、韦以德、锺三、徐四、王天寿、杨水生、严从、曾佐邦、李洪升、陈俊、廖亚郡、王秀、周青、杨保、周阿升、杨三、邓亚扬、何四、李二扬、董亚六、董六三、张同发、杨开骏、陆顺、周阿言、苏三、冯二、邓九、张其光、杨德升、杨健猷、杨亚青、张唐三、杨廷玉、杨尚六、杨天禄、张玉成、古四、周八、苏亚廷、杨九、杨秀、黄三胜、李得六、杨亚先、杨万一、杨喜三、杨孙、杨亚五、杨荳保、何得升、杨元保、杨渭滨、杨加德、杨通文、杨再亨、杨世宗、杨再隆、杨彬、杨正国、杨通德、杨胜、杨文礼、杨义元、杨炳生、杨定太、杨大礼、杨大勇、杨浊三、杨再升、杨义贞、杨乾太、杨太元、杨冠军、杨子江、杨合珍、杨玉贵、杨应林、杨富仁、杨家升、杨俊清、杨元亨、杨月明、杨世元、杨有仁、杨飞龙、杨正义、杨元胜、杨凤翔、杨乾元、杨文贵、杨得标、杨捷三、杨恩得、杨福、杨再思、杨满、杨斌、杨名芳、杨长贵、杨耀宗、杨日光、杨礼、杨宗英、杨祖贵、杨代良、杨长生、杨有二、杨敏修、杨宗岱、杨金贵、杨二、杨正元、杨义胜、杨与恭、杨通谟、杨近义、杨云山、杨兴林、杨显谟、杨正礼、杨玉福、杨元、杨麒麟、杨正祥、杨显平、杨春林、杨明忠、杨阿年、杨阿隆、杨鲁臣、杨开甲、杨正刚、杨通达、杨骏、杨渭三、杨启发、杨孝、杨伦清、杨元茂、杨芳仁、杨就发、杨世治、杨文耀、杨际升、杨明昌、杨通羲、杨文宣、杨阿应、杨玉发、杨松、杨永义、杨正国、杨耀堂、杨庆云、杨易宗、杨际昌、杨永年、杨阿三、杨文光、杨白华、杨正业、杨意诚、杨安太、杨明礼、杨守一、杨延年、杨合启、杨合壁、杨常久、杨世清、杨春、杨通启、杨阿祥、杨治平、杨乾太、杨小春、杨长林、杨寿臣、杨正元、杨学易、杨大德、杨世太、杨石林、杨延忠、杨纪、杨大顺、杨阿生、杨元、杨镶英、杨年毂、杨之万、杨培、锺秀、李三、杨振魁、王得明、杨斯振、罕世祥、土司人。何养、曾日升、刘忠贤。

忠勇营阵亡勇壮：蔡盛高、李有明、王文正、陈恩、刘得标、林胜、金山、吴正、陈恩、邓洪发、沈加典、陈志和、叶荣贵、廖如兴、尤凤高、唐朝贵、马全忠、梁保有、吴正明、李满清、黄瑞祥、尧栋志、马胜广、邵福顺、孙定魁、李元方、邱荣升、赵金山、冯学魁、方进成、罗良、杨正宏、周起文、蒋福胜、卢万年、罗顺益、覃万盛、舒正明、张要清、李长生、李义、古松寿、古登庆、萧广和、王得洪、胡天寿、马正忠、蔡连、王逢春、萧庆林、朱有贵、杨二、赵得林、廖先、王老三、王思荣、王克顺、谭光明、苗光兴、姚老长、谢天才、王孔来、莫景乐、郑金山、范让三、谭广胜、李得贵、萧元见、谭得胜、陈得才、吴正贵、潘得胜、周茂发、张相海、张大才、萧广福、萧广泰、蒋陞、梁江、萧引华、杨富、李友才、秦玉胜、赖钦祥、郑廷献、简世发、古得胜、张祥火、何国龙、古雄威、梁文标、陈美、覃光美、欧嘉昌、冯得宏、黄得胜、王得胜、杨元胜、赖盛运、陈声福、朱庆汉、汪得胜、李逢海、韦三公、陈得贵、沈正杰。

永胜勇阵亡勇丁：黄寿宽、黄日光、黄顺德、邹欢、邹清、邹亮、邹郁、邹长寿、邹五、邹訚、邹光、汤景列、汤邱列、汤富新、汤邱三、宋金安、宋孟、卢义、陈定、温自香、锺元、邓喜官、许和生、王义长、温四、何三、谢四、蓝四、张凤、张仁、周义、刘胜达、邱仁、潘胜、张生、黄五、张鹏飞、徐勋三、徐善乾、古锦荣、徐进龙、萧得胜、皮云亮、李蒲余、王得标、黄正兴、濮元进、林得生、林朝、郭加隆、陈兆清、刘进连、刘通、张大昭、刘成功、刘呼毛、林必成、谢明光、陈河赐、苏元、翁进、彭秋来、陈和、刘住、吴亚插、陆老龙、李廷高、罗秀、黄士祥、余士明、屈国泰、屈守轿、屈亚保、黄亚广、蔡志、陈元茂、郑明昌、余际昌、丁凤杰、赵建文、王明伦、余际昇、卢亚年、张松年、袁得胜、林学美、潘得胜、汤意成、覃天贵、覃忠明、覃光礼、覃月亮、覃顺、廖得、覃光义、覃义胜、梁顺、朱贵昌、覃英、覃六三、覃忠礼、覃国正、韦以德、古应麟、古锦麟、陈意成、翁河天、陈文顶、艾得胜、许泰来、李得顺、黄成林、张祥胜、林必成、傅登五、温滕量、张起祥、徐廷甫、黄甫宾、达云标、李成林、廖安邦、金龙标、陈得、黄廷璋、陈利、陆得顺、易长恺、徐刚、杨有林、严起贵、解春霆、任得顺、邹国斌、程鹏起、陈标、夏长胜、张洪贵、邹连陞、胡奎、刘尚全、林得胜、李香九、王兴、陈长顺、欧阳贵、丁容、徐长泰、刘胜才、王得胜、徐明、许胜、夏得胜、陈连陞、张得、彭合、张鼎成、王起贵、陈国安、王邦彦、陈举功、蒋兴聚、夏广元、余文福、荣东安、乔坤元、陈天华、郭有才、陶士祥、华殿奎、黄钦堂、黄日明、陈安禄、谢鹏飞、沈得功、荣胜全、刘家保、庄池昌、林启兰、王猛、朱明山、廖选、陶耀章、金有贵、郭有高、王仪有、黄光满、吕正祥、胡占春、陈琮、陈奴、王祥元、廖云、杨官福、胡九、赵正发。

广东进勇阵亡勇丁：吴溪、陈额、林利、萧条、陈如、林童、陈来、罗有、杨字、陈古、林惠、叶城、王澍、蔡利、陈可、余芳、蔡保、黄大声、李来、蔡武、陈雄、陈赐、郭加义、萧良、张旺、郭加成、张波、张果、张河、彭海、李晶、许蔡保、周秋、连友、黄妈仔、张全、许牙、李超、苏梅、张即、马阅、张平利、马善、张右、李舵、李春、刘朝、赵端、马椅、彭马点、庄鹅。

忠成营阵亡勇丁：黄秀连、邓辛福、邓昌技、蓝锦山、周有、邱春元、郭胜、蔡得标、锺义、黄赤古、黄贵荣、锺得顺、王庆古、锺有、黄亚正、黄瑞星、老潘、邓喜官、刘国生、邓利二、汤四、邓昌抡、邓庆三、邓亚炳、刘四、周光先、锺柼柏、锺石兰、李必成、卢增长、周泰、杜必信、何德义、黄四祥、邓正刚、黄宽从、陈得和、陈得文、潘亚福、潘亚四、温日兴、温贵、梁安泰、包义才、伍建胜、徐水生、何安和、赖秀泉、张得龙、叶定顺、洗世香、李子香、欧家昌、刘伟乾、张元发、刘午、刘金贵、林教、黄亩、锺胜、王四、冯亚秋、冯亚南、马得胜、纪龙、陈加、王生、林卦、林哈、林愚、林衔、林样、林上、林吐、林若、林惜、林清、吴陈玉、林和义、林幼、李义成、王庆荣、苏光坤、刘英、王正明、陈国芳、谢国贵、吴耀和、吴璇玑、莫思能、郑宗元、龚其昌、牛捷胜、庞文高、刘堲先、王德兴、黄贵、柏文福、陈得春、徐得贵、黎定文、韦玉德、程四、覃三、屈开泰、曹文吉、陈尚勤、陈泰妩、陈尚渠、陈国全、陈见邦、陈彩良、陈国来、周华山、陈泰保、陈泰元、潘福忠、周鼎法、周如月、叶忠朝、尹飞虎、陈德茂、卢献云、李元凤、王天富、王道南、袁老二、王得贵、季延寿、蒋松茂、李福金、阮顺法、蒋吴陈、蒋朝南、杨金桃、杨金梅、蔡官福、李舒普、陈忠陞、王加灼、王英宋、陈元敖、陈四虎、李舒昆、杨正馨、杨迪洪、金锡龙、锺于法、柳忠法、陈炳云、陈尚培、张荣宗、周上喜、周顺六、徐国鼎、李八、黄成贵、张启盛、潘吉、林太学、林足、汪世朝、林色母、林永高、林国、林如宠、林新候、林友存、吴新、全胜发、韦志英、梁正朝、黄贵荣、黄更龙、廖英凤、黄纪星、姜其凤、陶全胜、窦涌泉、姜有仁、匡韦才、蒲长胜、蒲得胜、陈惟兴。

广东陆路提标阵亡兵丁：稿书杜名勋、邱连亮、刘振华、刘裕高、曾李寿、扬得彪、吕得彪、任建勋、骆瑞兰、罗国元、萧永贤、邱定胜、李得陞、戚文胜、郭成芳、黄学富、洗定祥、陈英超、林得陞、张大海、孔继秀、罗良元、徐尚陞、林得胜、蒋得功、陈捷贤、叶钦元、黄得陞、李进祥、江瀛海、朱其亮、朱得陞、张邦华、邝振祥、黄贤芳、黄定超、方镇安、黎云开、张日陞、柯殿扬、林遇章、裘浩、刘张松、陶广超、林元超、陈景威、黄李忠、成应斌、欧荣康、温章贵、王文耀、廖昇平、袁振纲、高戴清、王居中、梁合、王得华、谢朝亮、张大邦、陈陞、汪元胜、曾锦邦、李可琪、孙耀昆、朱海陞、王恩光、王锡光、王国安、王继僧、范三元、王晋光、房德陞、徐琼芳、李廷章、蔡英、刘交泰、刘洪恩、张宪恩、萧连贵、马洪芳、邱遇高、□连有、刘得陞、赖定国、罗桂发、涂得明、陈明标、麦全贵、邓光前、周光全、何国才、陈雄高、吴雄贵、邱连高、廖太平、赵雄彪、曾贵、高茂安、古镇超、骆廷超、涂月魁、林添、宋得胜、黄世恩、邱连超、刘振龙、刘继元、陈连陞、张振旺、叶雄亮、李信华、廖定安、张安邦、刘定陞、李俊华、田俊光、刘赞超、麦荣超、陈亮明、陈景球、徐振雄、李振开、谭得胜、刘英华、刘明超、谢英彪、陈定超、卢炳光、陈客光、卢清安、翟秀光、张锦陞、孙得彪、林桂香、郭名扬、李连茂、杨锡纯、严胜彪、冯连陞、翟有高、陈连顺、刘明俊、林得高、邱大鹏、彭雄亮、黄定秀、叶蓬春、姚兆高、陈柏成、王荣光、骆桂芳、杨英魁、张华彩、陶庆扬、邹旭明、王俊得、马安邦、刘桂芳、黄志扬、张威彪、刘承恩、崔连光、李秉良、蒋亚四、周亚海、沈连胜、曾廷勋、卢明亮、梁文甚、莫成高、罗朝斌、黄有元、张竹平、古赞龙、张威超、杨森云、杨森郎、杨双连、邹得龙、黎有伦、张威华、刘日升、黎连升、张坤和、邱云山、张荣贵、张得升、戴顺才、刘得华、孙玉胜、刘连标、张建魁、夏永福、谢章林、李汉辉、丁布华、李长庆、傅敬胜、林春兴、李得陞、韦雄亮、刘辉光、李云祥、林得昌、邱瑞升、朱宝清、贾春田、林日升、王继宗、郭鸿彬、占玉标、杨庚顺、曾福昌、刘正心、陶云椿、刘万升、柳正江、张雄亮、萧得胜、黄进升、李其昌、成兆元、陈凤林、朱章得、赖得恩、张耀龙、张春元、严继成、卢绍、陈胜高、张云中、谢胜彪、关得顺、张雄喜、陈凤来。

潮州镇阵亡兵丁：锺朝安、锺大受、古世英、古世杰、古世奎、古登瀛、曾光华、曾书城、曾顺华、曾得胜、刘荣光、萧大进、萧大荣、柯上高、郭勇、林盛、林上青、周大朝、陈廷槐、萧臣武、魏恩升、陈开文、郑捷熙、唐国荣、李印、赵大丰、郑芳、林国英、萧钦胜、丁蓝元、陈乾元、郑元清、萧鸿元、李连捷、姚再勋、郑胜、王辉高、黄成标、吴成金、周凤蛟、郭象胜、郭友胜、周大科、陈凤桂、唐国胜、萧升、陈大江、罗有、胡廷龙、王大成、郑平、谢雄升、吴亮、李大龙、庄明贵、李廷高、黄国栋、方大升、罗进高、吕大升、陈鸿恩、欧大龙、欧大成、锺宜凤、赖见龙、蓝朝进、徐进高、欧盛才、方良高、方廷龙、周武光、高长义、林金声、陈尚金、许广进、翁高、王得佳、张略荣、詹林勇、庄得高、朱承恩、吴得喜、萧炳、陈清、陈遇春、方王恩、王得遇、黄廷光、林德、杨高、陈光、庄日高、张思恩、陈应高、卓方高、林宽、吴承金、吴得升、方日升、欧和班、林义高、胡大坤、陈朝刚、陈得、柯进陞、陈志、陈盛、林长春、杨振、陈遇胜、黄国宝、姚丰、许朝升、周德、姚坤、王开春、林英扬、林时发、姚清、黄大江、胡怒、郑和、马创、刘走、郭高、林石、蔡报、城不、郭格、郑朝、周得、倪开、胡石、江金山、郭盼、郭泰、李朝、吴顺、江逢、杨道、姚略、马顺、江荣、周赐、谢盛、吴使、陈学、陈玉、锺顺、陈盛、马吉、马大顺、林振、萧强、郑和得、林吉、谢坤、蔡平、林安、张三、陈六、周实、徐得元、古闰达、古昱顺、古亮华、古成叔、古锦华、古炳二、稿书锺大受、谢龙辉、曾光华、郭胜、王龙飞、张日得、张启龙、古世奎、陈荣举、刘荣光、古世杰、朱振元、侯威烈、古世英、陈锦章、邱殿芳、邹永、蔡上进、余林元、余国良、许日高、麦得春、余御、黄春发、张国和、郑明科、余世恩、林科、张捷陞、卓顺胜、曾得华、余恩得、余顺、吴得胜、罗元春、邱弟、吴元、许国光、余振科、施元勋、余大振、许州、马忠、沈建、许全、李得、刘米、刘上锦、吴清河、许日荣、余石、余大兴、许全忠、刘四、戴福福、张荣进、刘豹韬、余美祝、邱扁、林建邦、洪全处、黄大高、卓如光、陈进明、林大显、林重顺、陈美焕、唐恩中、方大周、吴鸿光、林许高、卓大进、魏成斌、谢克升、黄开诚、高胜、黄必达、高长耀、方幼、方大光、洪喜升、陈达、吴大光、林春、林太、黄翰、郑成光、欧和来、周朝恩、吴见成、吴凤高、胡振、方高、黄茂雄、李林高、郭恩高、欧兴新、黄高第、谢龙光、吴振升、陈昆、方舞德、欧雄升、吴大春、吴春、方胜、唐雄飞、麦瑞、张有进、朱喜、李大成、翁卢、林让、余洪恩、曾得祥、谢凤祥、薛荣光、邹捷英、陈玉章、杨鼎云、赖昇平、杨国珍、曾得陞、萧捷荣、陈雄标、邱上鳌、姚玉光、张得胜、萧亮华、邱洪贵、傅上�、胡鹏盛、赖胜扬、赖兴华、赖胜荣、林捷胜、谢胜云、杨维耀、刘锦声、李广元、邱平邦、邱廷光、傅汗杰、赖得胜、古运达、邱建福、曾顺华、张国华、杨得胜、杨纪官、杨秉淑、杨来祥、邱洪辉、李荣华、李飞洪、王德超、王朝光、谢廷荣、谢锦声、谢麟章、陈士能、锺元、陈孟思、陈和官、陈定邦、陈现荣、陈锦弊、陈通声、曾得胜、李得全、锺卓然、谢开顺、陈光坤、赖得龙、蔡得高、朱大顺、谢其得、陈鸿高、傅荣耀、林大振、陈高福、黄成吉、蔡荣高、裴元进、廖炳南、陈开武、陈朝阳、余陞、翁开春、黄思高、陈飞舞、谢日顺、章连陞、李得陞、邢得高、吴定邦、蔡高陞、朱大得、林名得、施得顺、黄大龙、刘飞鸿、陈进发、黄名勇、陈得陞、黄得喜、谢顺得、锺光耀、林顺升、陈大兴、周大升、林开科、吴平、林有高、陈得勇、王大得、陆之丰、文朝高、季会龙、柯朝亮、谢义勇、谢元得、朱张刚、萧岱宗、谢昇平、谢朝陞、郭桂、邱雄陞、吴和、陈胜、周喜、许泽雄、高大进、林新香、杨振高、萧连科、蔡得进、林盛、余元高、吴进龙、谢进荣、萧得高、萧大勇、张郑升、卢大喜、廖得安、林得陞、郑振光、潘日勇、杨亮、李开科、林什、卢得、刘朝高、林成光、林日高、张文连、蔡元亮、洪振光、林胜、邱龙光、林成得、林成发、谢元升、陈大喜、蔡光、许和、唐世长、郑得胜、萧玉升、余大顺、陈遇贵、罗先春、许先勇、余远、黄合成、林日升、周朝思、黄所券、余美升、周大源、严有志、马得胜、蔡胜源、余振忠、林大成、周蒂、张雄宜、郑升、陈朝进、余源、余美源、李大兴、陈世荣、巫承先、唐遇春、郑扬和、张步梯、林得胜、杨忠勇、李得平、林国胜、余煌得、杨元高、余美照、余思荣、张有陞、郭世雄、萧廷扬、郑斌、郑朝光、刘鸣高、萧荣光、姚朝高、赵进镐、陈利、萧大义、姚朝升、尤大振、庄利、马元勋、林志、姚勇、马名科、姚廷丰、卢大恩、李加、郑朝基、周英、姚恩光、陈启光、麦祜、萧亮、萧成雄、姚飞龙、罗日光、萧英烈、曹香、郑雄光、林秀、蔡虎、陈振声、林光、郑元、萧春荣、吴国良、蔡平、林太、姚友陞、萧国光、洪光、吴开进、陈龙高、陈成、林振乾、姚标、许恩、陈永明、吴应捷、姚恩高、姚兴、万长春、黄得盛、许胜、陈振成、周锡恩、陈振武、姚顺。

南韶镇标阵亡兵丁：朱紫才、刘世高、刘世祥、郑兴亨、陈玉春、宋得宝、蔡全福、萧廷忠、欧福亮、邓韶贵、邓有魁、陈茂胜、吴雄标、邱振彪、萧得高、张世德、张允升、林凤标、朱得陞、朱胜高、黄道昌、龙世泰、陈得高、雷连胜、邱连光、林华春、林承宗、黄胜发、邓兰芳、吴洪光、李逢春、严英泰、白胜亮、郑连升、毛得亮、廖廷贵、郭先荣、韩志贤、朱惠麟、龙在标、林玉彩、何柏荣、刘福高、锺国祥、朱得胜、易得贵、谭志昆、赖得贵、赖镇雄、宋兆高、邓其升、孙记标、刘明辉、曾维泰、葛正标、王兴杰、曾万玉、孙韶贵、黄志邦、刘世恩、锺胜华、尹宗镛、万可高、牛振邦、李连嵩、黄朝升、袁朝亮、李金耀、陈有升、陈万章、锺汗标、张上达、张连标、吴云亮、曾定彪、许士才、马福才、田加标、黄凤翔、曾茂洪、何应禄、张佐勇、黄源胜、唐喜得、谢连高、王上升、邓福胜、古连兴、许士升、官肇龙、谢得发、蔡余庆、袁秀亮、宋得高、顾得胜、余兆飞、杨玉富、陈华林、谢洪胜、黄国瑜、陈庆熊、华得升、田福昌、黄福高、苗自兰、郑绍和、张德林、陈万隆、陈禄胜、许学高、甘永祥、游春辉、叶顺标、罗珍标、张得辉、刘连陞、刘文斌、潘文辉、邱万魁、熊得贵、张得元、陈洪辉、朱步标、刘仁高、张前胜、林云高、刘太辉、芦元辉、林彪、冯胜荣、莫永高、李占魁、曾占标、朱文忠、胡加辉、赖荣光、锺献高、黄福全、黄星贵、罗启高、叶胜标、朱全胜、李荣魁、区荣先、谭洪江、谢昌胜、沈日高、徐书云、刘雄标、张云辉、刘得胜、廖艳麟、田加麟、林玉华、卯高贤、萧廷兰、李昌恒、李定升、李定标、蓝得胜、何云升、郭有标、刘得麟、梁肇荣、何得胜、黄得胜、邱朝旺、锺得高、张文亮、黄建中、余庆光、卯得福、蔡有珠、吴朝升、张席珍、梁玉升、胡顺洪、江有贵、徐有得、萧玉钦、吴善祥、邱得顺、刘正光。

信勇营阵亡勇丁:黄国英、王庆、田全胜、林群二、朱日森、李成三、李成二、韦汝石、谢邦扬、曾昭明、王玉山、邱四、林六、鲁金花、锺元琏、林二、李得富、黎有高、郑成祥、植仁和、李逢春、陈贵、陈二、吴保、姚胜福、吴寿、黄阿广、白玉隆、廖盛贵、刘胜高、欧余旺、袁文得、房贵、陈得胜、黄八、韦德、韦四、戚定福、王有贵、王元发、施得胜、蔡得胜、刘大兴、罗进才、陈三、锺有广、韦得胜、刘得贵、覃宗明、陈德胜、陶玉、谭得胜、陈宗荣、覃文改、梁维顺、沈长贵、郑达、吴长庚、刘兴祥、许日昇、潘贵凤、沈其凤、锺发祥、植汉柱、张士盛、叶芳、蓝宫榜、简玉明、叶进标、潘义昌、梁永安、邓李贵、黄得麟、朱永华、杨大精、周得灿、覃锋赐、苏云标、程鸿丰、闭忠荣、萧引华、韦武一、覃义全。

镇勇营阵亡勇丁:谢成庆、梁挩、覃四、梁喜、范通、李德荣、王寿、廖有才、李亮、伍昌、陈三顺、张益、余士明、谭朝忠、郭乌、谢庆、刘进贵、杨德才、李庆、梁永明、覃小乙、吴世纲、田养、孔二、孙成、孙成贵、锺挩、谭挩、欧礼、陈二、陈三、陈光理、陈宗明、陈光义、陈天贵、孟得福、沙得有。

驻防龙潭精勇营阵亡勇丁:李长林、王得胜、毛玉堂、石玉标、齐承堉、周万方、刘忠、袁炳南、王廷宏、李义、王士章、王兆林、张有策、王勇、侯得胜、杨胜、张国忠、王延士、徐德、陈广富、王昭义、李得发、王捷、张得胜、吴壮、王富元、王烈、朱得胜、汪金标、朱超、傅得胜、许忠、丁恒玉、杨福、王兆麟、董成、郭治分、黄得胜、叶自清、袁节、周得贵、郑七、金能扬、周隆恩、王金标、赵名、黄孝玉、夏永、姜学之、朱本望。

广东威胜营阵亡兵丁:徐文政、徐金苔、徐阿长、徐锦官、徐勋三、徐开贵、徐茹藻、徐善麟、徐善权、徐屎缸、徐同兴、徐秀兰、徐成、徐灵喜、徐五满、徐秋兰、徐赞成、陈阿金、徐进龙、徐长麟、徐崇贤、徐冬至、黄添贵、彭孙、徐应树、徐兰福、徐安龙、徐育兴、涂春灵、陈阿彩、徐仁树、徐盛官、徐歪三、徐赞郎、涂应也、赖盘四、徐运麟、徐冬贤、张兰兴、张传淑、刘旺也、徐润也、徐细二、徐阿壬、戴和官、古阿乙、谢兴二、徐朱六、徐曲秀、徐思古、徐亚之、杨春满、廖鸣岐、徐悦龙、徐招六、徐悦崇、徐举才、黄有贵、古灵也、徐盛郎、徐新养、徐接龙、徐寿七、邱阿仁。

振威将军张公新建部下阵亡将校祠堂记[①]

文林郎即选知县江宁陈鸣玉撰

咸丰三年春二月十一日，逆匪杨秀清陷金陵。越十日，钦差大臣向奉命自九江来援，都督张公国梁率所部将校以从。于时雾暗蚩尤，星明旬始，武昌云黑，皖口烽红，关闻铁牡之飞，地警金瓯之脱，加以援兵未集，败绩相仍，县官之供顿全虚，江表之藩篱尽撤，警三军而固守，孰是张巡？避万景以先奔，无非庾信。公乃激扬忠义，部勒赳桓，均服振振，戎容暨暨。丹旌蔽日，耀八陬之蛇龙；白羽凌霜，下三秋之鹰隼。首涂句曲，取道丹阳，屯兵锺阜之阴，饮马清淮之曲。淬神锋于秋水，五甲五兵；连猛气于春霆，八战八克。于是一军深入，七萃前驱，鼓角鸣于地中，将军下于天上。星旄昼落，高搴五丈之旗；燧火宵明，平划四郊之垒。凶顽授首，筑京观以封尸；胁从输忱，诣营门而纳款。民心大定，我武维扬，捧海水以浇营，鼓天风而扫箨，使彭越独当一面，千里横行；命陈平遍护诸军，重围立解。遂乃声闻九陛，气壮三山，微如草木，亦识威名，露出襜帷，争瞻颜色。福星临于一路，生佛颂乎万家，靡不舆诵谊涂，壶浆载道。而公受宠若惊，有功不伐。红旗日报，维天子之明威；白版星驰，繄元戎之伟略。櫜鞬道左，壶矢营中，礼法秉之凉公，风尚循乎征虏。虎臣矫矫，良士休休。方之古人，盖无惭色。

公，粤东高要人也。所部将校，皆百粤壮士。防边李牧，

① 按，该文原置于《光绪寺志》末，《民国寺志》移置于卷前，体例不合。兹移置于卷十五末《忠义》后。

爰资代北之兵；助汉窦融，即用河西之众。于以指挥井钺，驱使天戈，聚其爪牙之众，委以心腹之任。投芳醪于河浒，醇饮春流；被重纩于师中，温回冬谷。战疮亲裹，碎虎魄以非难；士气方酣，炙牛心而遍享。甘苦必共，劳逸咸均。尊大使者凛若天神，依仆射者亲如父子。然后千辟万灌，三令五申，按太白以搜军，挽中黄而角武。阵法则如荼如火，甲帐晨开；兵机则四正四奇，庚铃夜掘。用能足旋地轴，手抗天关，沟三刻而轻逾，碉十寻而直上。望哥舒之枪段，贼胆先寒；聆兴霸之铃声，敌风却走。每战必克，所至有功。戟一队而成行，鼓两甄而就列。岂直幡悬白虎，陈浴铁之三千；府捣黄龙，环背嵬之八百。为足震耆垓埏、宣昭史牒云尔哉！

日月其慆，欃枪未埽，交绥战屡，报国殇多。青磷熠耀，依故垒之烽烟；碧血斑斓，洒同仇之泪雨。虽化厉犹能杀贼，式表英灵而升荣，首重招魂，宜修祀典。公乃审方规地，命日鸠工，杰构霞张，重栏星属。供其木主，郁黯黯之风云；奠厥牲牢，设莘莘之俎豆。士民翕集，部曲咸来，显以贞士志于行闲，幽以慰精魂于地下。《礼》云：捍灾御害。《传》曰：崇德报功。鸿训维昭，于兹信矣！鸣玉白门草屋青，箱末系赡光凤阙。雅欲弹冠沥铭，燕然有惭命笔。仰嵯峨之庙貌，动慷慨之幽思，以为秦相营台，始刊乐石；孔君立庙，肇勒祥金。嗟陵谷之俄迁，籍文章以不朽。矧乃重仁暨义，负气含生，国史纪其姓名，明堂登其禋祀。白蜺婴茀，俨传忾僾之声；丹盖犀轩，行荷褒崇之制。烝尝未替，扬摧无闻，甚非所以奖厉戎行、振兴风俗之意也。是用锡华翠琬，摛采丹豪，俪峻伐于前徽，张崇勋于来祀。庶使风生鼙鼓,九京思将帅之臣;常教云拥旌旗,万古壮川原之色。

灵谷禅林志卷十五终。

“南京稀见文献丛刊”
已出书目

1. **《六朝事迹编类·六朝通鉴博议》** (宋)张敦颐 (宋)李焘

2. **《梁代陵墓考·六朝陵墓调查报告》**

(清末民初)张璜 (民国)中央古物保管委员会编辑委员会

3. **《南唐书(两种)》** (宋)马令 (宋)陆游

4. **《南唐二主词》** (南唐)李璟 李煜

5. **《南唐二陵发掘报告》** 南京博物院

6–9. **《景定建康志》** (宋)周应合

10. **《金陵百咏·金陵杂兴·金陵杂咏·金陵百咏(外一种)》**

(宋)曾极 (宋)苏泂 (清)王友亮 (清)汤濂

11. **《南京·南京》** (明)解缙 (民国)李邵青

12. **《洪武京城图志·金陵古今图考》** (明)礼部 (明)陈沂

13. **《献花岩志·牛首山志·栖霞小志·覆舟山小志》**

(明)陈沂 (明)盛时泰 (明)盛时泰 (民国)汪訚

14.《金陵世纪·金陵选胜·金陵览古》

（明）陈沂　（明）孙应岳　（清）余宾硕

15.《后湖志》（明）赵官等

16.《金陵琐事·续金陵琐事·二续金陵琐事》（明）周晖

17.《客座赘语》（明）顾起元

18–20.《金陵梵刹志》（明）葛寅亮

21.《金陵玄观志》（明）葛寅亮

22.《留都见闻录·金陵待征录》（明）吴应箕　（清）金鳌

23.《板桥杂记·续板桥杂记·板桥杂记补》

（明末清初）余怀　（清）珠泉居士　（清末民初）金嗣芬

24.《建康古今记》（清）顾炎武

25.《随园食单· 白门食谱· 冶城蔬谱· 续冶城蔬谱》

（清）袁枚　（民国）张通之　（清末民初）龚乃保　（民国）王孝煃

26.《钟山书院志》（清）汤椿年

27.《秣陵集》（清）陈文述

28.《摄山志》（清）陈毅

29.《抚夷日记》（清）张喜

30.《白下琐言》（清）甘熙

31.《灵谷禅林志》（清）甘熙　谢元福　（民国）佚名

32.《承恩寺缘起碑板录· 律门祖庭汇志·扫叶楼集·金陵乌龙潭放生池古迹考》

（清）释鹰巢　（清末民初）释辅仁　（民国）潘宗鼎　（民国）检斋居士

33–35.《南京愚园文献十一种》（清）胡恩燮　（民国）胡光国 等

《白下愚园集》（清）胡恩燮等　（民国）胡光国

《白下愚园续集》 （清）张之洞等　（民国）胡光国

《白下愚园续集（补）》 （清）潘宗鼎等　（民国）胡光国

《愚园宴集诗》 （清）潘任等

《白下愚园题景七十咏》 （清）胡恩燮　（民国）胡光国

《愚园楹联》 （民国）胡光国

《白下愚园游记》 （民国）吴楚

《愚园题咏》 （民国）胡韵蕖

《愚园诗话》 （民国）胡光国

《愚园丛札》 佚名

《灌叟撮记》 （民国）胡光国

36–37.《金陵琐志九种》 （清末民初）陈作霖　（民国）陈诒绂

《运渎桥道小志》 （清末民初）陈作霖

《凤麓小志》 （清末民初）陈作霖

《东城志略》 （清末民初）陈作霖

《金陵物产风土志》 （清末民初）陈作霖

《南朝佛志寺》 （清末民初）孙文川　陈作霖

《炳烛里谈》 （清末民初）陈作霖

《钟南淮北区域志》 （民国）陈诒绂

《石城山志》 （民国）陈诒绂

《金陵园墅志》 （民国）陈诒绂

38–39.《秦淮广纪》 （清）缪荃孙

40.《盋山志》 （清）顾云

41.《金陵关十年报告》 （清末民国）金陵关税务司

42.《金陵杂志·金陵杂志续集》 （清末民初）徐寿卿

43.《新京备乘》 （民国）陈迺勋　杜福堃

44.《金陵岁时记·岁华忆语》 （民国）潘宗鼎　（民国）夏仁虎

45.《秦淮志》 （民国）夏仁虎

46.《雨花石子记》 （民国）王猩酋

47.《金陵胜迹志》 （民国）胡祥翰

48.《瞻园志》 （民国）胡祥翰

49.《陷京三月记》 （民国）蒋公榖

50.《总理陵园小志》 （民国）傅焕光

51.《金陵名胜写生集》 （民国）周玲荪

52.《丹凤街》 （民国）张恨水

53.《新都胜迹考》 （民国）周念行　徐芳田

54.《金陵大报恩寺塔志》 （民国）张惠衣

55.《明孝陵志》 （民国）王焕镳

56.《冶城话旧·东山琐缀》 （民国）卢前

57.《首都计划》 （民国）国都设计技术专员办事处

58.《总理奉安实录》 （民国）总理奉安专刊编纂委员会

59–60.《总理陵园管理委员会报告》 （民国）总理陵园管理委员会

61.《新南京》 （民国）南京市市政府秘书处

62.《京话》 （民国）姚颖

63.《南京概况》 （民国）书报简讯社

64.《骆博凯家书》 〔德〕骆博凯

65.《外人目睹中之日军暴行》 〔英〕田伯烈

66.《南京》 〔德〕赫达·哈默尔　阿尔弗雷德·霍夫曼